THE FIVE RULES FOR SUCCESSFUL STOCK INVESTING

股市真规则

[美] 帕特·多尔西（Pat Dorsey）◎著
司福连　刘　静◎译

（畅销版）

中信出版集团 · 北京

图书在版编目（CIP）数据

股市真规则：畅销版 /（美）帕特·多尔西著；司福连，刘静译 . -- 3 版 . -- 北京：中信出版社，2018.4（2025.11 重印）
（长赢投资系列）
书名原文：The Five Rules for Successful Stock Investing
ISBN 978-7-5086-8643-1

I. ①股… II. ①帕… ②司… ③刘… III. ①股票投资—基本知识 IV. ① F830.91

中国版本图书馆 CIP 数据核字（2018）第 031760 号

股市真规则（畅销版）

著　　者：[美] 帕特·多尔西
译　　者：司福连　刘　静
策划推广：中信出版社（China CITIC Press）
出版发行：中信出版集团股份有限公司
（北京市朝阳区东三环北路 27 号嘉铭中心　邮编　100020）
承 印 者：北京通州皇家印刷厂

开　　本：880mm×1230mm　1/32　　印　　张：14.25　　字　　数：276 千字
版　　次：2018 年 4 月第 3 版　　印　　次：2025年11月第30次印刷
京权图字：01–2008–5543
书　　号：ISBN 978–7–5086–8643–1
定　　价：65.00 元

目 录

The Five Rules for Successful Stock Investing

第三章　竞争优势

第四章　投资语言

第五章　财务报表讲解

第六章　公司分析——基础

第二十章 硬件行业

第二十一章 媒体行业

第二十二章 电信业

第二十三章　生活消费品行业

第二十四章　工业原材料和设备行业

第二十五章　能源行业

序 THE FIVE RULES FOR SUCCESSFUL STOCK INVESTING

我是晨星公司的创始人，你可能会认为我投资的资产大部分是共同基金，其实我很少买共同基金，我的资产几乎都投资在股票上。尽管我喜欢基金，但我对股票情有独钟。基金对那些不想自己花时间做研究的人是很好的选择，但是如果你喜欢分析公司，情况就不一样了。我认为分析公司是一件极有乐趣的事情，只要你愿意，你就能在股票投资上做得相当完美。

我在股票分析方面的兴趣始于芝加哥大学商学院。毕业之后，我偶然发现了约翰·特雷恩的大作《股市大亨》（*The New Money Masters*），读后我了解了沃伦·巴菲特。

真是激动人心！我能很快掌握巴菲特使用的方法，它向我显示了投资是多么有趣，这是对投资智慧的一种挑战。此外，巴菲特的业绩记录和其在大学商学院里的学业档案告诉我们，他的投资哲学的确是第一流的。我回去阅读了伯克希尔–哈撒韦公司（Berkshire Hathaway）所有的年报。这一切使我的生活随之改变。

我到芝加哥的哈里斯合伙公司（Harris Associates）做了一名股票分析师。我选择哈里斯合伙公司是因为我钦佩它的价值导向，很像巴菲特的方法。这是一份非常好的工作，我与一些非常优秀的金融大师（如克莱德·麦格雷戈、查克·麦奎德、比尔·尼格伦、拉尔夫·万格、舍温·朱克曼，还有几位也是能叫得上名字的人物）共同工作。他们全都以严格的自下而上的风格投资，这种投资风格潜心于寻找那些低于真实价值出售的公司股票。我花费了许多时间阅读年报，与公司管理人员谈话，并向同行学习，而且我是拿工资做这些事情的。

创办晨星公司的想法源于我试图自己做股票分析。我定期给我所敬佩的基金经理打电话，索取共同基金的报告，这些基金经理包括库尔特·林德（林德基金）、乔治·麦可利斯（资源资本基金）、迈克尔·普赖斯（共同股票基金）、比尔·鲁安（红杉基金）、约翰·坦普顿（坦普顿基金）和拉尔夫·温格（Acorn 基金）。我核查过他们持有股票的情况，想弄明白他们买入什么股票，以及为什么现在买入。

一天，当我把所有这些报告全都摊在餐厅桌子上时，我想，如果某人把这些有价值的信息汇编在一起，一定是非常有用的。这个非常有价值的灯泡终于被点亮了，我开始研究共同基金行业。我看到共同基金的成长性很好，然而没有什么资料可以帮助投资者做出理性的基金投资决策。于是，晨星公司诞生了。

我辞去了在哈里斯的股票分析师工作，彻底清理了我公寓的起居室，买了几台电脑，公司就开业了。我写信给所有的基金公司要它们的材料，把所有的东西都录入数据库中，6 个月以后，一份 400 页的《共同基金原始资料集》摆在了我的办公桌上。在 1984 年，像这种深度的基金信息报告很难得，即使没什么用的也要 32.50 美元一份。《共同基金原始资料集》提供了完整的基金投资组合等信息，比如，其中用了 5 页的篇幅列出了彼得·林奇管理的麦哲伦基金所持有的 800 种股票。我的这个资料集第一版卖了 700 份。晨星公司开始上路了。

带着分析股票的眼光进入共同基金的世界，我们开始定义晨星公司基金投资的方法。现在很难相信，但是那个时候投资基金只是基于其最近的收益而没有更多的东西。晨星公司把严格的基本面分析带入了这个行业，我们认识到，通过认真研究基金公司持有的股票，可以把基金经理的投资策略理解得更清晰。所以，我们开发出专门的股票分析技术，以便把基金分析做得更好。

晨星公司开始为基金投资者服务。经过一段时间的努力，我们把服务对象扩大到所有投资者，当然也包括所有股票投资者。这不是无原则的公司扩张，而是基于对股票分析热情的合乎逻辑的成长。我们看到有更多的信息适合股票投资者，我们意识到我们的确有一些创新的、有用的、独特的东西可以奉献给投资者。在股票分析领域几乎没有新东西，而且很多业已存在的产品似乎已经过时了，我们认为我们可以做得更好。

我们的股票分析方法建立在本杰明·格雷厄姆和沃伦·巴菲特学派的基础上。他们两位是难得的好导师，我对他们以及他们为投资者所做的一切表示感谢。你可能发现他们一些关键的经验——如“安全边际”和“竞争优势”的概念——已经在我们的建议里了。我们通过系统化地解释和扩展他们的方法，并注入了新的价值，以期为你在做投资决策时提供一个稳固的架构。

我们的建议并不只限于市场领域。在投资方面没有很多巨著，所以你应当有能力掌握它们中的大部分。如果你不想现在就这么做，我建议你可以从有规律地阅读一些商业性杂志和报纸开始，比如《巴伦周刊》《商业周刊》《福布斯》《财富》《华尔街日报》等。你会惊讶地发现很多投资者都忽视了做这些基本的事情。在我们的公开出版物里，你会发现《晨星股票投资者》（*Morningstar StockInvestor*），还有我们的每月时事通讯，以及晨星公司的网站，都是很有帮助的。我还要推荐伯克希尔–哈撒韦公司全部的年报以及《杰出投资者文摘》杂志，那里有对顶尖基金经理的长篇访谈文章。

你需要广泛阅读，以建立像伯克希尔–哈撒韦公司经理查理·芒格所说的"心理框架模型"。通过近距离考察很多公司，你将发现导致它们成功或失败的许多共同的课题。之后，你将逐步建立应用于公司分析的模型。最后你要思考一些问题：这个世界正在发生怎样的变化？这些变化是怎样影响公司前景的？思考这些问题，你会看到投资中富含的挑战和乐趣。

本书是晨星公司股票研究部负责人帕特·多尔西的成果，帕特能够以一种清晰动人的方式与人沟通，而且他具有一种能以某种形式解读复杂问题并使答案显而易见的惊人能力。帕特与晨星公司首席分析师兼晨星公司网站总编辑海伍德·凯利，以及晨星公司证券分析部总裁兼零售业务负责人凯瑟琳·吉尔斯·奥德伯一起紧密合作，指导我们公司的股票分析。我们以感恩的心情感谢他们在晨星公司所做的创造性工作，以及他们为确立本书投资哲学的架构所付出的艰辛努力。

成功投资者的共同品质是拥有坚定的独立思考能力，不要受专家的影响，即便对我们也一样。格雷厄姆和巴菲特常常指出，如果你认为你的投资理由是对的，那正是你需要当心的地方。我希望你带着好问的精神阅读本书，希望你挑战我们的思想，希望你学习这些原则以建立你个人的投资哲学。虽然没有人能保证你成功，但如果你学会应用本书的这些原则并自己独立思考，我相信你会在这条路上走得很好。

乔·曼斯威托

前言 THE FIVE RULES FOR SUCCESSFUL STOCK INVESTING

挑选好股票是艰难的

成功的投资是简单的，但实现起来并不容易。

20 世纪 90 年代大牛市中的神话，在本质上也只不过相当于一个年收益率 15% 的储蓄账户。当你挑选一本致富的书，看一看 CNBC（美国全国广播公司电视财经频道），再开立一个在线账户，你就已经走在了通往财富的路上。不幸的是，当泡沫破裂的时候，很多投资者发现，事情看上去太好通常都不是真的。

个股的选择需要大量艰苦的工作、训练和时间的投入（和金钱的投入一样）。希望以很少的付出赚取大量的金钱，就如同希望第一次拿起球杆的人就能打出一轮精彩的高尔夫球一样不现实。

这是一个坏消息。但好消息是，成功选股的基本原则并不依靠那些难以理解的选股工具，也不是昂贵的软件和高价的咨询报告。任何人都可以低成本获得驾驭股市的全部要求，即耐心、对会计学的基本理解、投资哲学和适度的怀疑，这些都不超过一般人的能力范围。

基本的投资过程很简单，就是公司分析和股票估值。如果你避免了把一家好公司和一只好股票两个概念相混淆的错误（因为二者有很大的不同），你就已经比很多市场参与者领先了。（想一想思科公司在2000年100倍的市盈率，这是一家好公司，但它的股票却很糟糕。）

记住，买入一只股票意味着你要成为一家公司的合伙人。对待你的股票要像对待你的生意一样。你会发现，你要关注重要的事情，比如现金流量；而在另一些事情上就要较少关注，比如在某一特定的日子股票是涨还是跌。

作为一个投资者，你要努力的目标应该是发现优秀的公司股票并在合理的价位买入。好的公司可以创造财富，伴随着公司价值的增长股票价格也会有所反应。而在短期内，市场可能是反复无常的。有些优秀的公司可能会卖出一个火爆的高价，因为人们对公司美好前景的预期使风险投机被认为是有价值的。但在一个长时间段中，股价会趋向于上市公司本身的价值。

重要的是公司

在这本书中，我想展示给你的是怎样分析一家公司的基本财务表现。分析师不断升级图表的样式，这对华尔街的交易者来说可能是个好用的工具，但是对真正想在股票市场上创造财富的投资者是毫无用处的。如果你希望成为一个成功的长期投资者，你必须亲自动手弄清楚你手中股票所代表的上市公司。

当一家公司做得好时，它的股票往往也跟着上涨；当公司处于困境时，它的股票也会表现不佳。举个例子，在20世纪90年代中期，当沃尔玛的成长速度开始下降时，它的股价在此期间也是乏力的。而高露洁公司在90年代后期由于宣布对供应链瘦身，向市场投放了一种新型的牙膏并扩大了市场份额，结果导致了公司股价的戏剧性上涨。这些清楚地表明：公司的基本面对股价有直接的影响。

这些原理只适用于长期的投资。在短期内，股票价格受到大量与公司潜在价值毫无关系的因素的影响而波动。我们坚决提倡关注公司的长期表现，因为短期的价格运动是完全不可预测的。

回想20世纪90年代后期的网络狂潮，优秀公司像保险公司、银行和房地产公司的股票，以令人难以置信的低价交易，即使这些股票的内在价值没有变化。而与此同时，那些尚未迎来盈利转机的公司却正在以数十亿美元的估值交易。

长期的路径

即使市场有短暂疯狂后触顶回落的趋势，我们也相信，预测市场的行为是不值得的。在这点上，我们并不是特立独行。在过去大约15年的时间里，我们仔细研究了成千上万的基金管理人的谈话，发现没有一个基金管理人花费时间思考市场短期走势，相反，他们把目光盯在他们能够长期持有的被低估的股票上。

这样做的理由是，在短期价格走势上下赌注，意味着要做大量的交易，短线交易提高了交易成本。短期资本利得税率几乎是长期资本利得税率的两倍，并且持续交易意味着你要更频繁地支付佣金。就像我们在第一章讨论的那样，像这样的交易成本会大大拖累你的投资组合，使交易成本最小化是你扩大长期投资回报的最简单也是最重要的方法。

我们在对共同基金回报的长期研究中已经证实，高换手率的基金通常比稳健的基金回报率低，在超过 10 年的时间里相差的幅度大约平均为每年 1.5 个百分点。事实上不止这么多，因为年收益率分别为 10% 和 11.5%，对于一个 1 万美元的投资来说，10 年后几乎差了 3 800 美元。这就是烦躁不安的代价。

不要轻易动摇

最后，成功的股票选择意味着你要有与众不同的勇气。任何公司的投资价值都永远存在着互相冲突的看法和见解，做出最好投资的公司往往选择的是冲突最厉害的意见。因而，作为一个投资者，你应该建立起你自己的股票估值原则和投资哲学，而且你不会因为一则负面消息或者电视上一些名嘴的煽风点火就轻易改变你的观点。投资成功靠的是自己，不管别人是否同意你的投资观点。

让我们开始吧

我写本书的目的，就是要告诉你怎样独立思考，忽视周围的噪声，做出正确的长期投资的决定。

第一，你需要发展一套你的投资哲学，这一点我将在第一章讨论。

第二，我要讲到什么不该做，因为规避错误是最有用的策略。在第二章，我将回顾投资者最容易犯的错误。如果你能避免这些错误，你就可以整装出发了。

在第三章，我将告诉你怎样通过分析竞争优势，把一家好公司从众多普普通通的公司中挑出来。我将解释竞争优势是怎样帮助知名公司保持它们的顶级地位的，为什么竞争优势能把长期的胜利者和昙花一现的企业区别开来。了解一家公司的竞争优势的来源，是透彻分析一家公司的关键所在。

第四章至第七章将要告诉你怎样通过阅读财务报表分析上市公司。首先，我要描述财务报表是怎样表达财务信息的：报表的科目意味着什么，不同的报表是怎样结合在一起的，等等。一旦你知道如何阅读资产负债表和利润表，我将告诉你五个步骤。我们把所有数字按照上下文关系放在一起，会发现一家公司真实一致的情况。我也将告诉你如何评估一家公司的管理。

在第八章，让我们关注怎样发现激进的账户。我将告诉你如何观察危险信号，让你把投资组合发生崩溃的可能性降到最低。

在第九章至第十章，我要告诉你的是股票估值。你将学习投资估值的基本理论，像市盈率这样的指标在何时是有用的，如何算出股票是在内在价值以上还是以下交易。最便宜的股票常常不是最好的投资，而看起来贵的股票当我们换个角度看时又往往是便宜的。

第十一章提供了两个研究的个案。我将应用前面各章展示的分析工具，分析两家真实的公司，你将看到实际分析工作的基本过程。

第十二章，我将解释10分钟测试。一个快餐式的清单能帮助你把不值得花时间去研究的公司从值得彻底深入研究的公司中剔除出来。

第十三章至第二十六章，我将依靠晨星公司的股票分析师团队，给出分析股票市场不同行业板块的建议。比如半导体、制药、银行等行业，我们将准确告诉你什么是你分析市场上每一家上市公司所需要的。你将学到每一个行业的行业特征是什么，行业的术语意味着什么，哪些行业是产生更多投资创意的肥沃土壤。

这本书的结构和我们倡导的基本投资过程是一致的：发展一套投资哲学，弄清楚公司的竞争环境，分析公司和股票估值。如果按照这个过程去操作，你就可以避免大错误，你也将成为一个好的投资者。

第一章

成功投资股市的五项原则

我经常感到吃惊的是，很少有投资者，有时甚至是基金经理能清晰地说出他们的投资哲学。没有一个成型的投资架构，即一个思考世界的路径，要想在市场上做得很好必然需要经过一段艰苦的时期。

我想起几年前，我在参加伯克希尔–哈撒韦公司的年会时，无意中听到一个与会者抱怨说，他再也不想参加这家公司的会议了，因为巴菲特每年都说相同的话。对我来说，拥有一个投资哲学并坚持到底是我全部的观点。如果你能做好功课，保持耐心，你就会做得很好。当你脱离开你的能力范围，开始偏离你的投资哲学时，往往会陷入困境。以下是我们推荐的做好投资的五项原则：

1. 做好你的功课。
2. 寻找具有强大竞争优势的公司。
3. 拥有安全边际。
4. 长期持有。
5. 知道何时卖出。

做好你的功课

这个说法听起来很简单，但是投资者常常犯的错误是未能彻底调查他们所购买股票的公司。除非你知道这家公司的详细情况，否则你就不应当购买它的股票。

这意味着，你必须发挥你对会计学的理解，以便你自己决策时能确切知道一家公司真实的财务状况。首先，不要把你自己的资金投在风险中，你应当知道你正在买什么。投资中有很多灰色区域，你不能仅凭某某人说这家公司很有吸引力就去投资，你要自己决策，因为某某人所说的热门成长股往往意味着另一个人的灾难。在第四章至第七章，我将告诉你在会计方面你需要了解哪些东西，以及怎样把分析过程归结到便于管理的水平上。

一旦你掌握了这些工具，就要花时间使用这些工具，你要坐下来把年度报告从封面读到封底，并且浏览过去的财务报表，评估行业内的竞争者。这是需要坚持的，要挤出时间，因为花时间彻底调查研究一家公司有助于你避免不良投资。

你花费时间做研究产生的想法需要一个冷却的阶段。当你听到一个好的投资建议时，立即行动的想法通常是很有诱惑力的，但是冷静地判断总比冲动要好。很多时候，随即进行的研究会让你发现，其实这项投资缺少吸引力。如果你是一个真正的长期投资者，在你进行全面投资的过程中，冷却阶段能使你避免一些会导致恶果的投资行为。

寻找具有强大竞争优势的公司

是什么把一家坏公司与好公司区分开来的呢？在很大程度上，这取决于一家公司自身竞争优势的大小。竞争优势可以用来保护企业的利益免受侵害。

在任何一种竞争性经济环境中，资本总在寻找高预期回报的领域，这使得利润最丰厚的公司总是被竞争者包围着。这就是大多数利润高的公司在经历一段时间之后回归平均水平的原因。也就是说，大多数高回报公司由于与其他公司的竞争，利润率将会逐渐降低。

竞争优势可以使一小部分公司在很多年中保持高于平均水平的利润率，这些公司常常是最好的长期投资对象。一般来说，保持超额利润率的时间越长，股票长期投资的业绩就越好。识别竞争优势是投资过程中一个相当关键的部分，我们要用整个第三章来阐述怎样分析竞争优势，这是投资准备工作的核心。识别较强竞争优势的关键是能对一些具有迷惑性但其实很简单的问题做出回答，比如：一家公司是怎样设法使竞争者无路可走，从而使自己获得丰厚利润的？如果你能够回答这个问题，你就能发现这家公司竞争优势的源头了。

拥有安全边际

发现好公司只完成了投资过程的一半，另一半工作则是评估这家公司的价值。你不能不管这只股票在市场上是什么价格都付钱去买，因为它在市场上或许正处于一个非常高的价位。如果你支付了太高的价钱，你的投资收益率会令你大失所望。

任何一个投资者的目标都应当是在价格低于股票价值时买入。不幸的是，人们对股票价值的评估往往过于乐观，这经常导致未来等待着我们的是一个厄运。我们应在股票价格明显低于我们对它的估值时进行交易以弥补这种过于情绪化的倾向。股票的市价与我们的估价之间的差额就是这只股票的安全边际。

比如，购买可口可乐公司的股票，毋庸置疑，该公司在 20 世纪 90 年代具有强大的竞争优势，而且你有足够的理由认为这种优势还会持续下去。但是，如果要花 50 倍市盈率买入可口可乐公司的股票，那么你可能要忍耐相当长一段时间才能看到像样的投资回报，因为你忽视了选股过程的一个关键点——股票的安全边际。可口可乐公司的股票价位很高，而且即使你认为可口可乐公司的股票值 50 倍市盈率，你付了全价也就没有意义了——毕竟，那个使你认为可口可乐公司股票值那么高价格的假设过于乐观了。较好的做法是，在一个既定的安全边际中付款购买，比如以 40 倍市盈率买入就可以预防错误的发生。

你决定一只股票合理的购买价格时，应注意包含一个安全边际。即使你过后才意识到你对该公司前景的估计过于乐观，你也已经为自己设置了一个缓冲带，可以减轻你的投资损失。对于一家前景不太明朗的公司预留的安全边际，应该大于对盈利可以预期、前景明朗的公司预留的安全边际。例如，20% 的安全边际对于像沃尔玛那样的稳定企业是适合的，但是你应该给像 A&F 公司

（Abercrombie & Fitch）那样被各种不确定的时尚因素驱动的公司预留更大的安全边际。

始终坚持估值原则对很多人来说是困难的，因为他们担心如果今天不买，在这只股票上就永远失去了上车的机会。当然有这种可能性，但是也有另一种可能——公司突遭财务冲击并导致股价暴跌。未来是不确定的，毕竟如果你等的时间足够长，大多数股票会出现相对它们的公平价值较低的价格机会。就像没有股票年复一年地直线上涨一样，我们可以说，不赚钱比损失已拥有的金钱痛苦要小得多。

探索股票估值的一个简单路径就是看该股票的历史市盈率——你为该公司每 1 美元的收益所要支付的价格，要考察过去 10 年或更长时间。（在晨星公司的网站上，我们有可用的 10 年估值数据供免费使用，还有其他的研究服务机构也有类似的信息。）如果一只股票现在的市盈率是 30，而它过去 10 年的市盈率是 15~33，很明显它现在处于历史的高位。

要证明今天的价格是合理的，你必须对该公司的前景有足够的信心——它要比过去 10 年好得多。当一家公司的估值高到令人咂舌的程度，一定要小心提防。市场很可能高估了它的成长性，你也许会遇到一只未来数年市场表现都欠佳的股票。

我们在第九章至第十章谈论的是股票估值。如果你想知道怎样估值，先不要着急，现在需要记住的关键事情是，如果你不按照保守的原则计算出你愿意为一只股票支付的价格，最终你会后悔。估值是投资过程中最重要的部分。

长期持有

永远不要忘记，买股票是一个重大的购买行为，并且你要把它当作重要的投资行为对待。你应该不会在一年之内买卖你的汽车、冰箱 50 次。投资应该是一项长期的交易，因为短期的交易意味着你正在玩一种失败者的游戏。频繁短期交易的费用如果合计起来，包括税收和佣金，会给你的投资业绩造成几乎不可逾越的障碍。

如果你频繁交易，随着时间的推移，你不断支付的佣金和其他费用是复合增长的。你今天花费的每 1 美元，如果你用来投资 20 年期 9% 年收益率的股票的话，将变成 5.6 美元。也就是说，今天花费 500 美元意味着你放弃了 20 年后的 2 800 美元。

但这只是故事的开始，因为频繁的交易也意味着你支付的税款在增长。并且无论你每年支付多少，这些钱都不能为你在下一年提供复利。

让我们看两个假设的投资者，以弄清楚佣金和交易税收对于一个投资组合能起什么作用。长期投资者露西是一个守旧的老古板，她只买很少几种股票并长期持有；而短期投资者提姆是一个频繁交易的快枪手。

露西在 5 种股票上投资 1 万美元，共 30 年，年收益率 9%，当卖出这笔投资时支付长期投资资本利得税 15%。在此期间，提姆以同样的收益率、同样数量的资金投资，但是他的投资组合一年周转两次，他的收益支付 35% 的短期资本利得税，并且余下部分用于再投资。我们假定他们暂时不用负担任何佣金。

30年后，露西拥有114 275美元，而提姆还不到她的一半，只有54 362美元。由此你就能看到，你的资金在不用每年纳税的情况下，复合增长造成了巨大的差异，甚至可以不予理睬经纪人佣金（见图1–1）。

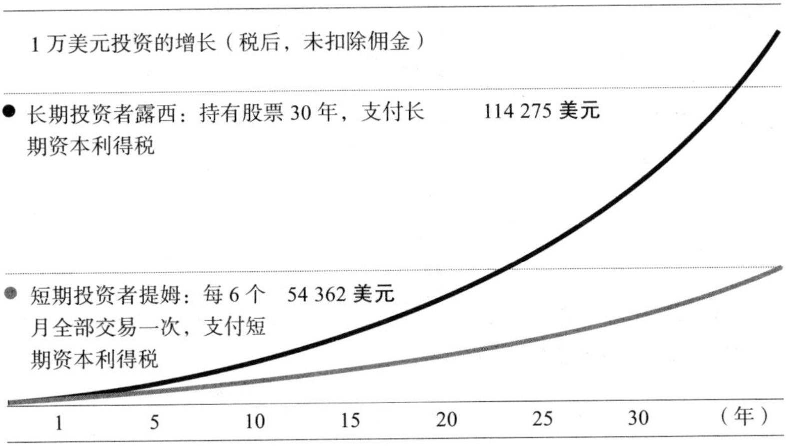

图 1–1

资料来源：晨星公司。

注：提姆每6个月把他的投资组合全部交易一次，征收35%的短期资本利得税。露西由于买入持有策略，她的资本收益只征收15%的资本利得税，她的资金在长时间里取得更多复利。

但是，现在来看，持有一只股票30年也许是不现实的。让我们再考虑一下，如果露西每5年卖出她的全部投资组合一次，每次都把投资收益再投资。在这个案例中，她投资结束时大约拥有95 994美元，这比114 275美元要少，但还是要比提姆的54 362美元要多很多（见图1–2）。

1 万美元投资的增长（税后，未扣除佣金）

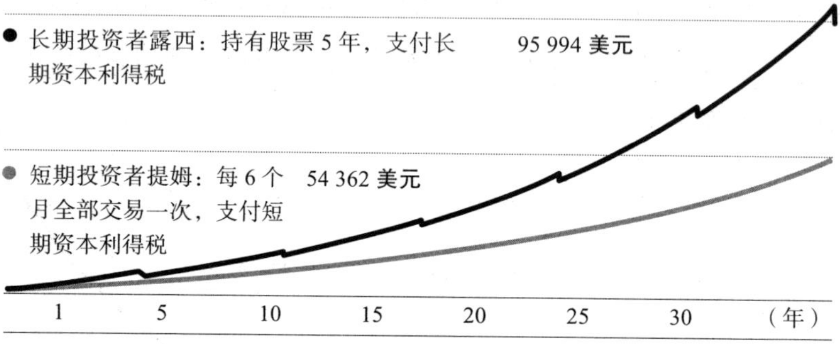

图 1–2

资料来源：晨星公司。

注：露西把她的持股周期从 30 年减少到 5 年，但是较低的税率和较长的复合周期让她的净收益明显比提姆高。

这个例子表现的仅仅是税收对频繁交易的影响——一旦我们加入佣金的因素，情况对短期投资者会更糟糕。如果我们设想提姆和露西每次交易支付 15 美元，提姆的净利 30 年后只有 30 779 美元，而露西的净利则是 92 531 美元（假设她每 5 年交易一次）（见图 1–3）。

真实世界的税收花费和佣金要从你的投资组合中拿走一大块。把你的持有时间由 6 个月扩大到 5 年，收益大约增加 6. 2 万美元。露西的耐心得到了丰厚的回报。你不这么认为吗？

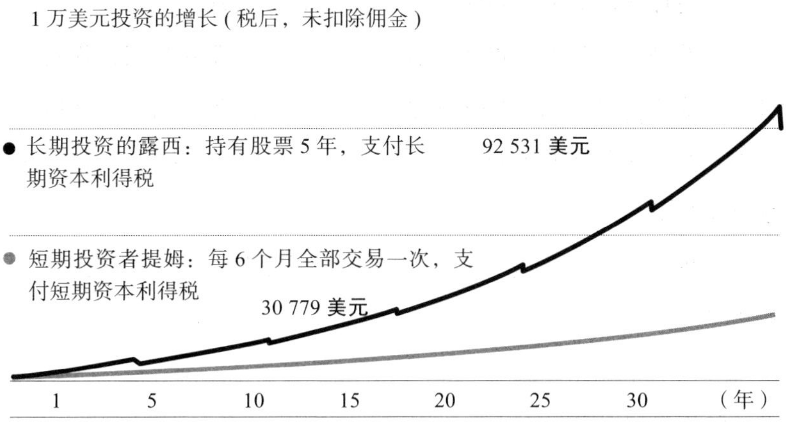

图 1–3

资料来源：晨星公司。

注：从账户里扣除佣金后，提姆收益所受的损失比露西的大得多。

如果要与露西的投资组合价值匹配，提姆需要每年大约 14% 的收益率来替代 9% 的年收益率。这就是本例中频繁交易的代价——一年大约 5 个额外的百分点。所以，如果你真的认为搅动你的投资组合每年可以多得到 5 个百分点，那么就可以卖掉旧的换进新的。否则，像其他人一样，在经过熊市的时候你应当谦卑一些，保持耐心，因为这将带来利润。

知道何时卖出

最理想的情况是永远持有投资的股票，但事实上几乎没有公司值得持有几十年——并且很少有投资者只买入了值得长期持有的股票。知道何时卖出一只股票，比知道何时买入股票更重要。

但是我们时常是卖出盈利的股票太早，持有赔钱的股票又太久。

关键是，要持续不断地关注你持有股票的那家公司，你对公司的关注要胜过对持有的那只股票的关注。你花时间关注你所买入股票的那家公司的新闻和所处行业的信息，远比你一天看 20 次股价要有用。

在我讨论你应当何时卖出股票之前，我先告诉你什么情况下不能卖。

股价已经回落

单看股票，股价波动传达的是无用信息，尤其是在短期内，完全不可预测的原因能导致股价向各种方向波动。股票长期运行的表现，很大程度上取决于公司未来现金流的变化——这和股价过去两周或一个月的表现没有什么关系。

你要牢记，当你买入股票以后，股票走势不是最重要的。你不能改变过去，市场也不关心你是赚了还是赔了。影响股票价格的是该公司的未来，而且那才是你决定是否要卖出股票的依据。

股票已经猛涨

再强调一次，股票过去怎样关系不大，真正重要的是你预期公司未来会怎样。没有什么可以预测股票会从上升的形态转而向下，就像没有什么可以让股票走出箱形最终还会回来。如果我们能抛弃掉股票过去走势的所有图表（因为它们不能提供关于未来的任何有用信息），我们中的大多数人可能会成为好的投资者。

那么，你应该在何时卖出呢？不管什么时候，当你考虑要卖出一只股票时，仔细考虑下面五个问题，你将进入好的投资状态。

你是否犯了某个错误？你在第一次评估这家公司时遗漏了某些事情吗？也许你认为，公司的经营管理经过努力会有一个好转，但是取得好转比你（或者他们）预想的难度大很多。或许你低估了公司竞争的激烈程度，或高估了公司发现新增长点的能力。无论是什么把事情搞砸了，都说明你买入这只股票的理由已经不存在了，股票就不值得再持有了。如果你最初的分析是错的，卖掉股票，支付一点税之后继续前进。

基本面已经恶化了吗？经历几年的成功后，你投资的公司的发展速度已经开始慢下来。公司需要积累现金，发掘有利可图的、新的投资机会还要经历一段艰苦的时光，竞争正蚕食着利润。各种迹象表明，到了重新评估公司未来前景的时候了。如果公司相对过去的一贯表现已实质性地变坏，就到了该卖出股票的时候了。

股价是否已远远高出它的内在价值？当市场在一种十分乐观的情绪下振作起来，投资人在这个时期没有理由不买入，但这时我们通常要支付远远超过股票真实价值的价格。问问你自己：股票的市价比你对这只股票的估值高多少？你对股票的估值经过一段时间后是否增加了？你不应该仅仅因为股票价格有点高了，就卖出优秀的公司——你要支付资本利得税，而且还不能得到复合增长的利益。但如果是在异乎寻常的高价，那么即便最好的公司的股票也应当卖出。

你的这些钱有更好的投向吗？作为一个投资者，你应该不断地寻找有更高回报的机会来分配你的资金。为了前景更好的股票，卖出一个稍微有点被低估的股票，即便你亏了钱，也没有什么可惜的。

在2003年以前，当我发现家得宝公司的股票看起来十分便宜的时候，我自己就是这么做的。当时，这只股票已经低迷了差不多3年，我想这只股票的市价只相当于它价值的50%多。我的账户里没有现金，如果我想买这只股票就不得不卖出一些股票。经过对我手中的股票进行评价之后，我卖出了花旗集团的股票，虽然当时该股票低于我的买入价15%左右。为什么呢？因为我对花旗集团的第一次估值太乐观了，我不认为这只股票能有更多的利润。所以，我卖出一只价格合理的股票，是为了买入一只我认为价值被严重低估的股票。

给我带来损失的花旗集团后来怎样呢？就像水在桥下一样，没有改变。要紧的是，我有了一个投资机会，我的资金从一个预期回报很一般的投资挪到了一个预期回报相当高的投资——这是一个很站得住脚的卖出理由。

你在一只股票上投资太多了吗？这是最好的卖出理由，因为它意味着你做对了，并选择了赚钱的股票。关键是不要让贪婪影响了投资组合的管理，一项投资在你的投资组合中不应超过15%。也许该公司未来的前景是可靠的，但不管怎样还是应该把它所占的投资比例调下来。（这些百分数是粗略的指导——也许你在单只股票上做更多投资是适合的，或者你想要更多样化。）简单地说，把鸡蛋放在一个篮子里是危险的。

投资者清单：成功投资股市的五项原则

- 成功的股票投资依赖于个人的训练，不依赖于别人是否赞同你。至关重要的是要有一个稳定的、有充分依据的投资哲学。
- 除非你清楚该公司的详细情况，否则不要买入它的股票。在买入股票之前，花时间调查这家公司有助于避免犯大错误。
- 应该关注公司是否有较强的竞争优势。竞争优势有助于公司把竞争者挡在外面。如果你能看透一家公司能够阻挡竞争者，并且持续产生超额利润的原因，你就已经鉴别出了公司竞争优势的源头。
- 频繁交易的费用经过相当长一段时间之后，会大大拖累投资组合的表现。买股票要像重大的采购，最好长期持有。
- 知道何时卖出。不要仅仅因为股价的涨跌卖出，但是经过认真分析后，如果出现以下情况，应当卖出：你在第一次买入时犯了一个错误；公司基本面已经恶化；股价已经超出它的内在价值很多；你已发现更好的投资机会；这只股票在你的投资组合里占了太大的比例。

第二章

2

七个应当避免的错误

在很大程度上，投资像打网球，致命的发球和强有力的反手球能赢得很多分，但这些技术带来的任何优势都可能被加倍的失误和自己的错误抵消掉。在五局比赛结束的时候，往往是失误少的选手获胜。仅仅是始终如一地把球回过网——无论你的对手打出什么球——你就可以大量得分。

投资与之极其相似。除非你知道怎样避免投资中最常见的错误，否则你的投资回报不可能太高。你会发现选出的很多好股票给你带来的收益刚刚够补偿少数的几个大失误所造成的损失。

所以，在我们钻研上市公司的报告之前，我要给你介绍七个很多投资者常犯的错误。避免这些错误是达到你投资目标的第一步。

1. 虚幻的目标。

2. 相信这次与以往不同。

3. 陷入对公司产品的偏爱。

4. 在市场下跌时惊慌失措。

5. 试图选择市场时机。

6. 忽视估值。

7. 依赖盈利数据做分析。

虚幻的目标

这又回到了买入有较强竞争优势的公司的重要性上。你的投资组合如果充满了风险，换句话说，如果每次投资都是建立在虚幻的目标上，就必然导致投资灾难。首先，投资数学告诉我们，要弥补大的损失是一个很困难的命题——股价下跌50%，要想回到原来的水平只有股价翻倍才行。

另一方面，在一家公司的起步阶段，要预言它是否是下一个微软公司，是相当困难的。你很可能以失败告终，因为当一家公司刚起步时就想洞悉它的未来是不太可能的。

事实上，小的成长股是长期持有类股票中收益最差的那一类。为什么呢？首先，从数字上看，根据达特茅斯大学肯尼思·弗伦奇教授的观点，从1927年起，小公司股票的年平均收益率是9.3%，这个数字比同期大公司股票的标准普尔500指数的平均年收益率10.7%要低。为了避免你轻视这两个收益率之间1.4个百分点的区别，我要告诉你，对于一笔长期持有超过30年的资产，如1 000美元，按年收益率9.3%投资，其收益是1.4万美元，但是如果年收益率是10.7%，其收益将达到2.1万美元。

此外，很多小公司除了烧钱，几乎从未做过任何事情，最终很多这样的公司走向了破产。例如，1997—2002 年，纳斯达克每年有 8% 的公司被摘牌，大约 2 200 家公司的股东很可能在这些股票被摘牌之前就遭受了巨大的损失。

相信这次与以往不同

在华尔街，最昂贵的教训就是“这次与以往不同”。历史不断地重演，泡沫还是要破裂，不了解历史是一个重要的障碍。

例如，在 2000 年春天，财经出版物上开始充斥半导体板块的股票将不再有周期性的论调，这扭转了芯片类股票处在顶部的走势。一年以后，能源股疯涨，很多分析师预测未来几年这些股票的收益将以 20% 左右的速度增长。然而，经济增长放缓，能源的需求受到打击，而新的工厂提高了供应能力。结果，能源股票，像米兰特（Mirant）公司和卡尔派恩（Calpine）公司的股价下跌了 50%~60%，在安然公司崩溃前它们的命运就已经注定了。

这个道理很简单：你必须成为市场的学生，才能弄清楚股市的未来。任何时候你听到电视上某人说“这次与以往不同”，请你关掉电视散步去吧！

陷入对公司产品的偏爱

这是投资陷阱中最容易掉进去的一个。几年前，当人们经介绍买了掌上电脑以后，有谁不认为掌上电脑是一项伟大的投资呢？看起来似乎很合乎逻辑，但事实是，这个好产品并不必然转化成利润。掌上电脑是第一个手持管理工具，界面友好、容易使用而且买得起的产品，但是电子消费品不是一个有吸引力的生意，利润很薄，竞争激烈，很难产生持续的利润。

尽管好产品和新技术在我们评估公司时有一定关系，但这种关系并不像公司发展与经济状况联系得那样紧密。的确，掌上电脑是一个成功的发明，也有数以百万计的人购买，而且这些企业没有主要的竞争者，但是这个行业的经营前景一直暗淡。2001—2002 年，掌上电脑公司两年间损失了数亿美元，并且在 2003 年中期，其股票比 2000 年开始上市交易时股价下跌了 98% 以上。

当你研究股票的时候，问一问自己："这是一个有吸引力的生意吗？如果我买得起，我会买下整个公司吗？"如果回答是否定的，放弃这只股票——不管你是多么喜欢这家公司的产品。

在市场下跌时惊慌失措

股票最有吸引力的时候，通常是在没有人想买股票的时候，而不是在连理发师都能给股票开出最高价的时候。投资时往往有一种诱惑，就是要证实或求证其他人也在做同样的事情。但是历史再三地告诉我们，当每一个人都在避开购买这些资产的时候，往往是它们最便宜的时候。（约翰·坦普尔曼先生，第一个走遍美国以外投资市场的投资家，曾经说过"最悲观的时候是最好的买入时机"。）

最典型的例子是，1979 年的一期《商业周刊》曾问道：“股票死了吗？”就在这之后不久，一个持续 18 年的股票牛市正式启动起来。更近些的例子是，《巴伦周刊》在 1999 年后期沃伦·巴菲特上封面的那期杂志上曾问：“到底怎么了，沃伦？”并且哀叹巴菲特对技术股的厌恶。但是 3 年之后，纳斯达克下跌超过了 60%，而伯克希尔–哈撒韦公司的股票增值了 40%。

我们也看到某些经验性的东西会胜过很多奇闻逸事，在晨星过去数年所做的一项研究中明显地证明了这点，许多冷门基金的表现也说明了这一点。在看了什么基金种类能吸引最多的资金和什么产品品种经历过最大的赎回之后，我们发现结果很有趣。在所有资产种类中，除了那种在过去 12 年间以每 3 年为周期翻倍滚动的资产品种外，人们所厌恶的资产的表现都超过了人们所喜爱的资产的表现。

这种分歧可能很激烈。比如一个投资者在 2000 年初期购买了 3 种人们不喜欢的冷门基金品种，人们预期在未来 3 年，他的投资收益可能会很差，但结果是他的收益比市场在那个时间段里的平均收益（每年损失 15%）要好得多，而且还远远领先于那些当时很热门的基金品种，因为这些基金在过去的 3 年平均每年下跌了 26% 以上。

违背自己的性格和意愿需要勇气，但是这种勇气是有报酬的。如果你善于独立思考并从别人遗弃的市场上捡到便宜货，你就会成为一个好的投资者，这远比因为财经报刊的吹捧而购买股票强得多。

试图选择市场时机

市场时机的选择是一个空前的投资谎言。没有一种策略能持续不断地告诉你，何时应当入市，何时清仓离场，而且也没有人能够做到这一点，否则就会有市场择时服务机构向你兜售了。

在《财经分析师》2001 年 2 月号上有一个有趣的研究，研究的目标是 1926—1999 年“买入并持有”和“市场择时”策略之间的差别。作者根据市场转换频率，基本上找出了其间市场择时变化的所有可能。

作者假定在任何一个特定的月份，一个投资者既能在国债市场又能在股票市场上投资，然后计算各种可能的组合转换的投资回报（不寻常的是，在两种资产中间有 4 096 种可能的组合），并把“买入并持有”策略和全部的“市场择时”策略进行比较，看一看“市场择时”组合比简单的“买入并持有”能增加多少收益。

他研究的结果怎样呢？全年大约 1/3 的月份中“市场择时”组合打败了“买入并持有”策略组合。你也许会认为，如果我用“市场择时”策略，就有 33% 的机会打败市场。我要抓住这些机会！但是在你订阅选时参考资料之前，请考虑下面三点：

1. 这篇论文的计算结果夸大了“市场择时”策略的收益，因为它对每一年的考察用的是不连续的时间段，这就意味着它忽略了复利（你先假设市场通常会有一个相当长的上升时间段，就是这样计算的）。

2. 股票市场的收益是不对称的。也就是说，在任何一个特定的年份里，大部分的收益（不管正的还是负的）来自有限的几天。这意味着市场择时的风险比依靠长期持有风险要高。

3. 晨星公司所追踪的数以千计的基金，没有一个在过去20年中能够持续不断地做好市场择时。的确，一些基金也偶尔取得了很大的名气，但是从来没有过基金利用一种计量模型频繁进出市场并能获得超级成功的记录。

这些强有力地证明了市场择时不是一个持续可行的策略，因为对运作共同基金的人来说，如果某人找到了一个可靠的市场择时的方法，他们早就开始那样做了。

忽视估值

这一点使我们又回到过去几年里很多人常犯的错误。可能会有其他投资者以50倍市盈率买入你以30倍市盈率买入的股票，这只是冒险的赌博。你可能在CMGI公司或雅虎公司的股票上赚很多钱，但在整个互联网泡沫中，除非你卖得非常及时，否则你能诚实地对自己说“我很棒”吗?

你买入股票的唯一理由就是你认为这家公司现在的股价有投资价值，而不应该是你认为会有一个更大的傻瓜乐意在几个月后花更多的钱来接你的盘。

我们将在第九章至第十章中讨论很多公司内在价值和估值的概念。减少你投资风险的路径就是注重估值。如果现在市场预期低，就可能有大量物超所值的好机会。买一只正面消息泛滥、势头正强的股票是自讨苦吃。

依赖盈利数据做分析

最后，至关重要的是现金流，而不是盈利。因为基于每股盈利的会计处理可以做出公司管理层想要的利润，但是现金流却是很难胡来的。你可以通过现金流量表判断一家公司的财务健康状况，并且通过观察经营性现金流相对盈利的变化趋势，在一些会导致公司崩溃的问题暴发前就发现它们。

要注意：如果公司在经营性现金流停滞或收缩的同时盈利却在增长，很可能是某些事情正在变坏。

我们将在第五章至第六章进一步讨论现金流的重要性，另外我将在第八章告诉你怎样使用现金流量表察觉公司的财务问题。

如果你避免了这些最一般性的错误，你将会大大超越投资者的平均水平。现在，让我们从不应该做什么转到应该做什么上来。在下一章，我将告诉你怎样通过分析竞争优势把一家好公司从平均水平的公司中找出来。

投资者清单：七个应当避免的错误

- 不要试图通过发现下一个微软公司而获得巨额收益。你应该专注于发现股价已低于估值的可靠公司。

- 了解市场的历史能帮助你避免重复那些易犯的错误。如果有人试图使你确信“这次与以往不同”，不要理睬他们。
- 不要陷入“一个好产品将创造一家高质量公司”这样一个假设的陷阱里。在你被一项激动人心的技术或者一个极好的产品掏光口袋之前，确信你已经核实了该公司的商业模式。
- 不要害怕使用你的优势。买入的最好时机是当所有人都从一个特定种类的资产出逃的时候。
- 试图选择市场时机是一个傻瓜游戏。有足够的证据证明股市是不能选择时机的。
- 减少投资风险的最佳路径是认真注意估值。不要寄希望于其他投资者会以高价接你的盘，即使你买的是好公司股票也不要这样。
- 一家公司财务绩效的真实衡量标准是现金流，而不是财务报告的每股盈利。

第三章

3

竞争优势

通常，投资者通过考察哪家公司的利润增长最快（并假定这个趋势将在未来持续）来判断一家公司的投资价值。但更多的情况不是这样，回过头来看，曾令人振奋的公司在未来往往表现很差，因为它过去的成功吸引了众多竞争者。高额的利润往往伴随着激烈的竞争，资本追逐高回报是任何一个自由竞争市场的天性。因此，经过一段时间，当竞争者打破经营垄断之后，大部分高盈利的企业利润都会减少。

为什么普通的制药企业雇用一大群律师寻找专利的漏洞？因为像辉瑞和默克这样的大制药公司非常有利可图，只要成功找出专利保护的一点漏洞就可能获利。为什么在20世纪90年代风险投资家向每一家刚刚起步的网络企业投资？因为思科公司每年有40%的增长，营业利润也以25%的速度增长。如果一家公司正在创造着巨大的利润，它肯定要吸引竞争。

竞争优势的概念对晨星公司分析股票来讲是至关重要的，因为竞争优势是一家公司保持优异业绩的特征。

我们通过研究投资大师沃伦·巴菲特和哈佛大学教授迈克尔·波特，已经学习了很多东西，他们制定了许多分析竞争策略和竞争优势的主要原则。

分析一家公司的竞争优势，可以遵循下面四个步骤：

1. 评估公司历史上的盈利能力。这家公司的资产和所有者权益一直能够创造稳定收益吗？这是一家公司是否建立起竞争优势的真正的试金石。

2. 如果这家公司的资本有稳定的收益，并能有持续不断的盈利能力，就需要评估公司利润的来源：为什么这家公司能阻挡竞争者，是什么阻止竞争者窃取它的利润？

3. 评估一家公司能阻挡竞争者多久，这是该公司竞争优势的周期。一些公司能阻挡竞争者仅仅几年的时间，而另一些公司可以阻挡几十年。

4. 分析行业竞争结构。行业内的公司是怎样和其他公司竞争的呢？这是一个很有利可图的、有吸引力的行业，还是一个参与者都在痛苦挣扎的过度竞争的行业？

对竞争优势的分析是复杂的。你的竞争者想要赶超你，而你有许多方案能确保始终如一地赚钱，正是这样的原因使这个过程很有趣。

评估收益性

我们首先需要做的是通过调查公司的财务状况，寻找公司拥有竞争优势的确实证据。（断定一家公司未来能否有竞争优势是相当困难的，但我们可以试试。）

我们寻找的公司是那些所赚利润超过资本成本——能够产生相对于投资数量持续稳定的现金流的公司。一个简单的评估办法就是在以下问题中使用相应的度量标准，尽管这些度量标准不是完美的，但使用这些标准是一个捷径。当这些标准一起使用的时候，通常在识别公司是否有竞争优势的问题上能起到很好的作用。如果你正困惑在这个环节用什么财务度量标准，不要着急，我将在以后的几章里详细讨论。

这家公司产生自由现金流吗？如果产生，是多少呢？

首先，考察一下自由现金流——它等于经营性现金流减去资本支出现金流。（我们将在第五章详细讲述自由现金流。我们可以考察一家公司的现金流量表，你会发现它有季度和年度之分，找到“经营性现金流”，然后减去“资本支出”，就是自由现金流。）公司的自由现金流本质上指再投资后剩余的资金，因为公司需要保持生意继续兴旺。在某种意义上，自由现金流是一家公司可以每年提取但不致损害核心业务的资金。

下一步，把销售额（或收入）与自由现金流分开，它将告诉你公司的每 1 美元收入能转换成超额利润的比例。如果一家公司的自由现金流在销售收入的 5% 左右或更多，你就找到一部印钞机器了——到 2003 年中期，只有标准普尔 500 成分股达到了这样的标准。强大的自由现金流是一家公司拥有竞争优势的极好信号。

公司的净利润怎样？

就像自由现金流可以从一个角度衡量超额利润一样，净利润可以从另一个角度考察公司的盈利能力。净利润是销售收入的一个百分比，它告诉你每 1 美元的销售收入产生多少利润（你能在公司的利润表上找到销售收入和净收入，而任何一套完整正规的财务报表都有利润表）。一般而言，公司净利润在 15% 以上就说明它的经营活动是良好的。

净资产收益率是什么？

净资产收益率是净收益相对所有者权益的百分比，它可用来衡量股东在公司投资每 1 美元产生的利润。尽管净资产收益率有一些缺陷（这一点我们在第六章讨论），但它仍然是一个全面评估盈利能力的好工具。凭经验可知，如果公司能够持续不断地显示有高于 15% 的净资产收益率，通常表明股东的投资正在产生稳定的回报，这意味着这些公司很可能有竞争优势。我们将在第六章学习更多的细节。

资产收益率如何？

资产收益率是净收益相对公司全部资产的百分比，它用来度量企业资产转化成利润的效率。6%~7% 可作为一个粗略的基准——如果一家公司的资产收益率能够持续超过这个比例，说明它可能有相对于同行业其他企业的竞争优势。

当你考察全部四个度量指标时，要考察一年以上的数据。一个能够连续几年保持稳定的净资产收益率和资产收益率，拥有良好的自由现金流和净利润的公司，比那些数据不稳定的公司更有可能具有竞争优势。评估一家公司时，连贯性是相当重要的，因为它说明该公司不仅仅是短期，而是长期具有阻止竞争者进入的能力，这使这家公司更有价值。5 年是估值最小的时间段，在此我强烈建议你，如果可能的话，考察的数据最好能倒回去 10 年。

这些观点只是我的个人经验，并不是必须遵守的路径。与行业平均水平比较是一个好主意，以平均水平作为检验盈利能力的标准，可以比出公司的盈利能力是高还是低。

还有一个久经考验的度量公司盈利能力的指标，就是计算投入资本收益率，然后估计一个加权资本平均成本，看二者之间有何区别。这些我们将在第六章做详细讲述，如果它对你来说太复杂也不要着急，你可以综合使用自由现金流、净资产收益率、资产收益率和净利润为你把握正确的方向。

建立竞争优势

接下来我们需要明白的是，为什么企业要在保持利润并在一定范围内保持竞争力方面做那么多工作。尽管处在一个有吸引力的行业对企业会有帮助，但是赶超对手标准的战略往往更重要。有许多卓越的公司植根于不引人注意的行业里，这些事实直观地告诉了我们这个道理。根据研究表明，当企业试图建立竞争优势时，企业的战略比企业所处的行业更加重要。

当你检验公司竞争优势的来源时，关键是要不停地问“为什么”。为什么竞争者不能夺走它的消费者？为什么竞争者不能对类似的产品或服务给出一个更低的价格？为什么消费者能接受每年的价格上涨？

如果可能，从消费者角度看一下：企业的产品和服务给消费者带来了什么价值？它是怎样帮助企业更好地经营自己的生意的？为什么消费者会用一家企业的产品和服务而不是竞争对手的产品或服务？如果你能回答这些问题，你就有机会发现这家公司竞争优势的来源。

一般而言，一家独立的公司要建立足够的竞争优势有五条途径：

1. 通过出众的技术或特色创造真实的差异化产品。
2. 通过一个信任的品牌或声誉创造可感知的差异化产品。
3. 降低成本并以更低的价格提供相似的产品和服务。
4. 通过创造高的转换成本锁定消费者。
5. 通过建立高进入壁垒把竞争者阻挡在外面。

真实的差异化产品

这当然是最显而易见的竞争优势——难道消费者不应该为更好的产品和服务支付更多吗？不幸的是，简单地拥有更好的技术和更多的特色并不是一个可以持久的战略，因为总有竞争者正在准备推出一个更好的产品。拥有更好的产品和服务通常意味着公司可以获得溢价，但这也会限制它们的潜在市场——很多消费者对品质略低一等的产品，只要价格足够低，也是能够接受的。

更重要的是，企业要增加特色或改进产品，就要始终保持领先竞争对手一步，其实这是相当困难的，这也是为什么很少有企业能够长期采用这种战略获得超额利润的原因。尤其是在技术密集的电子行业——今天最新最好的服务器、存储系统的供应商，很可能不是明天的领导者。最后，持续的创新通常需要大量研发费用的投入，这些资本的投入使得产品差异化战略花费甚巨。

数据存储器制造商易安信（EMC）公司就是一个很好的例子。在20世纪90年代中期，这家公司快速更新的技术已经超过IBM（国际商业机器公司）并赢得了新的客户，因为它的产品有IBM缺乏的特色。几年的时间，易安信在自己技术领先的产品上持续向用户索要比竞争对手高的价格，因此迅速获得了巨额的利润。（易安信产品的价格如此之高，以至于用户给这家公司起了一个绰号——“暴利公司”。）

然而，IBM和其他竞争者并没有放弃。终于，IBM生产出大量与易安信产品非常接近的产品，并且为了把客户重新拉回来，IBM给这些产品定价很低。结果，IBM的市场份额开始恢复，易安信的生意受到重创。

这一案例说明，尽管企业通过保持领先一步的技术短时间内会获得巨额的利润和股票收益，但这些利润通常是短命的。除非你足够熟悉行业内部的运作方式，知道何时一家公司的产品正要被更好的产品挤掉，否则你应提防依靠独立创新保持竞争优势的公司。

可感知的差异化产品

通常情况下，一家能持续不断地提供好产品和服务的公司可以创造自己的品牌，而一个强大的品牌能建立强大的竞争优势。拥有一个品牌的奇妙之处是消费者一旦接受了你的产品或服务，就会长期使用下去，并且会认为你的产品和服务比其他公司的好，不管这种差别是否真的存在，他都会感到有些细小的差别。

蒂芙尼公司就靠品牌的力量创造了超额利润，几乎令人难以置信。其实很简单，将一串珠宝包装好，放在名贵的小盒里就可以为这个产品定一个高价。这个例子令人着迷，因为珠宝有很多客观标准，如黄金的含量、钻石的透明度，这些都可以用来衡量它的品质。消费者从蒂芙尼公司购买一枚事实上与其他珠宝商同样的钻石戒指，但要多付很多钱。这显示了一个品牌的真正价值：它提升了消费者自愿支付的动力。

从这个角度来思考品牌和声誉——消费者是否宁愿多花钱从一家公司购买产品或服务来替代另一家公司的产品或服务——有助于把有价值的品牌从低劣的品牌中挑选出来。品牌本身不是最重要的，重要的是怎样利用这个品牌创造出超额的利润。事实上，品牌在一些行业是没有用的。

再看一下索尼和福特这样的公司，它们都有知名的品牌，但是这些公司在过去的几年中仍不得不为创造一个稳定的资本收益而努力，因为它们所销售的产品的价格差异不是简单地受品牌驱动的。就像消费者不愿意为与松下特点相似的索尼立体声产品多付钱一样，他们也不愿意为仅具有一个福特牌子的卡车多付钱。

另一方面，像 A&F 公司这样的企业成功地使大批十几岁的青少年愿意花 25 美元买一件在胸前印有该公司标志的衬衫。虽然这个品牌的强势能保持多久难以预料，但是在过去几年里它确实有能力让消费者为它的产品多付许多钱。事实上，品牌的耐久力是以品牌为基础的竞争优势的关键组成部分。例如，可口可乐或迪士尼这样的品牌持续了数代人，但另外一些则相对短命。

当你正在评估一个品牌是否真正创造了竞争优势时，单纯考察消费者是否信任这个品牌或对这个品牌有没有感情是不够的。判断一个品牌的价值，通常要看这个品牌能为公司赚多少钱，因为要维持一个强势品牌通常需要大量的广告费。因此，除非这个品牌事实上增加了消费者主动消费的意愿，并且那些投入的资本确实转化成了持续稳定的资本回报，否则这个品牌可能不像你想象的那么值钱。

降低成本

能以较低的成本提供类似的产品和服务是一个非常重要的竞争优势来源。西南航空公司每人每英里的成本比其他不赚钱的航空公司航线要低 25%，这种成本优势在 25 年的时间里，使一个得克萨斯州的暴发户变成了一流的企业。戴尔公司的低成本已经使利润率得到了扩展，以至于它有能力在 1997—2002 年 6 年的时间里把它的 PC 机（个人电脑）市场份额从 6% 扩大到 15%。

在航空业和 PC 机制造业这些行业里，产品和服务是很难区分的，低成本策略在这种类型的市场中非常管用。而在非日用品市场，只要成本优势是持续的而不是临时的，较低的成本也会带来较大的优势。然而，这还不足以评判一家公司的利润率以及这样的公司是否比其他竞争者的成本低，因为你还需要鉴别降低这些成本的各种各样的原因。

通常，公司要么通过改进流程，要么通过扩大规模，来建立成本优势。戴尔公司是一个基于流程优势的典型例子。制造个人电脑只有在客户下完订单后，公司才可以利用变换个人电脑组成部件调整利润，而不是先制造完放在仓库里坐等客户订单。随着时间的推移，戴尔公司仍在从它的供应链里继续压缩成本。你可能会认为戴尔公司已不再是一家技术型企业，而更像是一家成品制造商。

流程上的优势是细微的。在资产管理行业里，人们也许认为先锋公司（Vanguard）是靠规模压低其服务价格的，但是同等规模的其他公司比它的收费要高。关键在于先锋公司不是由普通股东组成的利益最大化的公司，它的股东是由公债持有者组成的。因为这种结构，先锋公司能将用于再投资的超额利润用到降低成本的行动中，而传统的资产管理公司通常把超额利润以丰厚的红利分配给管理人员，或者让现金在资产负债表上累积。在先锋公司的个案中，高额利润允许公司降低成本，这就吸引了更多资金，产生了更多的利润。由于这种独特的结构，对任何一家非共同基金资产管理企业来说，要与先锋公司的低成本战略竞争下去是相当困难的。

规模优势通常是竞争者很难超越的：大的公司连续不断地降低成本和价格，小的公司要赶上它们还要经历一段艰难的时期。规模优势最基本的表现形式来自固定成本的杠杆优势，换句话说，实现规模效益，降低单位成本。例如，英特尔公司每年生产的微处理器数量要远远大于超威半导体公司，这意味着每一个芯片的生产成本大大低于后者。

固定成本并不仅仅局限于制造厂商。例如，联合包裹快递公司（UPS）相比任何一个拥有更多低成本场所的竞争者有更高的固定成本。尽管对一个潜在的竞争对手而言，复制一个只在大城市中心承担递送服务的网络也许不是什么难事，但要复制一个能递送到全国各地的网络就是另外一回事了。在已经投入服务的特定路线的卡车上多放几个包裹，对联合包裹快递公司来说只增加了很少一点成本，而它在这些多加的包裹上赚的利润却是相当高的。

锁定消费者

消费者锁定或者建立高的消费者转换成本，是竞争优势中的重要类型。剖析一家公司需要对这家公司的经营有深度理解。成本优势、品牌和更好的产品很容易就能看到，但是要想搞清楚是什么阻止了消费者改用其他公司的产品还是很难的。这就是为什么消费者转换成本高常常意味着公司具有了较强的竞争优势，不管怎样这个战略的威力还是很大的。

如果你能使消费者转换的过程变得很困难——无论是因为金钱还是时间因素——你就能从消费者身上赚取更多的钱。理论上是这样，也很容易理解，但实践起来并不容易。

请记住，转换成本不一定是指金钱，事实上，转换成本很少是指金钱。通常，降低消费者对竞争者产品和服务的兴趣依靠的是时间。学习使用一个新产品和服务需要投入大量时间，这意味着消费者转换到竞争者产品上要蒙受很大损失。消费者换一个番茄沙司的品牌很容易，但如果是文字处理程序，转换起来就没那么简单了。对于一个主流的软件来说，毫无疑问它有巨大的优势，如果要转换，消费者要丢弃已经积累的知识，并且要花时间去学习新的软件。

像美国史赛克（Stryker）公司和捷迈（Zimmer）公司那样的医疗设备厂商，是企业创造高的转换成本并有效留住客户的成功范例。这两家公司是人造股骨头和人造膝关节的制造商，外科医生必须经过培训来学会怎样植入它们的产品。史赛克公司的人造股骨头产品与捷迈公司的人造股骨头产品是不同的，外科医生不可能这一周买这家公司的，下一周又选择另一家公司的。对外科医生来说，培训的过程是非常耗时的。因此，史赛克公司、捷迈公司和其他竞争厂商都有相对稳定的人工关节市场份额。这使得新进入的厂商不得不提供更好的产品，并向外科医生提供再培训的费用以推广使用它的新产品，这大大提高了产品的转换成本。

当你正寻找高的消费者转换成本时，搞清楚下面这些问题是有帮助的：

- 这家厂商的产品需要大量的客户培训吗？如果需要，消费者愿意勉强转换并且承受在培训期间导致的生产力损失吗？
- 这家厂商的产品和服务是否紧紧和客户的生意结合在一起？厂商不更换关键产品的供应商，往往是因为转换费用会远远超出新产品和服务带来的利益。
- 这家厂商的产品和服务是一个行业的标准吗？消费者可能从他们的客户或同行那里感受到压力，从而促使自己使用一个知名且重要的产品和服务。

• 转换取得的利益是否小于相关的转换成本？例如，银行的消费者常常忍耐较高的费用，因为虽然他们到竞争银行开户费用可能较低，但他们转移账户可能会很麻烦。

• 厂商是否倾向于与客户签订长期合约？这经常是客户不想频繁更换供应商的信号。

把竞争者阻挡在外面

把竞争者阻挡在外面是打造持续竞争优势的第五条途径。如果做得好，它会带来长久的巨额利润。但如果做得太好，可能会引起政府的反垄断调查，就像微软（还有其他一些厂商）已经被调查一样。

把竞争者阻挡在外面最明显的方法就是取得某些特许的专营权，就像很多娱乐博彩业从政府取得专营权一样。许可证和其他类似的许可对竞争对手有强大的威慑力，但是因为规则由政府制定，政府也可以在不警告的情况下修改规则。大家都知道，美国政府在娱乐博彩业取得许可并获取较高盈利时提高了税率。尽管博彩业一直是受保护而免于竞争的，但政府通过税收手段从它们的超额利润中拿走了一大部分。

专利权属于特许经营权的类别，因为在一段特定的时期内，法律保护专利权的所有者免于受到直接的竞争。像一些大的制药公司就是例证，专利可以使它们在数年里获得很高的毛利。但是尽管专利能阻止竞争，专利也有增加诉讼的趋势，这严重地限制了专利权人获取超额回报的能力。

辉瑞制药公司是一个很有影响的例子。辉瑞持有世界上最热销的一些药物专利，这些专利使该公司可以在新药进入市场的头几年以很高的价格销售。在专利权的保护期里竞争是很有限的，而利润和现金流是巨大的。这就是辉瑞制药公司净资产收益率在过去的十多年一直保持在30%以上的原因，它的净利率超过25%（标准普尔500公司平均为6%），这也是这只好股票被长期持有的原因。事实上，很多大型制药公司做得都比过去10年好，因为这个行业有自己固有的竞争优势。

不管怎样，虽然专利权和特许经营权在牵制竞争者、保持高利润方面可以起到很大作用，但它们的作用往往也是短暂的。如果你投资一家公司，它的竞争优势只是依赖专利或者某项特许经营，你不要忘记仔细调查这家公司意外失去特许经营权的可能性。这就需要你认真阅读10–K报告的法律诉讼部分。（你可以在大多数公司的网站上找到财务报告，也可以从证券交易委员会的网站上获得。）

一个更持久的把竞争者阻挡在外面的策略是利用网络效应。强大的网络比用户的增长更有价值。比如电话网络，如果你只有与十几个人打电话的网络，这个网络就不值多少钱，但如果有庞大的数量，这个网络就有无限的价值，拥有网络的公司常常有很强的竞争优势。

一般而言，有很多买家和卖家的开放性市场都倾向于一种网络效应，在这样的市场中，网络的价值很大。比如在公开拍卖市场，易贝公司就是完美的例子：这家公司靠它的网络效应能与更大的公司抗衡，而其他的竞争者则难以支撑这种竞争。易贝之所以能成为世界上具有垄断地位的在线拍卖商是很容易理解的，因为易贝最主要的拍卖方式是通过互联网连接个人买家和卖家，买家和卖家的数量增长相当快。当一张珍贵的网球卡和有些年头的海报拿出来在易贝上拍卖时，有很多买家会被吸引过来报价，众多的买家又反过来吸引了更多的卖家。卖家总是希望到买家爱去的地方，买家也希望去卖家云集的地方。过去雅虎和亚马逊公司也曾试图进入拍卖领域，可惜太晚了。对易贝上的卖家来说，这个网上有很多竞标人。让这些买家和卖家都转换到一个新的、小的拍卖机构去几乎是不可能的。在小的拍卖机构，也许买家会以一个较低的价格买到商品，因为几乎没有竞标人，但是买家没有兴趣到处去寻找这样的信息，而易贝则有更多的项目、更大的规模。今天易贝的业务几乎达到了极限，在在线拍卖市场中已达到近乎垄断的地位。

另一个很好的例子是从事汇款业务的西联公司（Western Union），这家公司在第一数据公司（First Data）旗下。西联公司在全世界有超过 17 万个经营场所，可以把你的资金汇到你需要的世界上任何一个地点，公司代理网络的价值因服务场所的增加而不断提高。网络效应的核心特点是：它是一个正反馈，用户多就能吸引更多的用户。

优势能持续多久

这个问题研究的是如何评估竞争优势的寿命，我们需要知道一家公司阻止竞争对手进入的时间能维持多久。

我们在两个维度上来思考竞争优势。从深度上，是说公司能赚多少钱；从宽度上，是说公司能持续保持高于平均水平的利润率多长时间。科技公司常常有一个很强但是面很窄的竞争优势，它们在一个相对短的时间内有难以置信的利润，直到竞争对手制造出更好的产品。一个像 WD-40 公司这样的面向利基市场的公司则刚好相反，它销售家用润滑剂，虽然它从来没有赚过大钱，但是它有让公司取得相当稳定的超额回报的特许权。

评估竞争优势能持续多久是一个难题，但你至少应该思考，即使你得不出一个准确的答案。把一个公司分成三个时间段（很短几年、几年和很多年）来考察是一种有效的方法。

一般而言，基于技术的竞争优势是比较短暂的。例如，成功的软件公司能产生巨大的回报，因为这些公司有很高的利润率，而且不需要在固定成本上投资很多。但因为技术发展和变化速度飞快，这些公司的回报周期是很短暂的。换句话说，今天的领导者可能就是明天的失败者，因为进入门槛太低而潜在的回报又太高。

通过成本优势、品牌、锁定消费者和把竞争者阻挡在外面等各种途径，能形成不同时间长度的竞争优势阶段。遗憾的是，没有好的方法可以在分辨面宽的竞争优势与面窄的竞争优势以及什么公司根本没有竞争优势方面给你一些指导。我在表 3-1、表 3-2、表 3-3 中列举了 27 家众所周知的大盘股公司，还有为什么一家公司的竞争优势面宽、面窄或者根本不存在的一些解释。我希望当你自己做研究时，这些例子能帮助你分析竞争优势。

表 3–1 具有强劲竞争优势的典型公司

公司名称	竞争优势的特征
戴尔	典型的低成本制造商，依靠运营结构和基于互联网的销售使公司可以把竞争对手挡在圈外
易贝	网络效应，拥有很多买家和卖家，对潜在的用户来说更具有吸引力，对竞争者来说要与易贝抗衡变得更困难
百事	到目前为止，是咸味快餐和运动饮料市场份额的领导者，多样化食品公司，值得骄傲的强大品牌，拥有创新产品的能力和强大的配送网络
康卡斯特	大约控制了美国 1/3 的家庭有线网，这对内容提供商和设备提供商有无可比拟的吸引力
英特尔	在芯片制造上的绝对统治地位给它带了来巨大的规模效益。品牌和专利权也是重要的无形资产
布洛克	在美国报税市场居支配地位。每 7 份已经申报的报税单就有一份是布洛克公司报的
沃尔玛	世界最大的零售公司，也是卓越的低成本供应商。公司与供应商谈判，然后把利益传递给消费者
联合技术	处于一个精品集中的行业。电梯、冷却系统和直升机的买主不经常更换品牌
Adobe	消费者转换的成本很高，图形设计者在他们职业生涯的初期使用的就是这家公司的软件，没有 Adobe 的软件他们很难工作
薪资服务公司	拥有巨大的销售网络，新账户存取方便，有明显的规模优势和成本优势。此外，它对未加入工会组织的客户有很强的定价能力

资料来源：晨星公司。

表 3-2　竞争优势面窄的典型公司

公司名称	竞争优势的特征
联邦快递	该公司创造了隔夜交货的纪录，但从背景来说它是定期货运航空公司，而航空公司的毛利是很薄的
卡夫	除了一个消费者熟悉的品牌组合，相对于竞争对手，卡夫没有喘息的时间，公司要想有任何一点定价权都是很困难的
废物管理公司	300 个垃圾掩埋场的网络创造了公司垃圾处理业务较强的竞争优势，但客户在垃圾收集业务上缺乏品牌忠诚度，低价政策使公司竞争优势的面较窄
迪士尼	拥有一些世界上最有价值的知识产权，但是日益增长的竞争和缺乏创造力已经侵蚀了它所拥有的一些品牌的吸引力
埃克森美孚	沉浸于巨大的规模经济，但一直在日用品行业经营
塔吉特	“便宜加别致”战略已经为塔吉特创建了竞争优势，也把它和沃尔玛区分开。这种战略部分依赖于对时装趋势的预测，但这种预测比每天提供低价的商品更困难
百思买	在家用电器和娱乐软件零售领域占支配地位，但是公司处于一个对经济很敏感的行业里
美国在线 – 时代华纳	仍然保持强势媒体的优势，但是在宽带战略上的失败使公司业务变得脆弱
SBC 通信公司	从前地方电话服务的垄断者正面临着来自无线载波、有线网络公司和有权使用地方网络的长话公司的竞争

资料来源：晨星公司。

表 3–3　一些没有竞争优势的典型公司

公司名称	竞争优势的特征
通用汽车	处于深度循环的行业，虽然有历史遗留的本钱和声誉，但普通的品质使其在同业竞争中处于劣势地位
镁光科技	基本商品是存储芯片，这导致产品价格的易变和更多的竞争
电路城	主要的竞争对手百思买公司有很高的利润率、很好的存货周转率和两倍于它的店铺平均销售数量
史泰博	处于一个饱和的行业，对产品细分和价格敏感性的缺乏阻碍了公司开创竞争优势
美泰	低成本的亚洲制造商已经迫使该公司集中于高级器具市场，这个领域的竞争激烈且产品难以细分
德尔塔	不是一个低成本的供应商，也不能提供细分的产品。在日用品行业里的竞争常常围绕价格展开，它的商业模式是无法支撑的

资料来源：晨星公司。

行业分析

最后一个步骤是调查公司所处的行业。有些行业赚钱就比其他行业容易。尽管行业是否有吸引力并不代表企业价值的全部，但对企业竞争前景要有一个把握是相当重要的。

首先，要对行业有一个大致的印象，然后你才能把它分类。在行业里销售费用削减的情况通常是在增长还是在收缩？公司是一直有钱可赚，还是大多数公司开始亏损、行业进入循环周期？这个行业是被极少数大厂商控制，还是充满了规模大致相当的厂商？厂商的平均盈利水平如何？

通过汇总的统计数据，你能回答一些问题，比如平均增长率、平均毛利率等。但平均值并不能告诉你行业的每一个方面，所以你一定要调查一定数量的公司的情况，要看这个行业销售收入或市值的排行榜，调查十几家公司就能对这个行业找到一些感觉。

你不用在这一点上做详细的分析，只需要浏览一下销售收入、盈利增长率和毛利率。最重要的是，寻找各种公司一个较长时期（至少 5 年，也许是 10 年）的分析框架。

投资者清单：竞争优势

- 在某个领域如果成功就会吸引竞争，大多数高利润公司经历一段时间的辉煌后盈利会减少。这就是为什么竞争优势如此重要：竞争优势能帮助一家好公司继续保持已经取得的地位和优势。
- 寻找持续高盈利的公司，这是公司拥有竞争优势的证据。你可以关注自由现金流、净利润、净资产收益率和资产收益率等度量指标。
- 在搞清楚这些特殊的方法之后，你可以试着去识别公司竞争优势的来源。公司通常通过产品的差别化（真实的或感知的）建立竞争优势，驱动成本下降，用高转换成本锁定消费者，或者用高的进入门槛把竞争对手阻挡在外面。
- 用两个维度思考竞争优势：深度（公司能赚多少钱）和宽度（能保持平均水平以上的利润多长时间）。一般而言，任何一个基于技术创新的竞争优势都很可能是短命的。

- 尽管这个行业的吸引力不能告诉你企业的全部，但对竞争前景有天才的判断是相当重要的。一些行业就是比其他行业赚钱容易。

第四章

4

投资语言

在本章，我的目标是帮助你理解财务报表是怎样组合的，以及怎样使用财务报表识别可靠的公司。首先，我们要描述一下报表里面有什么，通过 1 美元在公司生意中的运转来看看主要的三张报表是怎样组合的。然后，我们分析一个卖热狗的例子，看一看简单的生意在财务报表里是怎样体现的。

在第五章，我们将通过研究本书中真实而又复杂的公司，来解读全部三张报表的细节。（注意：读者要有一些会计学的背景知识。）在第十一章，我们将要通过分析两家真实的公司，把新学到的会计知识运用到实际的分析过程中去。

财务报表基础

作为一个投资者，你应该对资产负债表、利润表和现金流量表感兴趣。这三张报表是你了解公司表现的窗口，而且也是我们分析一家公司的起点。

这三张报表在三份主要的财务文件中：年度报告、10–K 报告和 10–Q 报告。你也许熟悉年度报告——那些每年由公司寄出的封面上印着微笑雇员的鲜艳的小册子，但是要真正了解这家公司，你需要查询各期的 10–K 报告和 10–Q 报告。这些证券交易委员会要求提交的每年的 10–K 报告和每季度的 10–Q 报告里有详细的财务信息。

资产负债表就像一家公司的信用报告，因为它反映的是在某一特定时点这家公司拥有的资产和负债情况。它告诉你这家公司的框架和基础的牢固程度。

利润表告诉我们这家公司一年或者一个季度赚了或者损失了多少会计利润。利润表不像资产负债表那样是公司财务健康状况的一个精确时点的快照，利润表记录了一个时段比如一个财务年度的收入和费用。

最后还有现金流量表，它记录流入和流出公司的全部现金情况。现金流量表把利润表和资产负债表联系在一起。

此时此刻，你也许正在疑惑为什么我们需要利润表和现金流量表，毕竟如果一家公司赚钱，利润表就反映公司赚了钱，没错吧？细微的差别就在于一个被称为“权责发生制会计”（accrual accounting）的容易混淆的概念。看一下它是怎样起作用的：当一项服务或一种商品提供给买家的时候，公司记录销售额或收入，不管买家何时付款。只要公司有理由确认买家最终会付款，公司就要把这笔销售反映在利润表上。

另一方面，现金流量表只与收到现金或者支出现金有关。我将在本章后面详细讲解现金流量表，在这里我们先给出一个小例子。

比如，高露洁公司在 2 月 15 日销售给乔的社区商店 1 000 美元的牙膏，但是给乔 60 天的付款期，因为他是一个常客并有很好的及时付款的信用记录。过了 3 月 31 日，乔还没有付款，但是高露洁公司这一季度已经结账了。

高露洁公司在它的利润表上反映 1 000 美元的销售收入，因为它已经把牙膏交付给乔，按照利润表，销售已经完成，不管高露洁公司是否收到货款。但是因为乔还没有付清货款，高露洁公司将在资产负债表上反映乔负债高露洁公司 1 000 美元（这笔钱记录在应收账款科目下，更多的将在本章后面讲解）。

现在你看，一家公司在没有收到一分钱的情况下，照样可以反映出景气的销售增长。事实上，如果高露洁公司生产和销售牙膏的速度比客户为牙膏付款的速度快，那么销售的增长看起来就有点奇怪了。这就是我们需要一张现金流量表的原因。

钱去哪里了

图 4–1 举例说明了资金是怎样从一个投资者通过公司到消费者，然后又回到公司的过程。

不像图表看起来那么复杂。让我们通过公司运作的流程一点点告诉你资金是怎样在公司内流动的。

一组投资者和债券的持有人给公司提供资本①，对股东来说就是买了股票，对债券持有人就是买了债券。公司用这些资金购置了固定资产②，比如一些机器设备和建筑物。用这些资产生产出产品，就是存货③，一些存货卖出后变成现金④，另外一些赊销⑤。赊销被反映为应收账款，直到消费者给公司付款⑥。一旦公司手里有现金，公司又按照同样的路径把它花出去。一些现金以产品的形式返回来⑦，这意味着可以购置原材料生产更多的存货。另一部分现金用于投资⑧，这意味着买更多的机器设备或建造另外的工厂。（用会计学的行话说，你通常看到一些投资购买了切实的长期资产，像一座建筑物或工厂，这叫作“资本支出”。）

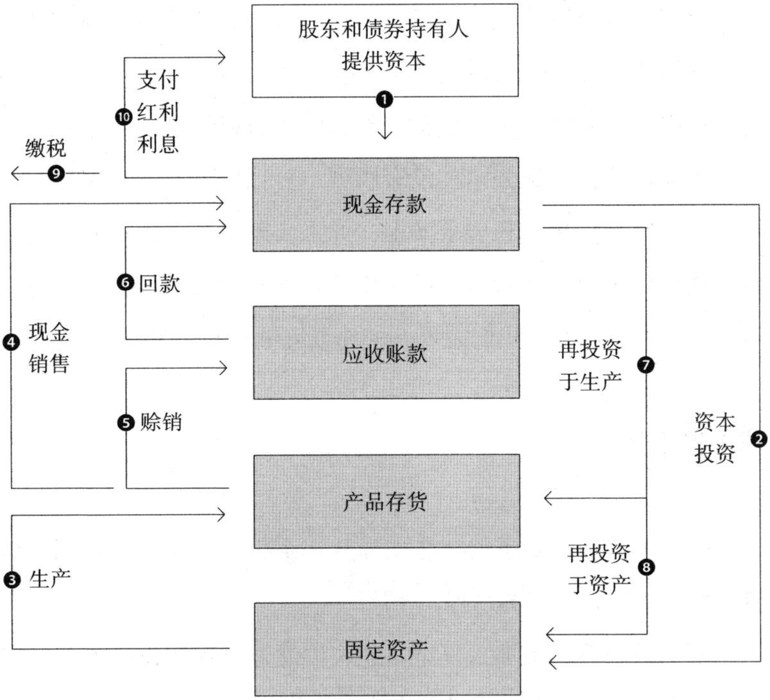

图 4–1　资金是怎样在公司内流动的

资料来源：晨星公司。

还有一大块现金给政府交税了⑨。如果给股东分红派息，或者公司有负债的，还要向股东和债券持有人支付红利和利息，于是一部分现金流出⑩。

这就是这个图解的全部，现金流入和现金流出。让我们用一家简单的公司——麦克卖热狗的亭子来说明这些流程是怎样运作的。我们用麦克卖热狗的亭子介绍这些财务报表的科目，这些科目告诉我们一家公司怎样做好它的核心工作，这些工作又是怎样给投资的股东们带来稳定回报的。

报表的实际应用

7 月 4 日（美国的国庆日），麦克想建一个卖热狗的亭子挣点钱。麦克用 100 美元开始了他的热狗销售生意，资金是通过母亲的第一国民银行账户提供的。

I. 从母亲的第一国民银行账户借款 100 美元

资产	以前	变化	以后
现金	0	+100	100
负债			
长期负债	0	+100	100

麦克花了 70 美元购买了装配亭子的木板、钉子和油漆，以及在烤架上翻动热狗的夹子（烤热狗的烤架是向父亲借的）。然后他买了价值 20 美元的热狗、小面包、调味番茄酱和芥末，还有一些木炭和点火的液体。他还留了 10 美元应付一些变化之需。

Ⅱ. 购置物料、固定资产及设备和存货

资产	以前	变化	以后
现金	100	–90	10
存货	0	+20	20
固定资产	0	+70	70

他花了 90 美元（其中 70 美元用来建造亭子，20 美元买了配料和调料），这些钱已经用完了——变成了固定资产和存货。就像表中显示的，他花在热狗亭子和热狗夹子上的 70 美元是“物料、固定资产及设备”，另外花在小面包等调料上的 20 美元变成了“存货”，另外的 10 美元还在。看一下表 4–1 简单的资产负债表，如果麦克必须出一份年度报告的话，这些财务报表怎样看。

表 4–1　麦克热狗亭资产负债表简表

（单位：美元）

资产	
现金	10
+ 应收账款	0
+ 存货	20
+ 固定资产	70
= 总资产	100
负债	
应付账款	0
长期负债	100
所有者权益	
未分配利润	0
折旧费	0
负债和权益合计	100

资料来源：晨星公司。

麦克在人群游行集合时开张了，他以每个1美元的价格卖了30个热狗。到中午的时候，一半的热狗、小面包、调料和木炭用完了，所以麦克的“销售成本”是10美元，或者说这是他在买这些东西时花费的20美元的一半。在卖热狗时，7个人没有现金，所以麦克让他们赊账，这就意味着我们需要在“应收账款”记录7美元，这些钱是那些人向麦克借的。

Ⅲ．以每个1美元价格销售30个热狗（价值10美元的存货），还有7美元的赊账（现金还没有收到）

资产	以前	变化	以后
现金	10	+23	33
应收账款	0	+7	7
存货	20	–10	10

在这天的中午，麦克用完了他的小面包，他不得不跑出去到社区的食杂店去买更多的小面包。当他到那里的时候，他意识到他把钱放在亭子里了，所以他向食杂店老板承诺，他将在星期一热狗生意慢下来的时候再来付钱。

我们记录了5美元的应付账款，这是麦克欠食杂店的小面包钱。

IV. 赊账购买了5美元的小面包

资产	以前	变化	以后
现金	33	0	33
存货	10	+5	15
负债			
应付账款	0	+5	5

在第二天结束的时候，麦克意识到烤热狗的夹子已经不像过去那么好用了，翻烤热狗的时间太长了。这个贬值和磨损的账户名字叫“折旧”，这个账户让我们记录麦克的设备不像过去那样具备生产能力的事实。（在现实世界里，折旧不是在某些东西瞬时磨损时记录的，它通常是在一个假定的资产磨损期间对资产进行的补偿。如对于一幢建筑物的使用周期是 40 年，而对一台计算机则是 3 年。）折旧是做生意的费用，就像买热狗和小面包，因为如果麦克还要继续从事这个生意，他最终不得不另外买一套夹子。因为所有的费用都必须记录——会计学是很有趣的——现在我们来反映 1 美元的折旧。

V. 记录夹子的磨损

资产	以前	变化	以后
固定资产	70	–1	69

经历了长长的一天，为游行的人们提供了美味的热狗，麦克的利润表见表 4–2，他的资产负债表见表 4–3。

表 4–2　麦克热狗亭利润表

（单位：美元）

销售收入	30
–销售成本	10
–折旧	1
=净利润	19

资料来源：晨星公司。

表 4–3　麦克热狗亭资产负债表

（单位：美元）

资产	原始	最后
现金	10	33
+ 应收账款	0	7
+ 存货	20	15
+ 固定资产	70	69
= 总资产	100	124
负债	原始	最后
应付账款	0	5
长期负债	100	100
所有者权益	原始	最后
未分配利润	0	20
折旧费	0	–1
负债资产合计	100	124

资料来源：晨星公司。

目光敏锐的读者将注意到，尽管麦克的净利润是 19 美元，但他的现金涨了 23 美元（他的资产负债从 10 美元涨到了 33 美元），为什么有这样的差别呢？让我们利用利润表和资产负债表可用的信息建一个现金流量表。在下面的例子中，你将看到会计的核心和灵魂所在。

要明白麦克的小生意发生了多少现金，我们可以从他的 19 美元净利润开始，这是他为这些热狗、小面包和调料支付的钱和他卖热狗的收入之差。除了现金利润，我们第一次需要提取 1 美元的折旧。你看，尽管我们需要明了麦克烤热狗夹子磨损导致部分损失的费用，但请记住，会计学是关于保留得分的学科，麦克并不需要为烤热狗夹子的磨损实际支付1美元的现金。他最终将替换这个夹子，但是至今他还是用这副轻微损坏的夹子，并且他也没有进行任何修理。这就是会计利润和现金利润重要的不同。会计利润与收入（卖热狗）和费用（夹子的磨损）应尽可能严格匹配，然而现金利润测量的只是实际生意上流入流出了多少。

下一步我们需要考虑的是，麦克用完了他的热狗、小面包原始存货的一半，又出去买了5美元的小面包。他的存货由20美元降到10美元，后来又回升到15美元。存货由20美元到15美元的净减少是产生现金的来源，换句话说，麦克有20美元的资本在周末一开始就被存货占用了，但是现在他只有15美元的资本投资在存货上。结果，他把存货的5美元转换成了5美元现金。

不管怎样，吃热狗的人欠了麦克7美元还没有付。麦克还要生产热狗，而欠款的人还不能给他现金，这些人赊购的热狗用完了一部分钱。换句话说，麦克为做更多的热狗，需要买调料付钱，但是他还没有收到现金回报，所以他赊销的决定用完了他的7美元现金。

最后，不要忘记麦克自己也是信用的受益人，因为他也从食杂店里赊购了5美元的小面包。因为麦克拿到了东西没有付现金，他的现金账户因为这5美元就增长了。

我们用下面的算式跟踪麦克19美元的净利润到23美元的现金流的轨迹：

净利润＝ 19 美元

+1 美元折旧

+10 美元存货（卖出热狗）

–5 美元存货（额外购买的小面包）

–7 美元应收账款（欠麦克的钱）

+5 美元应付账款（麦克借的现金）

=23 美元经营性现金流

现在你能看到，23 美元经营性现金流与 19 美元的净收益不同是因为麦克运转小生意的选择。例如，如果麦克不允许任何人赊购，但还是相同数量的销售收入的话，他的现金流应该是 30 美元（23 美元加上 7 美元）。反过来，如果食杂店要求麦克必须为额外的小面包付现金，麦克的现金流应该是 18 美元（23 美元减去 5 美元），但在全部案例中，麦克的净利润都是 19 美元。

这里外卖食品例子的关键是，利润表和现金流量表能告诉我们一个生意不同的方面，因为这些表是用不同的规则构造的。利润表努力把收入和费用相匹配，这也是为什么我们要从麦克利润中扣除 1 美元折旧的理由，也是麦克要记录他赊销的 7 美元的原因。但是现金流量表只关心现金流入还是流出，不管这个行为产生或消耗现金的时间。

如果你只看到利润表而没有检查一家公司创造了多少现金，你就不应该在这家公司下风险大的赌注。会计利润和现金利润二者之间的差别是你弄清楚一家公司怎样运转的关键，也是把一家好公司从平庸的公司中挑选出来的关键。在以后各章，我们把目光从热狗亭转移到真实世界里的公司，来学习详细分析全部三张报表。

投资者清单：投资语言

- 资产负债表就像一家公司的信用报告，因为它反映了某一特定时点这家公司拥有资产和负债的情况。
- 利润表告诉我们一家公司在一定会计期间赚了或者损失了多少会计利润。利润表不像资产负债表那样是公司财务健康状况的一个精确时点的快照，它记录了一个时段比如一个财务年度的收入和费用。
- 第三张关键的报表是现金流量表，它记录全部流入和流出公司的现金情况。
- 权责发生制会计是理解财务报表的一个关键的概念。当一项服务或一种商品提供给买家的时候，利润表记录销售收入与相应的费用，但是现金流量表只关心现金的流入和流出。
- 利润表和现金流量表帮助我们考察公司的不同方面，因为它们是用不同的规则构造的。要得到最完整的图画，两者必须都要考察。

第五章

5

财务报表讲解

现在我们对一项生意怎样产生现金以及利润是怎样登记在财务报表上的这些事项已经有了一个很好的概念，下面我们就开始逐一研究这三张主要的财务报表。遗憾的是，不是所有的生意都像热狗亭那样简单，所以我们要想分析现实世界的公司，还需要引入一些复杂的概念。我们将考察几家真实的公司，看一看它们的财务报表能告诉我们什么，以及这些公司是怎样运作的。

我将从戴尔公司和惠普公司的财务报表及其提交给美国证券交易委员会的10–K报告里做些摘录。（戴尔公司引用的数据截至2003年1月31日，惠普公司引用的数据截至2002年10月31日。）我们将从资产负债表开始，到现金流量表结束。在每一部分的开始，你都将看到一张从ACME公司（虚拟公司名）得到的财务报表，这些报表将展示给你每一张财务报表是怎样组合的。

提示：本章的某些部分对你也许有些困难，但这是全书最重要的章节，因为阅读财务报表是分析公司的基础。如果你发现自己对一个概念有些困惑或者感到疲倦，不要着急，先休息一下，然后我们再一起开始。

资产负债表

资产负债表有时也叫“财务状况表”（见表 5–1），它告诉你一家公司拥有多少资产、多少负债，资产和负债之差就是所有者权益。所有者权益显示的是股东投入公司的资金价值，股东在公司里的所有者权益就是公司的资产减去负债。

资产负债表有一个基本的等式：

资产 – 负债 = 所有者权益

表 5–1　虚拟的 ACME 公司资产负债表

（单位：百万美元）

ACME 公司：资产负债表		
	2002 年	2001 年
资产		
流动资产		
现金和现金等价物	284	205
应收账款	842	827
存货	644	697
其他流动资产	328	369
流动资产合计	2 098	2 099
投资	79	92
固定资产	1 874	1 872
商誉	633	337
无形资产	90	79
其他资产	415	390
总资产	5 188	4 869

（续表）

负债和所有者权益		
流动负债		
短期负债	412	458
应付账款	315	251
应付工资总额	137	180
所得税	173	199
其他流动资产	449	416
流动负债合计	1 486	1 503
长期负债	713	507
其他负债	913	830
负债合计	3 112	2 840
所有者权益		
普通股	2	2
资本公积	97	97
未分配利润	4 249	3 971
库存股票	–1 589	–1 544
其他累积综合收益	–683	–497
所有者权益合计	2 076	2 029
负债所有者权益合计	5 188	4 869

资料来源：晨星公司。

这个等式也可以这样表示：

$$资产 = 负债 + 所有者权益$$

关键是要懂得资产负债表在任何时候都必须是平衡的，因此它又叫作平衡表。比如发行债券引起负债增长，而销售债券收到的现金也导致资产增长；公司产生大量利润会导致资产增长，同时所有者权益也在增长。让我们仔细看一下资产负债表，帮我们一点一点地建立起一个整体的概念。

资产账户：流动资产

资产账户里最重要的是流动资产，因为流动资产很可能在一个商业周期里被耗尽或者转化成现金。通常商业周期被定义为一年。这类资产的主要部分是现金及其等价物、短期投资、应收账款和存货。

现金及其等价物和短期投资：该项目涉及存在金库中暂时不用的现金以及仅次于低风险钞票的短期投资。现金及其等价物通常包括货币市场基金，还有其他任何可以迅速转化成现金并且价格风险很低的东西。通常认为短期投资与现金类似，它包括一年内到期的债券，或者比现金的收益率高很多但卖出影响很小的债券。在大部分案例中，当我们讨论一家公司手上有多少资产可以应付急需的时候，你可以在内心把这些资产和现金等同。

应收账款：就像我们在热狗亭那个例子中看到的，应收账款是公司还没有收到的现金，是那些如果不出现意外公司会在不久收到的货款。你要观察这个账户与公司销售收入之间的变化，如果应收账款比销售收入增长快，说明这家公司的账上记录了大量还没有收到的款项，这可能是一个会出问题的信号，因为这意味着公司为增加销售收入提供了一个相当宽松的信用条款。一家公司把产品移交给客户马上就可以记录销售额，但很少有公司能永远保证借出去的现金一定可以全部收回。

表 5–2 戴尔公司流动资产

（单位：百万美元）

戴尔公司：部分资产负债表		
资产	2003 年	2002 年
流动资产		
现金及其等价物	4 232	3 641
短期投资	406	273
应收账款	2 586	2 269
存货	306	278
其他	1 394	1 416
流动资产合计	8 924	7 877

资料来源：戴尔公司 SEC（美国证券交易委员会）报表。

在表 5–2 中，戴尔公司应收账款上升了 14%，而销售收入也在以同样的速度增长，我们在研究公司的利润表时就会看到。

表 5–3 显示，惠普公司的应收账款从 44.88 亿美元迅速增长到 84.56 亿美元，这是一个 90% 的增长幅度，而销售收入只增长了大约 25%。（记住，把应收账款的增长率与销售收入增长率进行比较是判断一家公司回收应收账款能力的好办法。）尽管惠普公司在此期间因合并康柏公司业务受到一些扭曲，但应收账款问题是更大的矛盾。在这时，惠普公司的投资者应该重点关注应收账款将怎样从消费者那里回收。

你常常在资产负债表“应收账款”后面看到一个“坏账准备”账户，它反映的是一家公司估计有多少钱可能会被赖账不还，这些钱将彻底损失。例如，在惠普公司的资产负债表上，你会看到截至 2002 年 10 月这家公司提取了 4.95 亿美元的坏账准备金。

表 5–3 惠普公司流动资产

（单位：百万美元）

惠普公司和子公司：部分资产负债表		
资产	2002 年	2001 年
流动资产		
现金及其等价物	11 192	4 197
短期投资	237	139
应收账款（净坏账准备 2002 年 10 月 31 日和 2001 年 10 月 31 日分别为 495 和 275）	8 456	4 488
已筹资金的应收款项（净坏账准备 2002 年 10 月 31 日和 2001 年 10 月 31 日分别为 184 和 68）	3 453	2 183
存货	5 797	5 204
其他流动资产	6 940	5 094
流动资产合计	36 075	21 305

资料来源：惠普公司 SEC 报表。

存货：存货有几种类型，包括还没有制成成品的原材料、半成品和还没有销售的成品。存货对于观察制造业和零售业都非常重要。因为存货记账方法的不同，它们的清算价值也许和它们在资产负债表上显示的价值大不相同，这用常识就可以判断。

更重要的是存货的占用资本，现金转化成存货放在仓库里不能做任何事情。一家公司的存货周转速度对收益率有巨大的影响，如果存货占用资金的时间少，这些资金就可以用到其他地方。你可以用公司的销售成本除以平均存货水平计算出存货周转率。

例如，戴尔公司 2002 年的销售成本是 256 亿美元（见表

5–4），同期的存货是 2.78 亿美元，可以算出它有一个让人难以置信的存货周转率——92。换句话说，戴尔公司一年之间全部存货周转了 92 次。与之形成鲜明对比的是惠普公司。2002 年惠普公司的销售成本是 345 亿美元（见表 5–5），同期存货是 58 亿美元，可以算出它的存货周转率仅仅是 6。

表 5–4　戴尔公司利润表

（单位：百万美元）

戴尔公司：部分利润表			
财务年度末	2003 年	2002 年	2001 年
净收入	35 404	31 168	31 888
销售成本	29 055	25 661	25 445

资料来源：戴尔公司 SEC 报表。

表 5–5　惠普公司收入分类账

（单位：百万美元）

惠普公司：部分合并利润表			
截至每年的 10 月 31 日	2002 年	2001 年	2000 年
净收入			
产品	45 955	38 005	41 653
成本和费用			
产品成本	34 573	28 863	30 343

资料来源：惠普公司 SEC 报表。

所以你能看到，惠普公司的存货周转一次要比戴尔公司所需时间长很多，如果你认为高技术产品贬值很快的话，周转慢可不是一个好现象。

资产账户：非流动资产

非流动资产是那些不能转化成现金或在报告期内要耗用完的资产。它主要包括固定资产、投资和无形资产。

固定资产：固定资产是公司的长期资产，形成公司的基础设施：土地、建筑物、工厂、家具和设备等。例如，戴尔公司截至2002年底有大约9.13亿美元固定资产，而惠普公司有69亿美元固定资产。

如果我们比较两家公司的总资产数字（见表5–6和表5–7），我们会对它们固定资产的情况有个大概的了解。戴尔公司的固定资产占总资产的大约6%，而惠普公司大约占10%。因此，惠普公司比戴尔公司资金占用更多。

表5–6　戴尔公司资产

（单位：百万美元）

戴尔公司：部分资产负债表		
资产	2003年	2002年
固定资产	913	826
投资	5 267	4 373
其他非流动资产	366	459
总资产	15 470	13 535

资料来源：戴尔公司SEC报表。

表 5–7　惠普公司资产

（单位：百万美元）

惠普公司和子公司：部分资产负债表		
资产	2002 年	2001 年
固定资产（净累计折旧 2002 年 10 月 31 日和 2001 年 10 月 31 日分别为 5 612 和 5 411）	6 924	4 397
长期已筹资金的应收款项和其他资产	7 760	6 126
商誉	15 089	667
购入无形资产	4 862	89
总资产	70 710	32 584

资料来源：戴尔公司 SEC 报表。

投资：指资金投资在长期债券或者投资在其他公司股票上，从一个象征性的数量变为一个实质性的投资。它远没有现金那样好的流动性，而且其价值可能比资产负债表上反映的数字或高或低。

你需要观察财务报表注释一栏，看一看这个账户里准确反映的是什么，以及你看到的价值有多少是值得怀疑的。在表 5–6 和表 5–7 里，惠普公司没有长期投资，但是戴尔公司在资产负债表上有大约 53 亿美元的相当数量的长期投资。因为这些投资几乎占了戴尔公司总资产的 1/3，所以这是你要深入挖掘并要搞清楚的事情。（如果戴尔公司的投资主要是债券，你就不需要为它太担心；但如果主要是股票投资或风险投资，你就要查清楚这 53 亿美元投资的真正价值。）

无形资产：无形资产最普通的形态是商誉，当一家公司收购另一家公司时商誉就会上升。商誉是收购公司支付的价格和目标公司实际资产或权益之间的差值。本质上，商誉表现为一家公司收购另外一家公司时全部溢出的价值。例如，可口可乐公司的大部分价值不是企业建筑物和设备，而在于可口可乐公司过去数十年建立起来的强大品牌。如果一家公司要购买可口可乐公司，它将不得不支付比可乐公司股票账面价值高得多的价格，这溢价的部分就叫作商誉。

你应当用一种极度怀疑的眼光看这个账户，因为大多数公司会为它们的目标公司支付更多的钱，这就意味着资产负债表上反映商誉的一栏常常比它们的真实价值高得多。（例如，在 2003 年，美国在线–时代华纳公司大笔一挥，就把它资产负债表上的商誉令人惊讶地减少了 40%，实质上这样做是因为当年两家公司合并时美国在线的价值被高估了。如果你看到商誉这个账户作为一项资产可以被公司自由处理的话，你会非常失望的。）

在表 5–7，惠普公司 2002 年的商誉账户里有 150 亿美元，它占总资产 707 亿美元的 21% 左右，相比惠普和康柏合并前的 2001 年增加了 144 亿美元。公司合并时，康柏公司真的比它的现金价值、固定资产、消费者名单和专利多值 144 亿美元吗？也许值，但如果不值那么多，惠普公司就会在未来某个时点减少这个账户的数字，这意味着公司总资产的价值将会大大降低。

负债账户：流动负债

我们已经知道一家公司的资产状况，现在我们来看硬币的另一面，它的负债。

流动负债是与流动资产相对的那面，它指一家公司一年内要付清的资金。它包括应付账款、短期借款或短期应付款。

应付账款：这是公司从某人或机构那里借贷并应在一年以内归还的借款，像麦克出具给食杂店的买小面包的借据。大公司和它们的供应商之间经常发生一些应付账款，这意味着它们持有现金更长的时间，而这对改善公司现金流是有好处的。

短期借款：借款期限短于一年的借款，通常是为了应付短期的需要。它是一家公司临时之需导致的银行贷款，尽管它有时会是下一年长期负债的一部分。这个科目对一家处于财务困境中的公司异常重要，因为全部短期贷款必须很快归还。惠普公司应付票据和短期借款的数额约 18 亿美元（见表 5–8），这对惠普的资产规模来说是比较小的数目，所以我们不必担心。

表 5–8　惠普公司流动负债

（单位：百万美元）

惠普公司和子公司：部分资产负债表		
负债和所有者权益	2002 年	2001 年
流动负债		
应付票据和短期借款	1 793	1 722

资料来源：惠普公司 SEC 报表。

负债：非流动负债

与非流动资产相对应的是非流动负债，它表现为公司一年或一年以上的借款。有时你会看到在这个标题下有各种各样的科目，但其中最重要的是长期负债。长期负债通常是企业发行的债券，有时也是几年之内不用还的银行借款。

所有者权益

所有者权益等于总资产减去总负债，它也表现为公司向股东的负债。这可能是任何一家公司的财务报表最混乱的部分，因为这部分充斥着很多实践中不适当的、具有时代错误的科目。

唯一值得关注的是未分配利润，这是一家公司一定的资本数量存续一段时间发生的利润减去分红和股票回购后的基本记录，它也表现为股东再投资。未分配利润是一个累计账户，因此，每一年公司赚取的利润如果没有作为红利全部分红，未分配利润就会增加。同样，如果一家公司随着时间的流逝亏损了，未分配利润就可能变成负的，在资产负债表上的账户也就改为“累计亏损”。未分配利润是一家公司长期盈利情况的记录。

利润表

我们已经知道一家公司有多少资产、多少负债的基本情况，现在我们要看看公司用这些资产和负债是赚钱了还是赔钱了。在10–K报告里，你通常看到利润表作为“收入汇总表”或者“利润汇总表”（见表5–9）。

表 5–9 ACME 公司利润表

（单位：百万美元）

ACME 公司：利润表			
	2002 年	2001 年	2000 年
净销售收入	5 444	5 351	5 566
销售成本	2 832	2 916	2 929
毛利	2 612	2 435	2 637
销售和管理费用	1 240	1 345	1 313
研发费用	357	361	367
其他费用（收入）		–29	–62
营业收入	1 015	758	1 019
利息费用	27	41	37
利息和其他损益	13	12	9
税前利润	1 002	729	991
备付所得税	322	234	342
净利润	680	495	650
普通股每股盈利			
基准	2.78	2.01	2.63
稀释	2.75	1.98	2.57
加权平均未付股票			
基准	244.2	246.7	246.7
稀释	247.4	249.3	252.5

资料来源：晨星公司。

收入

有时也被称为“销售收入”。这个账户很简明地告诉我们，公司在一个季度或一年内销售了多少。大公司有时在利润表上按照不同的业务部门、地理区域或产品与服务的类别列示分类收入。

首先要搞清楚藏在财务报表中的收入确认原则，你就知道你要怎么看了。公司可能按照它们所从事的业务，以不同的时间段确认收入。例如，一家软件企业可能在把产品交付给客户时记录一个完整的收入，然而一家服务企业可能是按照合同期限平滑地分笔记录收入情况。

销售成本

这个数字显示的是直接创造收入的有关费用。例如，人工成本、原材料（对制造商而言）或者货物批发价格（对零售商而言）。大公司根据制造与服务（例如惠普公司）的不同，有时将其分解为销售成本和服务成本。

毛利

这项不出现在利润表里，它是简单地把收入与销售成本相减。一旦你知道毛利，你可以计算毛利率，即毛利相对于收入的百分比。本质上，毛利率告诉你一家公司能把它的产品标多高的价格。在表 5–10 中，戴尔公司只有 17.9% 的毛利率（63.5 亿美元的毛利除以 354 亿美元的销售收入），因为它销售的是计算机产品。对戴尔来说，很难为它销售的计算机开更高的价。

表 5–10　戴尔公司部分利润表

（单位：百万美元）

戴尔公司：部分利润表			
	2003 年	2002 年	2001 年
净销售收入	35 404	31 168	31 888
销售成本	29 055	25 661	25 445
毛利	6 349	5 507	6 443

资料来源：戴尔公司 SEC 报表。

而惠普公司销售的是更高一级的计算机终端，它的客户更乐于一次性付款。在表 5–11 中，你可以算出它的毛利率：用销售收入 459 亿美元减去销售成本 345 亿美元，得到毛利 114 亿美元，再除以销售收入，得到毛利率为 24.8%。所以你能看到两家公司的产品是有区别的，惠普公司的产品标价比它的制造成本高得更多一些。惠普公司销售的计算机捆绑软件所有权，软件也有很高的毛利率。

表 5–11　惠普公司部分利润表

（单位：百万美元）

惠普公司及其子公司：部分利润表			
截至每年的 10 月 31 日	2002 年	2001 年	2000 年
净收入			
产品	45 955	38 005	41 653
服务	10 178	6 819	6 848
财务收入	455	402	369
净收入总计	56 588	45 226	48 870
成本和费用			
产品成本	34 573	28 863	30 343
服务成本	6 817	4 396	4 470

资料来源：惠普公司 SEC 报表。

销售和管理费用

它指众所周知的营业费用，包括营销费用、管理人员工资，有时也包括研发费用（研发通常作为一个分开的科目）。你将看到销售管理费用和毛利率之间的联系，公司要想提高产品的价格，就不得不在售货员和市场营销方面多投入。你可能对销售和管理费用占收入多少比例表明公司是有效率的有了一点感觉，营业费用相对于销售收入较低，意味着公司比较严格地节省了成本。例如，惠普公司花费了 90 亿美元的销售和管理费用，占 565 亿美元收入的 16%（见表 5–12），而戴尔公司这一类费用只占总收入的 8.9%。

事实证明，戴尔公司把产品直销给客户，而惠普公司不得不雇用售货员把高价计算机卖给大公司。与惠普公司相比，戴尔公司看起来好像经营了一家薄利商店。

表 5–12　戴尔和惠普公司部分利润表

（单位：百万美元）

戴尔公司：部分利润表			
	2003 年	2002 年	2001 年
销售和管理费用	3 050	2 784	3 193
惠普及其子公司：部分利润表			
	2002 年	2001 年	2000 年
销售和管理费用	9 033	6 950	6 984

资料来源：戴尔 / 惠普公司 SEC 报表。

遗憾的是，我们很难给出一个必须遵守的规则来判断一家公司应该花费多少销售和管理费用。最好的办法是把一家公司和最接近它的竞争对手比较，看看哪家公司一段时间里所花费的销售和管理费用占销售收入的比例较低而做的事情更多。（如果销售和管理费用占销售收入的比例上升过快，当心这家公司在追求高销售收入上花费太多销售和管理费用，致使企业无法收获利润。）

折旧和摊销

当一家公司购置一项资产并打算使用一段时间，如一座新的建筑物或者一台新设备，那么在未来几年它要在利润表上逐步摊销那项资产的一部分成本（回想一下麦克的烤肠夹子）。这个数字在利润表上偶尔也是分开的，但是它通常计入营业费用。它也总出现在现金流量表中，因此，你可以看到一家公司净利润中的多少是受非现金因素影响的，比如折旧。

非经营性损益

公司会把它的全部非常规营业的一次性费用或收益放在一起，比如关闭一家工厂的费用或者卖出一个分部的收益。理想的情况是，利润表中这个项目大多数时间是空白的。

你应该以极大的怀疑态度考察一次性费用。公司有把很多真实营业活动中的费用加到这个项目中的习惯，好像每年公司都受到某种冲击。这让分析变得更困难，因为各种费用全部隐藏在一次性费用里了。这些费用背后的理由往往在财务报告注释部分逐条列出，你应该阅读它们，搞清楚是什么原因引起了这些费用。

你可以看表 5–13，惠普公司在 2002 年提取了近 18 亿美元一次性重组费用，其中7.93亿美元费用用于工艺流程的研发，其他7亿美元是用于与康柏公司合并的混合性一次性费用。尽管这样规模的合并不是每天都发生，但这也意味着我们可以忽略惠普一些无关紧要的部分。我们看到惠普在2001年也发生了3.84亿美元的重组费用。如果我有惠普公司股票，我应当很仔细地研究这些费用是否真的是非经营性的，因为连续的非经营性的费用是管理层缺乏信心的一个信号。

表5–13　惠普公司部分利润表

（单位：百万美元）

惠普公司及其子公司：部分利润表			
截至每年的10月31日	2002年	2001年	2000年
一次性重组费用	1 780	384	102
工艺流程研发费用	793	35	–
收购相关费用	701	25	–

资料来源：惠普公司SEC报表。

营业利润

这个数字等于收入减去销售成本和全部营业费用。理论上，它表现为公司在实际经营活动中赚取的利润，与之相对的是利息收益、一次性收益和其他一些非营业性项目。实际上，公司常常把非经营性费用（比如销账）算到营业利润中，你自己可以再加上一次性费用（或者减去一次性收益）来计算营业利润。

营业利润是一个接近于真实的数字，对大多数企业来说是这样。因为它不包含几乎所有的一次性科目，比如来自非经营性的投资的利润。你可以用营业利润计算营业毛利率，这个毛利率可以与其他公司和行业相比较。

利息收益 / 费用

有时利息收益和费用是分别列示的，在某些时候也混合在净利息收益中（或费用中，根据具体情况而定）。无论怎样，这个数字显示的是公司为它已经发行的债券支付的或者因自己持有的债券而收到的利息。你可以通过公司息税前盈利洞察一家公司的财务健康状况，这就是利息偿付比率（ICR）。这个比率告诉你公司的利润能够覆盖企业需要的利息支出的程度。我将在下一章探讨更多的财务健康指标。

赋税

赋税是通常列在净利润之前的费用。遗憾的是，公司税款是一项极端复杂的课题，因为公司为了缴税要向美国税务局递交一套完全独立的财务报表，与我和你看到的给美国证券交易委员会的报表类似。（两者折旧进度不一样，但这没有关系，你也不用担心。）

美国政府对公司有稳定的税率，如果你分析的公司的税率比这个低很多，要找出原因，要弄清楚这个税率是永久的还是暂时的。一些公司得到优惠是因为公司注册地在美国境外，即使它们大部分的销售是在美国。

另外，看一看你正在分析的公司的税率。如果它一年又一年反复变动，那么这家公司通过逃避税收产生的盈利也许比销售货物和服务来得多。税收优势是很好的，但是政治家们通常有一个在不适当的时间把它拿走的坏习惯，所以它不是你实际上可以指望的。

净利润

这个数字显示公司的税后利润（至少在理论上），而且它也是几乎所有的公司每季度发布的亮点。让我们看一看麦克热狗亭的例子，净利润可能不全表现为公司产生的大量的现金，因此，我们需要研究现金流量表。尽管净利润是你常常看到大多数公司重点鼓吹的数字，但不要忘记它可以被一次性费用或者一次性投资收益野蛮地扭曲。

股份数字（基准和稀释）

这个数字被用来计算每股收益的股份数，它代表在报告期发行的平均股份数。基准股份数只包括实际的股份数，也许你常常忽视它，但事实上它一直记录在财务报表中，比其他任何东西都更有参考意义。

稀释的股份数包括潜在的可以转化成股票的有价证券，比如股票期权和可转换债券等。如果公司在过去的几年中发生过赠予大量股票期权的异常情况，你就要认真研究稀释数字的原因。因为你要知道，如果这些期权持有人把期权全部转换成股票，对你在这家公司中的投资将是潜在的缩水（或稀释）。

看表 5–14，惠普公司的基准数和稀释股份数是相同的，但戴尔公司的稀释股份数比基准数高 2%。稀释股份数可以比基准数高 5% 或更多，这不是一个巨量的稀释。

表 5–14　戴尔和惠普公司部分利润表

（单位：百万美元）

戴尔公司：部分利润表			
	2003 年	2002 年	2001 年
加权平均发行在外股份			
基准	2 584	2 602	2 582
稀释	2 644	2 726	2 746

惠普及其子公司：部分利润表			
	2002 年	2001 年	2000 年
用于计算每股净盈利（亏损）加权平均股份数			
基准	2 499	1 936	1 979
稀释	2 499	1 974	2 077

资料来源：戴尔 / 惠普公司 SEC 报表。

每股盈利（基准和稀释）

这个数字用净利润除以股份数来表示，当一家公司报告季度或年度业绩时，这个数字通常会被注意到。但它不是衡量财务表现最重要的指标，事实上，如果不看现金流量并综合其他很多因素，单看这个数字是没有意义的。所以当你在报告中阅读到一家公司“超过”或“未达到”预计的每股收益时，不要激动，要查清楚为什么会这样。

现金流量表

现金流量表是一家公司创造价值的真正的试金石，它反映的是一家公司在一个会计年度发生的现金是多少，以及现金是由哪些部分组成的（见表5–15）。事实上，当你估计一家公司去掉伪装之后有多少现金时，我推荐你首先要看现金流量表，然后再检验资产负债表财务基础的稳固性，最后再看利润表，查看一下毛利率等。

表 5–15　ACME 公司现金流量表

（单位：百万美元）

ACME 公司：现金流量表			
	2002 年	2001 年	2000 年
经营活动现金流量			
净利润	680	495	650
对包括在净收益中的非现金项目的调整			
折旧和无形资产摊销	318	363	342
递延所得税计提	193	0	30
养老金缴款	–362	–52	–50
资产和负债变化			
应收收款	–15	115	–57
存货	53	65	–87
其他流动资产	41	–32	–23
其他资产	–25	36	–6

（续表）

应付账款和其他负债	97	50	51
其他负债	83	5	–18
经营活动现金流量净额	1 063	1 044	831
投资活动现金流量			
（资本支出）	–254	–327	–372
（收购）	–419	–73	–157
出售资产	28	38	35
其他投资活动现金流量	4	12	36
投资活动现金流量净额	–642	–350	–458
筹资活动现金流量			
购买和偿还短期债务	–45	–7	–79
购买和偿还长期债务	207	43	157
买入或卖出股票	–140	–287	–130
派发股息	–323	–316	–306
其他筹资活动现金流量	–26	–6	–20
筹资活动现金流量净额	–327	–572	–377
利率变化对现金的影响	–14	1	31
现金及其等价物增加（减少）	79	123	27
现金及其等价物期初	205	82	55
现金及其等价物期末	284	205	82

资料来源：ACME 公司 SEC 报表。

现金流量表去掉了全部难以理解的东西，比如折旧这类你在利润表上看到的非现金科目，它告诉你实际发生了多少现金。这张表上的很多科目也基于利润表或资产负债表，但是这个表经过重新整理，使你可以更清楚地看到现金的产生以及它和盈利之间的关系。现金流量表分成三个部分：经营活动发生的现金流量、投资活动发生的现金流量和筹集资金活动发生的现金流量。

现金流量表最前面是经营活动发生的现金流量，它告诉你公司经营活动中发生了多少现金。这是你要关注的重点区域，因为发生现金流量的动力——经营活动是我们最需要关注的。以下是戴尔公司的现金流量表（见表 5–16）。

表 5–16　戴尔公司现金流量表（部分）

（单位：百万美元）

戴尔公司：部分现金流量表			
	2003–01–31	2002–02–01	2001–02–02
经营活动现金流量			
净利润	2 122	1 246	2 177
对包括在净收益中的非现金项目的调整	211	239	240
折旧和无形资产摊销	260	487	929
员工持股计划税收收益	–	742	105
特别费用	(67)	17	(307)
投资（收益）或亏损	(410)	178	135
利率变化对现金的影响			
变动			
运营资本	1 210	826	642
非流动性资产和负债	212	62	274
经营活动现金流量净额	3 538	3 797	4 195

资料来源：戴尔公司 SEC 报表。

净利润

这个数字可以从利润表中直接找到，它下面的所有科目相加或相减就得到最终结果——经营活动现金净额。在戴尔公司的案例中，现金流量表中的净利润和利润表中报告的一样，为 21 亿美元。

折旧和摊销

这不是现金费用，比如前面例子中麦克不需要为已经磨损的烤肠夹子实际支付 1 美元折旧的现金，所以我们需要把它加到净利润中去。在戴尔公司的案例中，我们要加 2.11 亿美元。

员工持股计划税收收益

当员工行使股票期权的时候，公司老板会从净利润中扣除相应的从员工购买期权中得到的利润（员工补偿通常可以抵减税收）。这导致低税账单，我们需要把已经纳税的净利润加上税收收益。对这个科目要保持警惕，如果它相对于总的经营性现金流量数额巨大，并且公司的股票是快速上升的，你就不应该在未来计算这些现金。因为当股票下跌时，很少有员工行使期权，公司也将只有很少的现金税收收益。你可以看到，戴尔公司从行使股票期权中得到的税收收益 2001—2002 年下降了一半，2003 年又继续下降。经历这个时间段后，戴尔公司的股票不再是一只热门股，而且这不仅仅是巧合。

运营资本变动

还记得麦克允许一些人用赊账的方式买热狗，并且自己也从食杂店借钱买面包吗？这些行为都影响了运营资本。如果公司这一年比去年向客户借出了更多的钱，那么应收账款增加，同时现金流量减少；如果公司从供应商那里借入了更多的钱，则应付账款增加，现金流量增加。最后，如果公司把更多资金注入存货里而存货没有卖出去，则现金流量减少。记住，存货占用资本。

在戴尔公司案例中，我们应回到资产负债表中，看一看 12 亿美元从哪里进入所登录的科目里（见表 5–17）。

表 5–17　戴尔公司流动性资产

（单位：百万美元）

戴尔公司：部分资产负债表		
截至每年的 10 月 31 日	2003 年	2002 年
流动性资产		
现金及其等价物	4 232	3 641
短期投资	406	273
净应收账款	2 586	2 269
存货	306	278
其他	1 394	1 416

资料来源：戴尔公司 SEC 报表。

你可以看到，应收账款从 22.69 亿美元增加到 25.86 亿美元，这就增加了 3.17 亿美元，因为戴尔公司的客户在 2003 财务年度末比 2002 财务年度末向戴尔公司借了更多的钱。另外，戴尔公司存货也从 2.78 亿美元增长到 3.06 亿美元，这也消耗现金，因为戴尔公司增加的资本已经被存货占用了。

其间，应付账款从 50.75 亿美元增加到 59.89 亿美元，这就意味着戴尔公司在2003财务年度比2002财务年度向供应商多借了9.14亿美元，这意味着戴尔公司的口袋里有了更多的现金（见表5–18）。

表5–18　戴尔公司流动性负债

（单位：百万美元）

戴尔公司：部分资产负债表		
负债及所有者权益	2003年	2002年
流动负债		
应付账款	5 989	5 075
其他应付	2 944	2 444

资料来源：戴尔公司SEC报表。

所以，通过增加应付账款，有9.14亿美元的现金发生，减去增长的3.17亿美元应收账款和0.28亿美元的存货变动，得出5.69亿美元的现金流量，再加上5亿美元的“应计及其他”（主要是授权和戴尔公司未来要支付给员工的红利，还有一些零碎的东西逐条在财务报表中披露），你也会为在戴尔公司现金流量表中看到的12.2亿美元的营运资本感到振奋。

你不需要每一次都仔细检查现金流量表的每一项，因为这些都已经完美地包含在“经营活动现金净额”项下。但是“运营资本变动”科目常常是导致净利润和经营性现金流不同的最大原因，这是一个我们需要特别注意的地带，因此要逐条分析。

一次性费用

戴尔公司没有一次性费用，而惠普公司有（见表5–19）。因为大多数这样的费用是非现金费用，这就是说惠普公司没有为公司的重组开出支票，因此当计算现金流量时（类似折旧，也是非现金项），需要把它们加回来。

表 5–19　惠普公司现金流量表（部分）

（单位：百万美元）

惠普公司及其子公司：现金流量表			
截至每年的 10 月 31 日	2002 年	2001 年	2000 年
重组费用	1 780	384	102
收购相关费用，包括内部流程开发费用	1 494	60	–

资料来源：惠普公司 SEC 报表。

经营活动现金净额

这个指标是你判断一家公司是否发生现金的“圣杯”。众所周知，经营活动现金流量就是从净利润中加上或减去这个指标的结果。它并不能代替净利润，但是如果除了净利润之外你不研究它，你就不能得到全部的图景，因为这两者常常告诉你不同的方面。

现在我们到了现金流量表的第二部分，也就是“投资活动现金流量”部分，包括购置或处置固定资产、公司收购以及任何投资产品的售出或购进。

资本支出

这个数字显示的是花在长期性投资项目（比如固定资产）上

的钱，以及公司维持当前的速度正常运转或要推动增长所需的长期性投资。经营性现金流量减去资本支出等于自由现金流量，或者等于公司完成投资后发生的现金总量。在表 5–20 中，戴尔公司资本性支出为 3.05 亿美元。

表 5–20　戴尔公司现金流量表（部分）

（单位：百万美元）

戴尔公司：现金流量表			
	2003.01.31	2002.02.01	2001.02.02
投资活动现金流量			
投资			
购买	（8 736）	（5 382）	（2 606）
到期票据与销售	7 660	3 425	2 331
资本性支出	（305）	（303）	（482）
投资活动现金流量净额	（1 381）	（2 260）	（757）

资料来源：戴尔公司 SEC 报表。

投资收益

公司常常把它们过剩的现金投资到债券或股票上以获取比基本储蓄账户更高的回报。投资收益告诉我们在这些投资上这家公司已经赚取（或亏损）了多少钱。当你看表 5–20 时，可以知道戴尔公司在证券上投资了 87 亿美元，并且从以前的投资中回收到期的和卖出的证券近 77 亿美元。

现金流量表最后是“筹资活动现金流量”部分，筹资活动包括与公司股东和债权人的所有交易。在这部分里展示的典型指标在后面还会简要描述。

支付红利

你可以看到惠普公司在2002年支付红利8.01亿美元(见表5–21)。

表5–21 惠普公司部分现金流量表(部分)

(单位：百万美元)

惠普公司及其子公司：现金流量表			
截至每年的10月31日	2002年	2001年	2000年
派息	(801)	(621)	(638)

资料来源：戴尔公司SEC报表。

发行/购买普通股

这是一个要重点关注的数字，因为它揭示的是一家公司是怎样开展筹资活动的。成长迅速的公司常常发行大量的新股，这将稀释现有股票的价值，但也充实了公司的现金。增速较慢的公司有大量的自由现金流时，常常倾向于大量回购自己公司的股票，虽然公司向员工派发了很多股票期权，但也会回购股票以使稀释作用最小化。

你可以在表5–22戴尔公司财务报表中看到这种回购活动。在“购买普通股”项下，注意戴尔公司花费了约23亿美元回购自己的股票，并且在利润表中你可以看到股份的稀释数降到了3%，从27.26亿美元降到26.44亿美元。尽管股份回购是股东友好使用过剩现金的表现，但毕竟只是回购很少的股份，股东所拥有的股份是公司更大的一块，你一定要小心观察那些像戴尔公司一样派发大量股票期权的公司的股份回购事项。给予雇员大量股票期权的公司和花费公司现金回购，本质上是以较低的价格把股票卖给员工，而在公开市场上再以更高的价格回购，这样做不是资本的最优使用方式。

表 5–22　戴尔公司部分现金流量表（部分）

（单位：百万美元）

戴尔公司：现金流量表			
	2003.01.31	2002.01.01	2001.02.02
筹资活动现金流量			
购买普通股票	(2 290)	(3 000)	(2 700)
发行普通股——员工持股计划及其他	265 (2 025)	298 (2 702)	395 (2 305)
筹资活动现金流量净额	(4 050)	(5404)	(4610)

资料来源：戴尔公司 SEC 报表。

发行 / 偿还债务

这个数字告诉你，这家公司是否有借款以及是否已经还了先前的借款。在表 5–23 中，你可以看到惠普公司从债券持有人那里筹到 25 亿美元，以调整一些长期债务并还清了 24 亿美元的短期债务。

你可以注意这两个科目——“发行长期债务”和“（减少）应付账款和短期借款”。

表 5–23 惠普公司现金流量表（部分）

（单位：百万美元）

惠普公司及其子公司：部分现金流量表			
截至当年的 10 月 31 日	2002 年	2001 年	2000 年
筹资活动现金流量			
（减少）增加应付账款和短期借款	（2 402）	（303）	（1 297）
发行长期债券	2 529	904	1 936
偿还长期债务	（472）	（290）	（474）

资料来源：惠普公司 SEC 报表。

结论

虽然可能有点痛苦，但你还是得到了一些很有价值的东西。你现在已经知道足够的财务报表知识，以及如何更有意义地分析一家公司。尽管你可以花费更多的时间研究财务报表的隐蔽处和缺陷处，但懂得一家公司怎样产生现金流量才是你要马上掌握的，这相当重要。我们已经浏览过的细节不像基本概念那样重要。现在你已经完成了本章的大部分，你已经走到了很多人的前面了。

让我们全神贯注跟着看一看 1 美元通过戴尔公司发生了什么。一个消费者，我们叫他史蒂文，一兴奋花了 1 000 美元从戴尔公司买了一台计算机。戴尔公司转身付给制造计算机的雇员和零部件供应商 821 美元（销售成本）。我怎么知道的？看一下戴尔公司的利润表（见表 5–24）。这家公司制造成本和销售收入的比是

29 055 美元 /35 404 美元，即 82.1%，说明 1 美元的销售收入支付给计算机制造的成本是 0.821 美元。所以说戴尔公司收到的 1 000 美元在支付完制造成本之后还剩 179 美元。

表 5–24　戴尔公司收入分类账

（单位：百万美元）

戴尔公司：部分利润表	
	2003 年
净收入	35 404
营业费用	29 055
毛利	6 349

资料来源：戴尔公司 SEC 报表。

现在，看一看利润表的其余部分（见表 5–25），看看剩余的 179 美元发生了什么：大约 86 美元用于电视广告和公司管理费用（销售和管理费用），13 美元用于研发，其他 25.50 美元给美国政府缴税。加上戴尔公司用巨额现金进行的投资收益，1 000 美元的销售收入中剩下大约 60 美元的净利润。这 60 美元可以用在公司经营活动中的再投资，用来回购股票，或者就存在银行账户上等到有好的投资机会再说。你可以从戴尔公司利润表中的这些数字进行一个简单的计算，就是用这些科目除以总的销售收入，然后用 1 000 美元乘以作为结果的百分数。

我们从戴尔公司的经营活动中了解到了什么？首先，我们知道利润率相当低，1 000 美元的销售收入只有 60 美元左右的净利润，我们可以看到戴尔公司的收入大部分给了计算机的制造者、零部件的供应商以及公司运营。

我们也知道在研发或市场营销方面它没有投入很多，这是可以理解的，因为公司在努力做一家低成本的生产商。如果戴尔公司是一家制药公司，在研发上只投入相当于营业收入 1.5% 的资金，我们就应该非常担心了。

当然你需要学习的东西还有很多，这也正是我们下一章要学的。我们要好好掌握已经学习的财务报表，并且要分析它是怎样在一家公司里起作用的。

表 5–25　戴尔公司部分利润表

（单位：百万美元）

戴尔公司：部分利润表	
	2003 年
营业费用	
销售和管理费用	3 050
研发及工程费用	455
特殊费用	–
营业费用总计	3 505
营业利润	2 844
投资及其他净收益（亏损）	183
所得税及会计准则变动影响累计前利润	3 027
备付所得税	905
会计准则变动影响累计前利润	2 122
会计准则变动影响累计净值	–
净利润	2 122

资料来源：戴尔公司 SEC 报表。

不要忽略这个简单测试的力量：如果你无法知道 1 美元现金是怎样从一家公司的消费者转到股东手里的，肯定是某些地方出了问题。要么是公司的商业模式太混乱，要么你还需要更深地挖掘和研究。

投资者清单：财务报表讲解

- 资产负债表告诉你一家公司拥有多少资产、多少负债，二者之间的差值就是股东投入公司的资金价值。股东在公司里的权益就是公司的资产减去负债。
- 因为资产负债表在任何时候都必须是平衡的，任何资产或负债的变化都会引起权益相应的变化，因此，如果一家公司产生巨额利润就必然导致资产的增长，所有者权益也会相应增长。
- 密切注视相对于销售收入的应收账款的变化。如果这家公司记录了大量的应收账款，这可能是公司遇到麻烦的信号。
- 当你评估一家公司的负债时，记住债务是一项固定的费用。太多长期负债会提升一家公司的风险，因为不管公司经营状况怎样，利息都是必须支付的。
- 对公司报告中的“非经常性费用”要保持警惕，很明显公司已经养成了这样的习惯：所有各种费用都可能隐藏在“一次性费用”里。
- 现金流量表是一家公司创造价值的真正的试金石，因为它反映的是一家公司在一个会计年度里发生了多少现金，以及这些现金是由哪些部分组成的，因此首先要看现金流量表。

- 当你分析一家公司的时候，要确认你弄清楚了 1 美元的现金在公司里是怎样流转的。如果你不这样做，你也许根本没有弄明白这家公司，因此也不能轻率地购买它的股票。

第六章

公司分析——基础

既然我们手里已经有了财务报表分析的基本工具，我们就可以开始分析公司了。因为这是一项令人生畏的任务，我建议把这个过程分解为五个方面：

1. 成长性：一家公司成长得有多快？它成长性的来源是什么？这种成长具有怎样的持续性？

2. 收益性：公司的投资产生了怎样的回报？

3. 财务健康状况：这家公司的财务根基是否牢固？

4. 风险/负担情况：你投资中的风险是什么？即使最好的企业也有足够的理由不去投资。确信你已了解企业的全部情况并做了详细调查，其中的负面因素确实压不过正面因素。

5. 管理：谁在主持这项业务？他们经营这家公司是为了股东的利益还是为他们自己？这是一个关键性的问题，我将在第七章用整章的篇幅来论述。

有一点应当注意：在本章和下一章，我们将只关心评估公司的质量。但无论如何，这只是投资所需工作的一半，因为即使是最好的公司，如果在高价买入也是一个糟糕的投资。我们将在第九章和第十章论及如何对股票估值，在那里我将向你展示如何评估一只股票，并只为其支付合理的价格。

成长性

对很多投资者来说，强有力的成长性也许比任何事情都有诱惑力。高成长率是令人兴奋的事情，一家公司如果能每年成长15%，5年后它的利润将翻一番，谁不想这样呢？遗憾的是，研究显示：公司在经历连续数年强有力的增长后，情况往往是很不稳定的。换句话说，高增长的历史记录并不一定导致公司未来还能高速增长。

为什么呢？因为总体经济的增长就这么快，从历史的观点看，公司盈利长期合计的增长率要比经济增长率略低，强有力的快速增长吸引了激烈的竞争，快速成长的公司可能引起其他公司的诉讼围攻。

你不能仅仅凭着过去的连续成长率预测公司的未来。如果投资这么容易，基金经理就不需要付那么多学费，这本书也就更薄了。仔细调查公司成长率的来源对评估企业成长的质量是相当重要的。由于销售增长和进入一个新市场带来的高质量成长，比单靠降价和会计作假带来的低质量成长更有可持续性。

四个来源

从长期经营活动来看，销售增长驱动盈利增长。尽管有些公司在降低成本上做了卓有成效的工作，或者在财务报表上做手脚使利润增长超过销售增长，但这种状况不可能持久。因为削减成本是有限度的，而且很多时候不过是公司把财务技巧用到了极限而已。一般来说，销售增长有以下四个来源：

1. 销售更多的产品或服务。
2. 提高价格。
3. 销售新的产品或服务。
4. 购买其他公司。

公司成长最容易的路径就是在任何情况下你做得都比你的竞争对手好，比它们销售更多的产品，以从它们那里夺取市场份额。

对公司来说，提价也可能是一个提高销售收入的好的路径，尽管这需要强势品牌或拥有垄断的市场地位才能维持长久。例如，安海斯－布希公司（Anheuser-Busch）历史上就曾每年提价1%~3%，因为它有一组强势大众品牌，像 Budweiser、Bud Lite、Michelob 等。

有线网络公司（Cable companies）使用定价能力提升它的销售收入，尽管这更应归功于它的垄断地位而非品牌。整个 20 世纪 90 年代，大部分市场上只有一家海底电缆电报供应商，所以有线网络公司才可能每年提价 6%~7%。

如果没有更多的市场份额供你争夺，或者你的消费者对价格很敏感，你可以像沃尔玛一样通过新的销售方式来扩大你的市场份额。在 20 世纪 80 年代中期，沃尔玛的创始人兼 CEO（首席执行官）山姆·沃尔顿看到公司的成长在某些方面遇到了障碍，所以他开始调研新的市场。一次欧洲旅行后，沃尔顿发现欧洲的零售商已经开始建立超市，超市里卖的东西从服装到玩具到番茄调味酱应有尽有。沃尔顿认为，这样的食杂百货超市很适合沃尔玛。15 年后，沃尔玛已经是美国食杂百货业最大的零售商，包括食品销售在内的特大型超市购物中心占它总销售收入相当大的比例。

记住，这种分析的目标是一定要弄清一家公司为什么成长。在安海斯 – 布希公司的案例里，你应当知道公司的成长中有多少来自提高价格（如价格更昂贵的啤酒）、多少来自销量的增长（如有更多的啤酒消费者）、多少来自市场份额的增加（如更多的百威品牌消费者）。一旦你能分析一家公司成长率的组成元素，你就可以更好地把握它的未来，因为你知道它的成长来自哪里，以及何时可以组合利用。

销售增长的第四个来源“收购”应当受到特别的重视。有收购可能性的企业常常受到华尔街的青睐，因为它们是投资银行的主要客户。收购企业的目标常常是为一个新的收购计划去筹集资金，或者去寻找新的收购目标，这意味着会不断有客户在它们的门口排队签约。不用奇怪，追踪有收购欲望的企业的分析师们通常会有好消息告诉你。

遗憾的是，收购的历史记录往往是有好有坏，大多数收购未能给收购方的股东带来真正的收益。而且一项研究表明，即使是小的收购，相关的业务在收购前很好，也只有一半成功的机会。

这有一大堆的理由。首先，收购方不得不买越来越大的公司以保持相同的成长率，而大的公司是很难彻底调查清楚的，胡乱买来的东西就增加了风险。即使像沃伦·巴菲特管理的伯克希尔–哈撒韦公司在1998年收购通用再保险公司时也是如此。巴菲特比任何一个在这一行里活跃的人都更了解风险，但是收购通用再保险公司的最终收益比其他收购要少。巴菲特自己说，在这次收购交易经过一段时间之后，通用再保险公司处于一个比收购时预想的糟糕得多的状态。可见，甚至最机智的CEO都不能完全了解一家巨型目标企业的全部架构。

另一个保持怀疑的理由是，收购其他公司需要花费时间和金钱。目标企业需要调查，要付钱给投资银行家，而且被收购公司还要进行整合，所有这些都要耗用公司正在运转的业务资源。如果管理者把所有的精力花费在寻找收购目标上，而不是考虑把企业做得更好，那么企业注定无法步入正轨。

从投资者的角度，不管怎样，要对通过收购使企业成长的策略保持警觉，最大的理由也是最简单的：要弄懂一家公司是很困难的。想收购的公司通常要披露很多与合并相关的费用，它们常常说它们的财务状况变得紧张，这意味着在全部的合并过程中，收购公司的财务可能会变得混乱，结果会有两种可能：

1. 一个缺乏道德的管理团队可能通过持续的收购、人工调账来制造烟雾，而且这些财务修改可能需要很长时间才会被发现，因为它会隐藏在另一次大规模收购引起的财务重整中。

2. 潜在业务的真正成长率可能无法算清楚，特别是如果管理层逃避责任，不能给出这家公司结构性成长的真实信息。

所以，如果你不知道除去收购后，这家公司成长得有多快，就不要买它的股票，因为你无法知道收购什么时候会停止。记住，一个成功投资者的目标是购买一个好生意，不是购买兼并机器。

质询成长质量

就像你推测的，我认为，收购是一个质量很低的创造成长的路径。其实有很多可以达到增长目标的路径比收购这条路径要好，尤其是当我们把注意力从盈利增长转移到销售增长上来之后（销售增长是很难伪造的）。尽管公司在销售增长停滞的时候，使用推进盈利增长的欺骗方法很多，比如改变税率、股份数、养老金收益、一次性所得（常常是出售业务），以及疯狂地削减成本等，这些手段都是最常用的。（我将在第八章展示全部的盈利管理骗局。）但通过销售增长停滞这一事实，我们也能发现其中的猫儿腻。

一般而言，任何一家公司盈利增长超过销售增长持续一段时间的，比如 5~10 年，你都需要深入挖掘分析这些数字。从这些数字中，看一看公司是怎样从停滞的销售中挤压利润的。净利润增长率和营业利润增长率或经营性现金流量增长率之间有较大的不同，也能揭示公司公布的一些事情是不可能的。

IBM 公司是一个经典的例子，我把它叫作“人造成长”，因为它使用了几乎全部先前提到的技巧，在 20 世纪 90 年代给收益充气把它顶起来。就像表 6–1 中展示的，自从郭士纳在 20 世纪 90 年代初开始转型以来，IBM 的每股盈利看起来相当好，接近于最近几年的两倍，这种情况对这种规模的公司是相当不错的。

表 6–1　IBM 公司年度成长率

（单位：%）

年份	1995	1996	1997	1998	1999	2000	2001	2002
收入	12.3	5.6	3.4	4.0	7.2	1.0	–2.9	–5.5
营业利润	51.7	13.2	5.8	0.7	30.2	–2.5	–20.1	–26.9
每股利润	43.7	41.4	17.6	9.3	25.2	7.8	–2.0	–28.0

但是当我们考察营业利润的时候，它看起来好像增长得太慢了，与此同时销售的增长平均水平始终在 5% 左右。当我们再一次检查的时候，我们快速浏览经营性现金流量，不幸的是，从 1995 年到 1999 年，它看起来都是停滞不前的（见表 6–2）。

表 6–2　IBM 公司经营性年度现金流量

（单位：亿美元）

年份	1995	1996	1997	1998	1999	2000	2001	2002
现金流量	107	103	89	93	101	93	143	138

所以，是什么导致这么好的每股盈利结果呢？举一个例子，IBM 的税率从 1995 年的 46% 降到了 1999 年的 30% 左右；再比如，这家公司在 20 世纪 90 年代持续不断地削减企业销售和管理费用，这是一项改变公司官僚风气值得称赞的成果。

最后，IBM 在 20 世纪 90 年代的后半段回购了公司 1/4 的股份，几乎没有未转换的股份，这意味着每股可以有更多的收益，而且超过年金计划的收益也增加了盈利。因此你能看到，IBM 公司每股盈利与它的营业收入和现金流量的简单对照显示了很多危险信号，任何投资者考察了这家公司 20 世纪 90 年代末期的财务资料之后，都会怀疑这家公司盈利增长的质量。（注意：低质量的成长不意味着这家公司一定伪造账目，只不过成长率很可能是不可持续的。）

你应当警惕一次性损益会扭曲公司真实的成长性。例如，某一个部门的巨额盈利可能使公司的成长性比真实情况看上去好。如果一家公司的盈利在 3~5 年中的第一年是令人沮丧的，这家公司的成长性就可能被夸大，因为成长性将以一个降低了的基础为起点算起。不要把你看到的一个连续三年或五年的成长率当作福音，还要检查数字的背后是什么。

一般而言，任何时候你都不可能查明一家公司成长性的真正来源，或在表现好与坏之间存在尖锐分歧的原因，像 IBM 公司这样的案例，你就应当小心它的成长性的质量。少缴税和回购股票对股东来说是好事情，没有问题，但是它们的影响是短期的。

关于削减成本，要知道所有的事情都是相对的。相对于一个管理费用低同时效率较低的公司，我宁愿投资一家更有效率的公司。无论如何，削减成本是不可持续的盈利增长来源，而且如果你看到一家公司一直在削减成本，你应当意识到在未来某一天，它将没有多余的成本可供削减。盈利增长将最终慢下来，除非销售增长加速。

在某些时候，降低成本的公司通常会尽力寻找怎样变得更有效率。但是除非公司设法推进收入的增长，不然其销售和盈利的增长将只能集中依靠成本的削减。当你看到一家以降低成本来驱动盈利增长的公司，你要思考一下这些成本降低的可持续性，因为这是你无法回避的问题。

收益性

现在我们开始第二步，从各个角度说，这个分析过程都是至关重要的：相对于投入公司的资金数量，公司产生了多少利润？这是把一家好公司从平均水平的公司中找出来的关键。因为任何一家公司都是从外部投资者那里取得投资，并把它投出去赚取回报。回报越高，公司越有吸引力。

我已经简要地讨论了利润率以及削减成本和提高价格对利润率驱动的重要性。判断公司盈利能力的另一个好的路径是，将每股盈利与经营性现金流量相对照，因为经营性现金流量显示的是真实的利润。

但是相对于经营业务要占用的资本，除了考察净利润、毛利润和经营性现金流量，还有些东西我们不能忽视。我们需要知道公司每1美元的资本能够产生多少利润，以便知道它是否有更多的超额利润用于再投资，相对于低效率的竞争者，这会给公司带来竞争优势。

从这个路径思考，一家公司的角色与共同基金的经理相似。共同基金的经理拿了投资者的钱后在其投资的股票和债券上赚取回报。你是愿意把你的钱给一个持续每年赚取12%收益的股票投资经理，还是宁愿给另一个平均年收益率只有9%的基金经理呢？

公司没有什么不同，它们拿了股东的钱投资到它们自己的生意上去创造财富。通过评估一家公司经过投资取得的收益及该公司对收益的管理，我们可以知道它是怎样有效地使用资本赚取利润的。一家公司的投资管理相当好，能持续创造12%的资本收益率（ROC），通常要比一个仅有 9% 资本收益率的共同基金更有吸引力。

有两个评估公司盈利能力的工具，它们是资本收益率和自由现金流量。在这里，我先从资产收益率（ROA）和净资产收益率（ROE）开始（我们在第三章评估竞争优势时已经谈过）。然后，我将展示给你怎样把自由现金流量和净资产收益率比较，我将用一个久经考验的检测盈利能力的指标——投入资本收益率（ROIC）做一个简短的讨论。

资产收益率

你已经知道了资产收益率的第一个成分，它就是销售净利率（净利润除以销售收入），它告诉我们每美元的销售收入在公司付完全部成本后还剩多少。资产收益率的第二个组成部分是资产周转率（销售收入除以资产），它大致可以告诉我们一家公司以怎样的效率从 1 美元的资产中产生收入。把这二者乘起来，你就得到资产收益率，资产收益率将告诉我们一家公司的每 1 美元的资产能够产生多少利润。

$$\frac{\text{净利润}}{\text{销售收入}} = \text{销售净利率}$$

$$\frac{\text{销售收入}}{\text{资产}} = \text{资产周转率}$$

$$\text{销售净利率} \times \text{资产周转率} = \text{资产收益率}$$

把资产收益率作为效率的一个评估标准，我们发现，具有较高资产收益率的公司在把资产转化成利润方面做得更好。把顶尖的零售商比如百思买公司与电路城公司比较时，我们很容易看到，电路城公司在 20 世纪 90 年代至 21 世纪初都在苦苦奋斗。1998 年以来，电路城公司的资产收益率一直在 4%~5% 徘徊，然而百思买公司的资产收益率已经从 5% 提高到差不多 10% 的水平（见表 6–3 和表 6–4）。

表 6–3　电路城公司的年盈利能力数据

电路城公司盈利能力	1998 年	1999 年	2000 年	2001 年	2002 年
销售净利率（%）	1.4	1.6	1.9	1.4	2.0
资产周转率（%，平均）	2.6	3.0	3.2	3.0	2.5
资产收益率（%）	3.6	4.8	6.1	4.2	5.0

表 6–4　百思买公司的年盈利能力数据

百思买公司盈利能力	1998 年	1999 年	2000 年	2001 年	2002 年
销售净利率（%）	1.1	2.2	2.8	2.6	2.9
资产周转率（%，平均）	4.4	4.4	4.5	3.9	5.2
资产收益率（%）	4.8	9.7	12.6	10.1	9.3

这显示百思买公司拥有更高的利润率——对百思买公司来说差不多是 3%，对电路城公司来说在 2% 以下，但是两家公司之间的最大区别在于资产周转率。例如，在 2002 年，电路城公司投资在财产和存货（对大多数零售商来说这是最大的两项资产）上的每 1 美元产生了 2.5 美元的销售收入，与此同时，百思买公司投资在财产和存货上的每 1 美元则产生了 3.2 美元的销售收入。很清楚，百思买公司的运营比电路城公司更有效率，而且在把资产转换成利润方面做得更好。

资产收益率帮助我们了解了两条使盈利能力更卓越的通道：提高你的产品价格（高的毛利），或者加快资产周转率。你经常可以看到一些利润率很低的公司，例如食杂商店和折扣零售商，着重强调用高的资产周转率来实现稳定的资产收益率。对任何一个不能对产品大幅度加价的公司来说，严格的存货管理是关键，因为它降低了资本的占用数量，这些资本能给资产带来回报。与之相对的是，一些可以给产品标高价的公司（例如蒂芙尼公司）能够承担更多的资本占用，因为它们可以提价，用更高的利润率弥补低的资产周转率。

如果所有的公司都只有一大堆资产而没有负债等其他事项，那么使用资产收益率就很好，但是很多公司都有部分资金是通过负债取得的，这些负债需要进行特别的记账。我们下一个评估公司盈利能力的指标是净资产收益率，让我们了解一下吧。

净资产收益率

净资产收益率是一个全面评估公司盈利能力的指标，因为它反映的是一家公司使用所有者权益的效率，换句话说，它测量的是使用股东的钱进行投资产生回报的程度，也就是每 1 美元股东资本产生的利润。

要计算净资产收益率，用一家公司的财务杠杆比率乘以资产收益率即可：

$$\text{财务杠杆比率}=\frac{\text{资产}}{\text{所有者权益}}$$

净资产收益率 = 资产收益率 × 财务杠杆比率

资产收益率 = 销售净利率 × 资产周转率

因此，净资产收益率全部展开的等式为：

净资产收益率 = 销售净利率 × 资产周转率 × 财务杠杆比率

你可能注意到，我们这里介绍了一个新的尺度——财务杠杆比率，该项指标用来测量一家公司负债相对于所有者权益的程度。与销售净利率和资产周转率（这些比率高是毫不含糊的）不同，财务杠杆比率需要你仔细观察。对于任何一种负债，数额适当可以推进收益，但是负债太高可能会导致灾难。

你需要考察一下这家公司的业务属于哪一类。如果它相当稳定，这家公司也许可以大量负债而不会有太多风险，生意崩溃、公司被债务利息支付所困的概率可能很小。但对另外一种公司，如果其生意是周期性的或者经营是不稳定的，则要保持高度警惕，因为利息支付是固定的，不管公司业务经营的好坏都必须支付。

因此，我们有三个指标能推进净资产收益率，那就是销售净利率、资产周转率和财务杠杆比率。如果一家公司只有一个不好不坏的毛利率和适度的财务杠杆比率，那么它可以在资产周转率上做很多文章。举例来说，对于经营很好的折扣零售商（比如沃尔玛），高资产周转率使它们在用每 1 美元的投资赚取更多收入方面非常有效。这些公司在使消费者心甘情愿地为商品一次性付清货款方面表现优秀。如果一家公司资产周转率仅仅是中等，公司也没有高的财务杠杆比率，那么它应该有很高的利润率，比如蔻驰那样的奢侈品公司。在更多的领域，一家公司推进它的净资产收益率通常是使用相当大的财务杠杆比率，比如许多成熟的公司（如公用事业类的公司）即是如此。

尽管很难概括，我还是想提供一个评估企业净资产收益率的粗略标准。一般来说，非金融类的公司在没有过多使用财务杠杆比率的前提下，能产生10%以上的净资产收益率就是值得投资的。2003年中期，在晨星公司的数据库里，只有大约1/10的非金融类公司在过去的5年中每年都能取得10%以上的净资产收益率，所以你能看到公司要取得这样的业绩有多难。如果你能够发现一家潜在的净资产收益率能稳定在20%以上的公司，你真的是发现了一个好机会。

当你使用净资产收益率评估一家公司的时候，要注意两个问题。第一，银行的财务杠杆比率永远是巨大的，所以如果银行机构使用看起来相对非银行机构高的财务杠杆比率你也不要恐惧。（我们将在第十七章学习怎样评估银行的财务健康状况。）另外，因为银行的财务杠杆比率永远那么高，你就要提高金融公司的衡量标准，寻找净资产收益率稳定在12%以上的公司。

第二，如果企业的净资产收益率看上去太好了，有可能不真实，因为这种情况经常发生。净资产收益率在40%以上常常是没有意义的，因为它也许已经被公司的财务结构扭曲了，比如公司最近可能从母公司分拆出来，公司可能回购了很多股票，或者公司进行了大规模的加价等，这些常常会扭曲净资产收益率，因为在这些情况下公司权益的基数降低了。如果你看到超过40%的净资产收益率，应仔细查看这家公司是否具有以上这些特征中的某一个。

自由现金流

在前面的章节里，我们已经介绍了经营性现金流，它是用来测量一家公司产生多少现金流的。和经营性现金流一样有用的指标是自由现金流，它不考虑公司必须花在维持或扩张业务上的资金。我们需要在经营性现金流的基础上减去资本性支出（资本性支出是用来购置固定资产的），就是自由现金流：

自由现金流 = 经营性现金流 − 资本性支出

回想一下前面热狗亭的例子。假设麦克非常成功，所以他决定用他赚的现金建造第二个热狗亭。建造这个亭子的花费应当在“资本性支出”中列示，并从现有现金流量中减去。

为什么呢？我们需要把业务分开。一部分是作为资本的净使用者的业务，也就是支出比赚钱多的业务；另一部分是资本的净生产者的业务，它创造的剩余现金是真正属于股东的。你在某些时候可以看到自由现金流常常被当作“所有者盈余”，这样的表述是正确的，它表示一家公司可以提取而又不影响公司业务的现金数量。

一家产生大量自由现金流的公司能用这些现金做各种各样的事情：把它存起来等待投资机会、用它收购、回购股票等。自由现金流给公司带来融资的弹性，因为这家公司可以不依赖资本市场来支持它的扩张。自由现金流为负的公司不得不去贷款或者卖掉一些股票来维持公司经营，而且如果在公司的危急时刻，或市场变得不稳定的时候，这可能变成一件危险的事情。

当然，净资产收益率很难推演出多大现金流量对公司来说是足够的。不管怎样，我认为对于任何公司，比 5% 多的销售收入转化成自由现金流都是有必要的，可以用销售收入去除自由现金流得到这个百分比，这将表明公司在产生超额现金方面做了一项坚实的工作。

把净资产收益率和自由现金流放在一起考虑

考察公司当前收益率的一个好方法是利用盈利能力矩阵。这个矩阵可以分析公司的净资产收益率相对于公司产生的自由现金流数量。如图 6–1 所示，自由现金流在一侧，净资产收益率在另一侧。这个矩阵能够告诉你很多你正在分析的公司种类的信息。

像微软、辉瑞制药和第一数据公司全部都有很高的净资产收益率。很多人著书立说，告诉人们怎样像这些公司那样管理生意，你很容易明白为什么这样做，因为这些公司是赚钱的机器。人们把大量新的资金投进去，然后有大量的超额利润吐出来。这些公司的管理层非常善于为股东的资金赚取高额回报。

无论何时，如果你跟踪这些公司中的任何一家，你将会注意到它们除了净资产收益率高，还有其他许多共同的地方。它们的股票在 20 世纪 90 年代的牛市中全部都有高的估值。再一点就是，一家能为股东投资赚取高额收益的公司对所有股东来说都更有价值。

自由现金流	低（净资产收益率）	高（净资产收益率）
高	高通公司 雅虎公司 诺发半导体公司 美国艺电公司 米高梅梦幻公司 通用技术公司	**低风险公司** 微软公司 辉端制药公司 Paychex 公司 麦格劳–希尔公司 第一数据公司 家得宝公司
低	**高风险公司** 捷蓝航空公司 讯远通信公司 Foot Locker 公司 Nextel 公司	柔适公司 Cheesecake Factory 公司 西南航空公司 沃尔格林公司 好市多公司 康卡斯特公司

图 6–1　盈利能力矩阵：高净资产收益率和有充足自由现金流的公司股票值得购买

资料来源：晨星公司。

再看一下其他方面，我们看到上述这些公司也能产生很好的自由现金流。例如，辉瑞制药公司在 2002 年产生了 80 亿美元的自由现金流，这 80 亿美元是辉瑞在它已经做完必要投资之后额外产生的。辉瑞如何花这 80 亿美元有很大的选择余地，比如可以支付给股东，这些自由现金流折算到每股大约是 1.31 美元。事实上，这些老的成熟的公司是乐意这样使用自由现金流的。它们的生意增长得不是很快，而且它们认为股东们能利用自由现金流赚取更多的回报。因此，它们以股息的方式回报给股东。（这就是为什么投资低速增长的公司常常有如此之高的收益的原因。）

与之对应的另一面，辉瑞制药公司认为，它可以为 80 亿美元找到一条比股东自己投资收益更高的投资渠道。因为这家公司在一个相对快速增长的经济领域——保健行业，而且有一个把新药转换成超额利润的稳定的盈利记录，它可以照此继续做下去。不管怎样，如果辉瑞制药公司开始像微软公司那样在资产负债表上积累现金，我们大致可以推断这家公司没有更多可赚取超额利润的再投资路径了。在这个案例中，我们宁愿看到该公司派息或者回购股票。对微软公司来说，尽管派息数量不是大手笔的，但至少这家公司开始这样做了，这意味着它开始认为内在的再投资机会正在逐步减少。

在这个矩阵的下半区，像亚马逊公司、捷蓝航空公司、康卡斯特公司和柔适公司等，这些公司只产生很少或者负的自由现金流。像这样的公司不能产生更多的自由现金流，是因为它们在自己的业务中耗尽了公司产生的全部现金，即使有些公司很需要在扩张方面投资。

有些公司频繁地进行投资，是因为它们希望这些扩张的努力在将来能给它们带来丰厚的利润。亚马逊公司就是一个例子，它在打造品牌和扩张站点上投入巨资。与此同时，捷蓝航空公司为了扩大对新城市的服务正在花费巨资购买新的飞机。

捷蓝航空公司和亚马逊公司就像年轻的创业者，它们获得贷款而且信用积分很高，它们正在把每一分钱投入打造和扩张它们的业务中去。尽管它们的这种投资还没有赚到很多钱，但它们业务上的投资是为了在未来的某一时点能赚取丰厚的利润，那是它们真正取得回报的时候。而辉瑞制药公司更像一个成功的中年商人，它早已证明它能用股东的钱赚取很好的收益，所以人们在它的门外排队以取得它风险投资的特许权。

你与成熟的商人待在一起，比和年轻的创业者待在一起所冒的风险要小得多，尽管那个创业者也许会回报你更多倍。

投资给这个世界上的创业者没有任何错误，只要知道你将进入的是什么领域。盈利能力矩阵能帮助你从中找出一个长期的机会。

想象一下这样的盈利能力矩阵。右上角是辉瑞制药公司，这是一个甜蜜的点，这个点拥有超额的现金和赚取高额收益的能力。在右上角这个方块里的公司都有很好的收益和较低的经营风险。（当然，如果你以一个高的估值买入它们的股票，它们也许是很有风险的股票。）

我们把目光移到右下角，这里有柔适公司，你会看到这些公司把它们的全部现金用于扩张，但是它们能够为股东的投资赚取高的回报。如果这些公司有有利可图的再投资机会，它们可能会把公司产生的全部现金用于扩张。例如星巴克公司和家得宝公司，在整个 20 世纪 90 年代始终显示高的净资产收益率和负的自由现金流，因为它们把每一分钱都用于设立更多的连锁店和超市。

在左下角的公司还没能取得一个正常的净资产收益率，它们花费大量的资金，但是还没有成功盈利。这里列出的大多是投机性的公司，这些公司一般有长期的机会，但还不清楚全部的巨额投资是否能产生持续而有吸引力的回报。

投入资本收益率

投入资本收益率是一个久经考验的分析资本收益的比率，这个比率调整了资产收益率和净资产收益率的某些特性。你不用担心你要自己计算，它是相当复杂的，只要知道怎样解释它就可以了，因为它是一个比资产收益率和净资产收益率更全面、更好的衡量盈利能力的工具。

本质上说，投入资本收益率改进了资产收益率和净资产收益率，因为它把负债和权益放在一个彼此相当的位置上：它把与负债相关的扭曲矫正过来，这些扭曲使公司在使用净资产收益率时，因为具有很高的杠杆作用看起来收益性很好。投入资本收益率和资产收益率、净资产收益率对利润的使用标准不同，资产收益率和净资产收益率使用的是净利润，而投入资本收益率使用的是税后的营业利润，并且是在扣除财务费用之前。还有，投入资本收益率的目标是除去公司不同的融资决定造成的影响——不管是使用债权融资还是所有者权益融资——这样公司就可以尽可能地聚焦在核心业务的盈利能力上。

如果你听到有人谈论投入资本收益率时，你知道这个概念意味着什么吗？很简单，就像解释资产收益率和净资产收益率一样解释投入资本收益率，较高的投入资本收益率比低的更可取。

投入资本收益率

提示：如果这些艰涩的金融学让你昏昏欲睡，你可以忽略这个框里的内容，不要为怎样使用投入资本收益率和加权资本平均成本担心。

投入资本收益率是衡量一家公司真实经营业绩最好的

度量指标，它度量的是企业全部投资资本的收益率，不管资本的来源是什么。

投入资本收益率的公式非常简单：

投入资本收益率＝税后净营业利润（NOPAT）/投资资本

等式的分子很清楚：税后净营业利润，而且是在扣除利息费用之前的。分母有点复杂，而且尽管有很多种不同的方法计算它，你最好还是用这个版本的公式：

投资资本＝总资产－不附带利息的流动负债（通常是应付账款和其他流动资产）－超额现金

如果商誉占资产一个很大的百分比，你也可以减去商誉。

让我们看一个例子。在2002财务年度末，沃尔玛公司总资产价值947亿美元，减去应付账款、应计负债和应计所得税，剩余677亿美元，这就是沃尔玛公司的投资资本。查一下该公司的利润表，我们看到营业利润是136亿美元。如果我们用它乘以公司36%的所得税率，我们得到一个粗略的结果就是税收一直与利息收入或者利息费用无关（记住，利息对公司来说是可以税前扣除的），而且我们发现：税后净营业利润＝136亿美元—（136亿美元×36%）＝87亿美元。

下一步，用税后净营业利润除以投资资本，即 87 亿美元除以 677 亿美元，得出投入资本收益率等于 12.9%。对像沃尔玛这样已进入成熟期的公司来说，12.9% 的投入资本收益率是相当骄人的业绩。

财务健康状况

一旦我们弄清楚一家公司增长得多快（以及为什么）和盈利能力有多大，我们接下来就需要考察公司的财务健康状况了。毕竟，再美好的家也需要一个稳固的基础。

对于财务健康状况来说，当公司增加负债时，同时也增加了公司的固定费用，它占总费用一定的百分比。在公司生意好的年份里，高固定费用的公司盈利非常好，因为一旦支付完这些费用，所有额外的销售收入就都直接记入自己的账上了；而当生意不好的时候，债务的固定费用会把盈利降得相当低。

看一看假想的 ACME 公司，它的负债导致盈利反复无常（见表 6–5）。负债越多，ACME 公司的盈利波动越大，也就是说，盈利在好的时间段上升更多，在坏的时间段下降也更多。

财务杠杆作用共同的度量标准是我们在计算净资产收益率时使用的财务杠杆比率，这个比率等于总资产除以所有者权益。想象一下财务杠杆，比如抵押，一个购房者付了 2 万美元的定金买下了一所价值 10 万美元的房子，财务杠杆比率是 5。对于每 1 美元的权益来说，购买者取得了 5 美元的资产。

表 6–5 财务杠杆作用的影响

ACME 公司		2002 年的假设情景	
适度融资，少量负债		好年份，销售增长 20%	坏年份，销售下降 20%
销售收入	5 000	6 000	4 000
毛利	1 000	1 200	800
减：利息费用	200	200	200
税前利润	800	1 000	600
减：所得税（35% 税率）	280	350	210
净利润	520	650	390
		利润提高 25%	利润下降 25%
激进式融资，大量负债			
销售收入	5 000	6 000	4 000
毛利	1 000	1 200	800
减：利息费用	600	600	600
税前利润	400	600	200
减：所得税（35% 税率）	140	210	70
净利润	260	390	130
		利润提高 50%	利润下降 50%

资料来源：晨星公司。

对公司来说也是同样的。2002 年，家居装修零售商柔适公司的财务杠杆比率达 2.1，这意味着公司每 1 美元的所有者权益都有与之相对的 2.1 美元的总资产（公司借了另外的 1.10 美元）。2.1 的财务杠杆比率是相当保守的，尤其对一个快速增长的零售商来说。当我们看到这个比率是 4 或 5 或者更高时，公司就开始变得相当有风险。

除了财务杠杆的作用之外，当我们评估一家公司的财务状况时，还要检验几个关键的度量标准。

权益负债率（Debt to Equity）

即长期负债除以所有者权益的比率。它有点像财务杠杆比率，只是它比财务杠杆比率更窄地聚焦在公司每1美元的权益担负多少长期负债上。

已获利息倍数（Times Interest Earned）

这个比率需要更多一些的计算工作，但它是值得的。寻找税前利润，然后把利息费用加回来，就得到了息税前利润。息税前利润除以利息费用，就知道公司可以为它的债务支付多少倍的利息费用。利润多的公司能更多地负担高的利息费用，而利润少的公司，如果利润出乎意料地下跌，公司经营很可能陷入困境。

举例来说，对于家居装修零售商柔适公司，在23.6亿美元的税前利润中，加上1.82亿美元利息费用，就得到了25.4亿美元的息税前利润，我们用25.4亿美元除以1.82亿美元利息费用得到14这个数字，也就是说，柔适公司在2003年赚了相当于利息费用近14倍的利润，有一个相当好的安全边际（见表6–6）。

如果想准确地对这个度量标准低到多少是可以忍受的下结论是很难的，但可以明确地说，已获利息倍数越高越好。业务不稳定的公司比行业稳定的公司应该有更高的已获利息倍数。随着时间的推移，你最好还是考察一下已获利息倍数的趋势。通过计算过去5年的比率，你能够看到公司已获利息倍数是否正在逐渐下降，公司是否变得风险越来越大，或者公司的财务健康状况是否正在改善。

表 6–6　柔适公司利润表

柔适公司：部分利润表	
截至 1 月 31 日	2003 年
净销售收入	26 491
销售成本	18 465
毛利	8 026
费用：	
销售和管理费用	4 730
开业费用	129
折旧	626
利息	182
费用合计	5 667
税前利润	2 359
应缴税金	888
净利润	1 471

资料来源：柔适公司 SEC 报表。

流动比率和速动比率（Current and Quick Ratios）

流动比率（流动资产除以流动负债）简单地告诉了我们一家公司的流动性怎样。换句话说，如果公司必须马上还清负债的话，公司能变现出多少现金。低的流动比率意味着公司没有足够的现金来源偿还即将到期的债务，这就迫使公司在外面寻找融资，或者把营业收入用于偿债。作为一般的惯例，流动比率在1.5左右或者更高一些，通常意味着公司能够应付正常运营之需，不会遇到太大的麻烦。

遗憾的是，一些流动资产（如存货），也许没有它们在资产负债表上的价值值钱（设想一下，如果你去卖旧的PC机，或者已过时的时装，你可能收不到任何现金）。所以，这里有一个对流动性更为保守的测试指标——速动比率，就是流动资产减去存货后除以流动负债。这个比率对制造业和零售业公司特别有用，因为这两种类型的公司中存货占用了大量的资金。通常速动比高于1.0被视为公司处于比较好的状态，但是一定要对照看一下同行业其他公司的实际情况。

空头情形

在你评估完成长性、盈利能力和财务健康状况之后，下一个任务是研究你正在分析的股票的空头情形。从列举全部的潜在负面因素开始，包括从最显而易见的到可能性很小的所有因素。你的投资出了什么问题？当你想买入的时候，为什么某些人更愿意卖出？在一家高质量公司因受外来冲击而股票价格暂时回落时，对那些想乘机买入的人而言，设想一个可能的空头情形尤其重要，因为这种冲击有时是测量公司状况的很好的检测手段。

即便你已做出购买的决定，你设想的空头情形也将对你有很大的帮助。你将预先知道可能会遇到麻烦的信号，当坏消息在未来露出苗头的时候，它将帮助你做出更好的决定。经过对负面因素仔细调研之后，你就有信心在暂时性的艰难时期握紧你的股票，或者认识到这个艰难的经历也许真的是情况变得更糟糕的转折点。

我这里要讲一个我自己经历的痛苦的例子，这个例子表明在购买股票之前设想一种空头情形的重要性。在 20 世纪 90 年代中期，我购买了一家叫 Ballantyne of Omaha 的小公司的股票，这家公司在那个时候是世界上最大的电影放映机制造商。（是电影院里的那种放映机，不是教师在小学校里用的那种。）这家公司成长得相当迅速，几乎没有竞争对手，而且管理层似乎也很正直诚实。股票正在以我认为十分合理的价格交易。

不幸的是，电影院行业（Ballantyne of Omaha 公司的主要客户）当时正处于一个靠巨大的负债进行扩建的时期。还记得有 10 个甚至 20 个银幕的郊外影院在那个年代大肆兴起吗？那就是 Ballantyne of Omaha 公司销售收入猛增的原因，但这种扩张是不可持续的。很多大的影院流动性较差，也有几个甚至是完全饱和的。不必说，没有出现电影放映机需求的奇迹，而且 Ballantyne of Omaha 公司的财务结果和股价陷入了下滑状态。

这就是教训！我应当在购买 Ballantyne of Omaha 公司股票之前设想一个可能的空头情形。如果我深入研究 Ballantyne of Omaha 公司的客户财务健康状况，我可以问我自己，如果这种多重景气叠加的情况慢下来会发生什么？但是，我没有做，我做了一次本可以避免的糟糕的投资。

结论

到这里，我们已经仔细研究了公司的财务表现。我们通过调查它们的竞争优势评估了公司竞争的激烈程度，我们也分析了公司的财务报表。

在第七章，我将谈论如何评估管理的质量。在第八章，我将给你一些识别激进型账户的技巧。经过这些之后，我们将转向也许是任何一个严谨的投资者都必须面对的最艰难的课题：为这只股票定一个公平的价格。我们怎样避免为一家优秀的公司支付太多的钱，同时又能在股价不是那样便宜的情况下不会错失良机？在第九章和第十章，我将展示给你如何进行股票估值。

投资者清单：公司分析——基础

- 当你评估一家公司的成长率时，不要被迷惑人的历史性增长冲昏了头。确信你已经弄清楚了成长的来源，以及经过一段时间之后，这种成长是否还具有可持续性。
- 对依赖收购推进成长的公司要保持警醒。大多数收购未能给收购方公司的股东带来正的回报，而且这些收购使得评估真实的成长率变得很困难。
- 如果盈利增长在一个很长的阶段超过销售收入的增长，这也许是一个人造增长的信号。一定要钻研数据，看一看公司是怎样从停滞的销售增长中挤压出更多利润的。
- 资产收益率可用来度量公司每 1 美元资产产生利润的数

量。高资产收益率的公司在把资产转化成利润方面做得更好。

- 净资产收益率是检测盈利能力的好指标，因为它测量的是公司怎样用股东的钱为股东赚取利润。但是因为公司可以通过更多负债来推高它的净资产收益率，所以不要把这个指标当成真理。对一家非金融类公司，在没有过度使用杠杆的前提下，至少要有 10% 的净资产收益率。
- 自由现金流给了公司融资的弹性，因为公司可以不依赖资本市场来支持它的扩张。自由现金流为负的公司不得不去贷款，或者销售另外的股票来维持公司的经营，而且如果公司遇到危急时刻，比如市场变得不稳定，这可能变成一件危险的事情。
- 对一家有太高财务杠杆比率的公司要保持警醒。因为债务是一项固定费用，它有放大盈利的能力，同时也招致更多的风险。
- 买股票之前，思考所有潜在的负面因素，这能帮助你在坏消息的苗头显露出来时做出更明智的决定。

第七章

7

公司分析——管理

卓越的管理能够把平庸的公司和杰出的公司区分开来，而拙劣的管理则能把一家好公司变得一团糟。你的目标是要发现像股东那样思考问题的管理团队，管理层对待公司业务应该像自己是公司股东那样。但遗憾的是，像这样的管理者比你想象的要少得多。

人们买股票始终不注重研究管理层这帮人，我听到最多的托词常常是想和管理层接触太难了，没有机会和管理层面对面。这是瞎说，其实有很多很多的渠道能够让你感知经营公司的那些人是否眼里除了 CEO 就没有别的事情了。没有人在经营管理一家上市公司时别人都不知道他在做什么。我的建议是把管理评估划分为三个部分：报酬、性格和运作。

报 酬

报酬是三个部分里最容易评估的，因为有关报酬的大多数信息都包含在股东委托书里。这是一家公司在开年会时寄送给股东的文件，在这个文件里详细列示了公司管理人员的报酬以及得到何种津贴。

我们可以关注一下公司的薪酬计划，最重要的是，管理层为自己支付多少薪酬（这会在“薪酬表摘要”里逐条列示）。一般来说，相对于高额的薪水我更喜欢高额的红利，相对于慷慨的期权计划我更喜欢严格限制的股票期权。红利意味着报酬的一部分是有风险的，至少理论上是这样；而严格限制的股票期权意味着如果股票下跌管理层也会有金钱损失。

首先，看一看现金报酬的原始水平是否合理。这里没有必要做一个严格限制，尽管我个人认为 800 万美元的现金红利是比较愚蠢的，不管这家公司做得多么好。（美国最大公司的 CEO 平均薪酬水平大约是员工工资的 500 倍。而 20 年前只是 40 倍。）

不管怎样，根据你自己的判断，如果管理层的薪酬让你咂舌的话，那就可能是太多了。回头看一看竞争企业，看看它们的 CEO 们赚多少钱，你就能知道你要调查的公司管理者的情况怎样了。大体上，公司越大，财务表现越好，CEO 的收入越高。但也有一些管理层认为，他们有获取高薪的特权，因为他们管理着一家特大型公司，不管他们的工作做得多么糟糕。这就是为什么你要下决心研究他们的收入是否和公司的经营业绩联系在一起的原因。（这里提供一个案例：威瑞森公司董事会主席和联合 CEO 查尔斯 · 李在退休之后变成了公司的“顾问”，每月昂贵的顾问费用是 25 万美元。对于我来说，那是一个令人生畏的退休计划。）

绩效奖励

重要的是，管理层的薪酬是否真的和公司的业绩表现挂钩。大多数公司的所谓“绩效目标”是由董事会的专门委员会制定的，这个委员会在 CEO 利益可能受损时可以重新改写游戏规则。例如，在 2001 年，可口可乐公司董事会把 CEO 道格拉斯 · 达特 5 年内每年 15% 的盈利增长目标降到了 11%。对这样的变化你可以自己来判断，毕竟如果业绩目标不能实现就不能激发 CEO 的激情，你也可以问为什么董事会不能在第一次就设定一个更现实一点的目标。不管怎样，目标改变了，但潜在的报酬还原地不动，我认为它是一个负面的信号，因为它表明当业绩下滑的时候，董事会不愿意使用减少 CEO 的奖金数目来作为惩罚。

即使如此，至少可口可乐公司的股东们还知道绩效目标是什么。而在迪士尼公司，按照 2001 年的委托书，迪士尼薪酬委员会的头头儿们是这样决定奖金问题的：基于一个或多个业务标准，或者基于任何复合的标准，或基于经过整理的基数：净利润（或经调整的净利润）、净资产收益率（或经调整的净资产收益率）、资产收益率（或经调整的资产收益率）、每股盈利（稀释的）[或经调整的每股盈利（稀释的）]。

换句话说，迪士尼的 CEO 们不管发生什么都可以拿到同样的薪酬。他们还写道：“（我们相信）这个特别的目标是公司的商业秘密，它的披露会对公司产生负面影响。”好像是说，如果董事会不能在游戏当中改写规则，这会对迪士尼的管理层有负面作用。当你寻找好的管理者的时候，这种不可告人的薪酬表的脚注是一个坏的信号。

另一个恶劣的薪酬操作信号是为公司的管理层把公司做大的行为支付薪酬，那是不好的。例如，在 2001 年，迪士尼把下列内容写入委托书：

> 一旦得到计划允许，可以在计划外为三位经理人员彼得·默菲、托马斯·斯塔格斯和路易斯·梅辛格发放特别奖金，以奖励他们给公司提供的虽与绩效目标无关但是特别的服务，其中默菲和斯塔格斯，他们为公司收购福克斯国际家庭娱乐公司（Fox Family Worldwide）提供了相关服务。

为完成一个收购计划而奖励公司管理层是一个可怕的主意。支付大量的奖金仅仅为了一个已经成为过去的交易，它只会鼓励管理层去做更多前景不明朗的交易。我倒有一个好的建议，虽然我还没看见有人这么做，但它确实值得参考，那就是先等上几年，如果确实证明收购交易是适当的，并取得了预期的投资回报，再给管理层发奖金也不迟。

奖励的底线是：公司管理层薪酬的升降要基于公司的业绩表现。所以，有必要回顾公司的财务历史资料，阅读过去几年的委托书，看一看是否是这样的情况——有一些董事会的马屁精，即使在公司最糟糕的时候也会为管理层能得到一大笔奖金而虚构合理的理由。有好的治理标准的公司，在经营不好的时候会毫不客气地减少管理层的奖金，而在经营好的时候也会毫不犹豫地增加管理层的奖金，这才是你作为股东希望看到的公司。

其他的危险信号

除了管理层的薪酬是否真正与公司的业绩表现挂钩这个重要的问题以外，在你评估管理层的薪酬时还要留心下列问题。

管理层特定的贷款是否被豁免？在 2002 年《萨班斯－奥克斯利法案》实施以前，这是一个常见的也是令人厌恶的实际问题。公司以低于市场利率的利息给高管人员贷款，然后在几年后悄无声息地豁免了贷款。贷款不是支付的奖金，而且公司试图用这种方式混淆管理层的奖金，这是对股东的不诚实。如果管理层需要贷款，他们可以向银行而不是向老板申请。不要容忍你正在调查研究的公司有这类贷款的行为，现在这种贷款行为已经不再合法，但即便在过去，你也应该用怀疑的眼光看待做这种事的公司。它们应当停止这样做，除非它们是被迫的。（这种贷款通常记录在管理层薪酬表的脚注“其他薪酬”栏目里。）

管理层通过公司取得的额外津贴，真的是理所当然的吗？当管理层用股东的钱取得乡村俱乐部的会员资格和其他一些无用东西的时候，这是他们超额挥霍的信号。用股东的支票为某些人每年支付数以千计的美元，仅仅为了让他们的精力旺盛，这看起来有点傻。更重要的是，最高层如此行为在公司里给每个人做出了坏榜样。享受荒谬的津贴使管理人员扮演了当今皇族的角色，而不是一个股东资金谨慎管理者的角色。与此相反，节俭的 CEO 则大受欢迎，比如为自己的车位付费、远离昂贵津贴等行为，就为组织里的其他人树立了好的榜样。

管理层独占某一特定年份的大部分的股票期权授权，还是与普通员工分享财富？一般来说，有更公平的分配方案的公司在长期经营活动中表现得更好。大多数公司把股东签署的委托书上期权授权的百分比转给管理层。

管理层过分使用期权吗？如果他们被分配的期权远远超过他们所执行的，就会稀释所有者权益。如果一家公司每年赠送超过1%~2%的期权，它们每年送掉的公司权益还不是太多。受限制的股票必须作为一项费用计入利润表（期权不用计入，截至本书写作时是这样），受限制的股票在公司的股票下跌时也要分担损失。

如果公司的创始人或者大股东一直卷入公司的管理中，他或者她每年也得到一大笔的股票期权吗？这种问题我得小心谨慎。毕竟，这是很难争辩的。例如，甲骨文公司的CEO拉里·埃利森，在他已经拥有公司25%股权的时候还拥有额外的期权激励。

管理层在这场游戏中到底持什么想法？他们是会长期持有公司股票，还是行使完股票期权之后就把股票卖掉？作为股东，我希望管理者在公司能有一个长远的股权安排。毕竟，如果公司每况愈下，分散卖出股票可以不被暴露。一般情况下，我更乐于买入管理层拥有购股权证的公司股票，因为大量未被执行的期权头寸会对管理层形成制约。你可以在股东授权协议书的脚注发现这一信息。公司在一个叫作“相关利益人的证券所有者身份”的表格里披露管理层的股权和期权比例，但是在这个脚注里它们只宣布管理层实际拥有的股票数目。例如，在仁科公司2003年股东签署的委托书里，CEO克雷格·康韦被披露持有380万股公司股票或者说是1.2%的公司股票。但是，如果你看脚注，就会发现他拥有的公司股份只有 62.6 万股，其中 62.5 万股还没授予他。

性格

薪酬本身就是一个很好的检测性格的试纸。有趣的是，管理团队对金钱的态度与他们是否会恶意对待股东的行为之间有很强的联系。不管怎样，要对公司的管理层是否值得信任有一个把握。此外，你还有许多更重要的问题要问。

管理层是否利用自己的权力让亲戚朋友富起来了？在公司的年度 10–K 报告里，你可以找到“关联交易”的部分。在这里你可以了解到公司和管理层的一些朋友或者关联公司的管理人持续不断的生意往来。通常，这一部分是无伤大雅的，因为 CEO 或者董事长每年为一些咨询服务支付一些象征性的数额是不太引人注意的。只要公司不支付数以十万计的美元，这种事情就不会搞砸。但是当公司持续不断地付钱给关联公司的时候，比如，内部装饰公司是公司 CEO 的妻子开的，或者在这个独立公司中他女婿是合伙人，这就会引起我的注意。这里的关键是要确信：（1）公司是否给直接关联方大量的生意；（2）有没有滥用权力的做法。一个或者两个小的关联交易不重要，但是这种做法会引起我的警觉，因为这也许是一个有深层问题的信号。如果看上去公司管理者的全部家庭成员都在插手公司的事务，那公司管理者就很有问题了。

董事会成员和管理层家庭成员或前任管理者是否重叠？看一看董事会的记录，它也在股东签署的委托书里。如果他们当中的很多人与高级管理层有相当紧密的关系，或者就是前任管理者，我可以打赌，当质询管理层采取的行动时，董事会不会尽其所能\实事求是。董事会是股东防止 CEO 的经营管理失去节制的重要环节，这种情况的出现可不是个好兆头。

管理层是否坦率地对待自己的错误？即使最精明的 CEO 也不可能什么事情都对，对于一个管理团队来说，能够诚实地面对错误的决定，并讨论为什么要这样做的理由是很重要的。CEO 隐藏自己的错误往往做得和隐藏其他事情一样好。在年度报告和季度报告索引里要认真寻找是否有坦率的表述，我尤其喜欢看年度报告里致股东的信，看看它是否对过去一年管理层的成功与失败给出了公正的评价，或者仅是一篇无价值的东西。

管理层是怎样实施奖励的？尽管做一些鼓舞士气的工作是 CEO 们工作的一部分，但是要认真观察公司的管理人员是怎样越线甚至胡乱派送股票来给他们自己打气的。这是一个警示信号，因为管理层的工作是操心公司的经营，如果高级管理人员做得正确，股价经过一段时间就会有所反应。高级管理人员抱怨他们公司的股票价值被低估了，或者他们直接发表看法来评价股票的真实价值，说明他们关心自己股票期权的价值也许比为了稳定股价和搞好公司长期业务所做的努力更多。与此同时，自我奖励的管理者不太可能做出最有利于股东长期利益的决策。如果你阅读了一定数量的热门媒体的文章，在那些文章里，如果一个 CEO 把自己标榜成当今世界的救世主，一定要保持警惕，把 CEO 当作英雄是危险的。

CEO 能保持高水平的才干吗？这是一个微妙的问题，但是它能告诉你大量关于你正在分析的公司的信息。一些公司可以通过普通员工的流动率来判断管理人员的品质，因为流动率是对工作环境以及员工对公司潜在评价的测试。把这种观点延伸到高管层，CEO 的流动率怎样呢？关键的管理人员任期是多长呢？高级管理人员是从外部雇用的吗？（所有这些通过查阅过去几年股东签署的委托书可以得到。）较长的聘期是一家公司内在动力和信心的表现，然而可以把直接下属的竞争压力排除在外的 CEO，很可能花了太多的时间在内部斗争上而不是在公司的经营上。

管理层能否为了给公司带来一个诚实的形象，而做出一个对自己可能不利的决议？如果管理团队能诚实地做出一个对将要公开的报告结果不利的决议，你是幸运的。如果管理团队使用严格限制的股票承诺代替股票期权（因为买入的股票是必须交费的），或者他们更愿意把资本花在诸如研发费用或者软件开发上，说明这样的一群人会更乐于在公司经营上努力，而不是在玩数字游戏。这些人正是你要寻找的可信赖的那种人。

公司运作

除了要求管理者要合理取得薪酬并诚实之外，你还应该要求这些人能经营好公司。

绩效

首先要看的就是现任管理团队在任期内的公司财务表现。你要寻找高的、正在增长的净资产收益率和资产收益率，但是不要忘记核实增长的净资产收益率是因为高杠杆作用的驱动，还是因为提高了盈利能力和资产使用效率。

在公司收入上有任何大的跳跃吗？如果是那样，这家公司也许做过一次收购，你应该仔细看一看管理层支付的价格是否合理，被收购公司是否提升了股东的价值。大多数收购没有盈利，所以挖掘过去的兼并收购活动是值得你花点时间的。

最后，经历一段较长的时间之后看一看股份数。如果股份数因为激进的期权计划或者频繁的股票发行而明显地增长了，说明这家公司没有和你打招呼就把你投资价值的一部分送人了。这对一只股票的长期表现来说不是一个好信号。

坚持到底

当管理层确定一个问题或承诺一个解决方案的时候，他们通常是去贯彻计划，还是指望你忘掉这些计划呢？每一次新战略计划被提出来都可以从这个角度去考察：一旦计划宣布出来，公司是按着新计划向前走呢，还是每年都可看到公司又要宣布一个新的重大但不可能实现的计划呢？诊断这个问题的方法是去看过去的年报和之前 3~7 年曾被讨论过的新战略计划。即使这些新战略没有全部成功也没关系，关键是看它们现在的执行状况如何。管理层是继续保持他们和股东的约定呢，还是会主动让这些约定从雷达屏幕上消失呢？在后面的案例中，管理层可能花费了更多的时间雇用咨询机构来制订更宏伟的计划，而不是花时间去判断到底能实现什么。

坦率

公司为投资者能完全分析公司提供了足够的信息，还是对某些问题避而不谈？通常管理团队会令人讨厌地只讲部分运转正常的业务，当问到有疑问的内容时，他们有时逃避，有时则直接告诉你“我们不披露这部分”。

例如，默克公司2001年在改变药品销售收入数字的报告方法时，拒不提供过去的可比数据，这就使得投资者要弄清楚该公司现在干得如何非常困难。朗讯公司是这个问题的另一个犯规者，因为当它报告分段数据时却将高增长和低增长产品线合在一起。不报告某些事情对一家公司来说是完全正当的，但是有选择地对某些问题故意保持沉默从来不是一个好的信号。

自信

我通常比较赞赏那些做事有别于同行或者传统观念的公司。当你的行业处于不景气的时候，如果你想收购一个失败的竞争对手，即便你所有打高尔夫球的密友一起表示赞同，但要获得热门咨询机构的首肯也是艰难的，不过这两方面都不是一成不变的。在行业低迷时期维持研发费用支出是自信的一个好例子，它表明管理层更关心在一个长时间内打败竞争对手，而不是只关注在每季度的盈利上超过对手。

灵活性

管理层已经做出在未来给予公司灵活性的决定了吗？比如一些简单的决定：负债不能太多、控制固定费用（即便在好的年份里），以及更多的战略性决议（比如当股价高的时候发行股票）等。当机会出现时，发行附加看涨期权的债券、退休的高利率债券，以及当股价低迷的时候回购股票，都是资本分配决议的很好的例子，它充分显示了在掌握公司经营方面的立体性手法。

投资者清单：公司分析——管理

- 评估管理是分析一只股票的关键步骤。寻找像股东一样做事的管理团队胜于雇用很多人。
- 从股东签署的委托书里得到薪酬的信息，来检验管理层的薪酬到底是多少，以及是否与公司的业绩表现挂钩。如果一家公司薪酬协议令你咂舌，它就太高了。
- 避免给管理层有大量的关联交易或者分发太多的股票期权的公司投资，你要寻找股票所有者身份的管理层。
- 确信公司为了投资者能完全地分析公司业务已披露了充分的信息，“我们不披露那些”经常是“消息不好，我们宁可不说”的代名词。

第八章

8

揭开财务伪装

到现在你可能已经领悟到了，挑选一只好股票不是黑中带白的过程，也不是一个会计学过程。有大量合法而光明正大的会计方法，但是这些方法有时会欺骗考察者的思维。当一家公司宣布经营取得进步时，可能只是改变了报表的一些数据。因此你需要了解如何识别激进会计方法，以避开使用这些方法的公司。

比激进会计方法更恶劣的当然是彻底的欺骗，这个世界上最钟情于股票市场的应该是推销员吧，因为股票市场是利用人的贪心和其他人的粗心来赚取利润的最理想的舞台。了解潜藏欺骗的信号能解救你许多财务方面的痛苦。

其实它也没有那么难。你也许需要一名注册会计师才能弄懂一家激进或者欺骗的公司是怎样夸大财务成果的，但是你不用成为一个财务专家就能识别会计欺骗的警示。只要你避开充满危险信号的公司，在证券交易委员会调查它们时，你就不会因为买了这些公司的股票而被它们欺骗。

六个危险信号

当你把一家公司的财务报表浏览一遍的时候，要密切注意六个主要的危险信号。

虽然有些问题可能显示公司财务是清白的，但在对这些公司给出健康的清单之前，要确信你已经彻底调研了它们。

衰退中的现金流

也许会计学的官样文章会弄得你头晕，但有一件很简单的事情你能做，就是观察现金流。随着时间的流逝，经营性现金流的增加应该粗略地预示着净利润的增长。如果你看到经营性现金流减少而净利润还在大踏步地增长，或者是经营性现金流的增长比净利润增长的速度缓慢，就要保持警觉。这种现象通常意味着该公司正面临不能及时回款的情况，而且保持警觉是避免路上爆发危险的良方。

我最喜欢举的例子就是这种模式的创造者——拥有远大抱负的朗讯科技公司。1997—1999 年，朗讯公司的净利润从 4.49 亿美元猛增到 10 亿美元，然后又差不多增加到 35 亿美元。对一家规模如此之大的公司来说，这简直是一个难以置信的增长率。而与此同时，该公司经营性现金流直线下降，从 1997 年的 21 亿美元到 1998 年的 19 亿美元，再到 1999 年的 –2.76 亿美元。为什么呢？可以归结为三个理由：

第一，朗讯公司给任何一个能随便讲光子的人（有一定科技常识的人）扩大信贷，这就意味着它记录了大量的应收账款，没有现金进账。（回顾一下我们第四章热狗亭子的例子，一家企业交付货物就可以列示销售收入。）1997—1999 年，朗讯公司应收账款从销售收入的 20% 激增到销售收入的 27%，这是公司正在发生回收货款危机的一个清晰信号。

第二，朗讯公司一直致力于设立更多的分支机构，这超过了它能承受的能力，使得存货激增。（记住，生产某种产品然后把它们放在仓库里是要占用资金的。）这种影响在公司的现金流量表“存货增长”栏目里会显现出来。

第三，朗讯公司的养老基金计划抽干了没有现金收益的净利润。

即便你什么都不做，也要像鹰一样注视着现金流。

连续的非经常性费用

对公司频繁发生的一次性费用和记录要保持警惕。公司的这种做法导致其历史财务资料模糊不清，因为每一项非经常性费用都有一个很长的解释，而且通常有各种各样的成分影响不同的账户，如果你想要得到年与年之间可比的财务结果，所有这些都需要调整。

更重要的是，频繁发生的非经常性费用是一个公开的会计诡计，因为公司能在重组的费用中隐藏大量不良信息。非经常性费用的理论基础是相当含糊的，这意味着对管理层而言有相当大的可以允许的误差。

当一家公司花费一大笔重组费用时，它通过把未来的费用摊进现在的费用中提高未来的业绩表现。换句话说，拙劣的决定需要未来几个季度付出代价，比如一个不成功的产品需要停产，一个臃肿的部门裁减员工需要支付遣散费，所有这些可以全部揉进本季度的简单的非经常性费用，这就提高了未来的业绩。

如果你偶然遇到一家公司有频繁的重组费用，不要忽略这一点，哪怕公司哄骗说盈利是把非经常性费用扣除以后的数字。如果一家公司陷入一个足够深的麻烦中，它需要一个季度又一个季度的非经常性费用把谎言纠正过来，这些非经常性费用其实是改进业务的正常的费用。

连续的收购

就像我在本书中早先提到的，公司做大量的收购是有问题的，它们的财务资料被改写和重写了很多次，已经很难知道哪一次收购是最后一次。就像置身于一个泥潭，收购增加了公司的风险，公司可能会在未来的某个时候报告出一个令人惊奇的丑闻。收购公司是为了击败竞争对手，常常无法花费很多时间核查目标企业。

首席财务官或审计师离开公司

“Quis custodiet ipsos custodes ”是拉丁文“谁监视看守人”的意思。当财务报告出笼的时候，那些看守人是 CFO（首席财务官）和审计师。如果一名 CFO 因为某些似乎很离奇的理由离开公司，或者无法说明理由，你应当保持警惕。对一位 CFO 来说，像其他高级管理人员一样，他的调出调进本来很正常，但是如果一位 CFO 离开一家已经被怀疑会计账目有问题的公司，你就应当认真思考情况是否比眼前所发生的事情更严重。同样的情况也适用于公司的审计师。如果一家公司频繁地更换审计师，或者一些有潜在性损害的会计问题已经暴露出来，应保持警惕。这种情况对公司来说也许不重要，但是它明确地告诉我们公司已经显示出其他警告性信号。

没有收到货款的账单

没有比公司成长更让华尔街喜欢的了，而且公司总是长时间尽一切可能地保持销售增长速度。一个给公司增长率打气的隐秘途径就是放宽消费者信贷的期限，这就诱导客户购买更多的产品和服务。（公司也可以向客户交付比其所订购数量更多的产品，这就是大家都知道的“填充渠道”方法，但是一般很少有公司这样做。）

这里的骗局是即便公司已经记录了销售收入并因此增加了收入，但消费者还没有为该公司的产品付钱。如果有相当多的消费者不付钱，而且宽松的贷款周期也许吸引了一些财务上不稳定的消费者，这个被打满气的增长率回过头来可能又会以会计价值的低估或者增加费用、减少盈利的方式拖累公司。

你应该跟踪那些相对于销售收入增长过快的应收账款，二者的对比可以说明一些问题。如果销售收入增长 15%，同时应收账款增加 25%，说明公司记录的销售收入增长比它从消费者那里收到的现金增长要快。（记住，应收账款测量的是已经销售但还没有收到货款的货物。）作为一般规则，绝对不应该出现长期的应收账款比销售收入增长快的情况，这种情况下公司付出的钱（像产品成本）比收到的钱（通过现金付账）多。

在赊销货物之前，要观察“坏账准备”，这实际上是指公司能承受多少可能从消费者那里收不回来的货款。如果这个数字没有和应收账款同步增长，公司就是过分乐观地估计了消费者付款的情况，人为地推高了它的财务表现。

变更赊销付款条件和应收账款

最后，检查公司的 10–Q 报告提到的任何对消费者变更赊销付款条件的文字（在会计脚注里有对此的解释），同时还要找到公司管理层对应收账款出现跳跃的解释（在管理层讨论和分析部分中对此有说明）。

要密切注意的七个其他缺陷

注意以上那六个警示信号将帮助你规避大约 2/3 的潜在会计陷阱。尽管如此，还会有很多公司想方设法粉饰它们的财务表现。当你阅读 10–K 报告或者年报的时候，还应密切注意下面的缺陷。

投资收益

投资对大公司来说很常见，特别是在技术领域，会经常对其他公司做一些小的投资。有时这样的投资也会产生很好的收益，公司会把投资收益计入利润。这和我们每年报税时把资本利得作为收入报告没有什么区别，而且它是完全合法和光明正大的。

不管怎样，一家诚信的公司在发生这些销售收入时，应当在利润表的“营业收入”科目里报告。当公司试图推高它们的经营成果时问题就出现了，换句话说，因为它们通过把投资收益塞进财务报表中其他部分的办法，来提升公司核心业务的业绩。

最令人侧目的手段是把投资收益作为营业收入的一部分推高业绩，尽管这不是很普遍。公司也可以在“（利润表上的）账上项目”记录投资收益，所以它就作为营业利润的一部分包括在营业利润里，而且这样做提高了经营毛利率。这是明显违规的事，因为会计准则要求任何一项一次性利润都要从营业利润中分出去。最后公司可以通过这些投资收益冲减营业费用，在它们的费用账户中隐藏利润，这就让这些公司看上去比它的真实情况更有效率。

如果你分析的公司正在使用投资收益或者销售资产来推高营业利润或减少营业费用，你要知道你正在分析的这家公司的利润也许比其他公司少得多。

养老金缺陷

对有很多退休人员的公司而言，养老金可能是一个大的拖累，如果养老金计划的资产增长不够快的话，公司必须转移利润来支撑养老金。为支持未来退休人员的养老金支付，公司为养老金计划添加资金然后用于投资股票、债券和房地产等。如果一家公司处于养老金资产少于养老金负债的情况，则公司养老金计划资金不足；如果公司有太多的养老金是属于退休人员计划内的资产，则公司的养老金计划资金过剩。

需要看一看公司是否有资金过剩或者不足的养老金计划，这可以到10–K报告“养老金及其他退休后养老金福利”和“员工退休福利”或者其他变更的科目注释里寻找。然后看科目“计划内员工福利义务”。这是一个关键的数字，它是公司将要在员工退休后归于员工的养老金预算数，而且它是基于员工退休后的寿命假设来推算的。薪酬水平经历一段时间后要提高，公司要使用的折现率是把未来值折现为现值，把这个科目与“年底计划资产公平价值”比较，这是第二个关键数字。

如果福利义务超过了计划资产，则公司有一个资金不足的养老金计划，这就很可能需要在未来添补更多的钱或减少福利。这对于有很多退休人员的大公司来说是一个巨大的数字。举一个例子，截至 2002 年底，通用电气公司需养老金 800 亿美元，而与此相对应的养老金资产是 610 亿美元。不管以什么样的方式，通用电气需要补足 190 亿美元的差额。

这对通用电气公司意味着什么？在 2002 年，该公司给这个计划补充了 49 亿美元（你能在“雇主捐献”的养老金脚注里看到）。差不多 50 亿美元就这样不知不觉没了，粗心的股东也许还一直期望着这些现金增加公司的价值呢，但是实际上这些钱直接给了通用电气公司的退休员工。

所以，一定要查看养老金的脚注，虽然那里有很多会计学的官样文章，但也能让你发现你正在研究的公司是否将要被它的退休员工卷走比它实际拥有的更多的钱。

养老金补充

养老金既是一项福利也是一种负担。当股票和债券的投资做得好时，就像在 20 世纪 90 年代那样，养老金计划所向披靡。而且如果那些收益超过了年度养老金费用，超出的部分计入利润。

把用养老金计划得到的流动收益直接计入利润是完全合法的，它在很多年里给通用电气公司的盈利充了气。在 20 世纪 90 年代，通用电气的竞争对手也用此方法把利润推高了 30%~40%。

不管怎样，这种与养老金相关的利润是另类的利润，它不适合分配给股东，它属于养老金计划。但是这种利润也为股东带来利益：它意味着公司有维持养老金计划盈利的能力，在未来可以少给养老金计划捐助点。作为股东，相对于资金不足的养老金计划，他们宁愿有一个资金过剩的养老金计划。但是这种利润完全依赖股票市场，所以那不是你未来可以实际指望的钱。当你试图算清楚公司有多少利润的时候，你应该从净利润中减去它。

要搞清楚因为养老金的费用使公司利润损失了多少或者因为养老金的收益使公司利润增加了多少，请到养老金的脚注中去查找，这些脚注是“净养老金 / 退休后费用”“净养老金存款 / 损失”“净养老金定期费用”或者其他某些变更的名目。公司通常突然把 3 年的收益移作养老金的费用，因此，你看到的不是唯一绝对水平的养老金收益或损失，只是一个趋势。你可能在利润表中看不到这些数字，那是因为公司把它放在其他类别里了。

化为乌有的现金流

对于“现金流是一个值得相信的数字”这样的一般性规则来说，下面是一个重要的提示：你不能指望员工行使期权之前发生的现金流。我在第五章提到过这个问题，在现金流量表中标记为“员工股票计划的税收收益”或者“执行股票期权的税收收益”。为什么你不能指望现金流呢？

当员工行使股票期权的时候，其雇主必须支付的现金税收的数额将下降。我们假设你的雇主给你100股每股10美元的期权，几年后股票以每股30美元的价格交易，你决定行使期权。你需要支付2 000美元差价（30美元的市场价与10美元的执行价）的税收，你的雇主就可以扣减公司利润中相对应的税收，因为应纳税的员工补偿了雇主应纳的税。换句话说，假设按35%的税率，你的雇主就可以从他的税单中削减700美元，因为你行使了100股的期权。

只要公司继续派发期权，这个过程就将继续。更多的期权被执行了，税收也相应从公司税单中扣减，而且公司通过降低税单数额节省了现金。但是如果股票的价格正相反呢？一旦期权的执行价比市场价高，很多人的期权将毫无价值，因此被执行的期权很少。既然很少有期权被执行，公司的税收扣减就变得很小，它必须比以前付更多的税，这意味着现金流的减少。

因此，当股票价格下跌，公司执行的期权比股价高涨时要少，公司的税收收益也相应减少。太阳微系统公司就是一个例子。在2001财务年度，公司报告的现金流大约在21亿美元左右，其中8.16亿美元来自税收收益。换句话说，如果公司员工不执行期权，太阳微系统公司2001年度发生的现金流要减少40%左右。但是在下一年度，当太阳微系统公司的股票跌到5美元以下的时候，来自税收收益的现金流很快就蒸发干了，因为很少有人执行期权。在2002年，太阳微系统公司期权相关的税收收益下降了差不多90%，只有0.98亿美元。

如果你正在分析一家现金流充沛同时股价高涨的公司，你应该核查一下有多少现金流的增长来自期权相关的税收收益。除非你认为你能预知股票市场，否则这笔收益你根本不能指望。

塞得满满的仓库

当存货比销售收入上升快的时候，在这个区间段就要有麻烦了。有时当公司准备投入市场一个新产品的时候，这个累计增高只是暂时的，但更多时候不是这样。当一家公司产量大于销量时，或者因为产品供大于求，或者因为公司在预测需求上过于雄心勃勃，无论如何，没有卖出去的货物最后必须要卖出去，不管是折价出售还是将货物核销，这对盈利是很大的削减。

这就是许多销售通信产品的公司在2000年底发生的情况，从电信运营商放慢脚步开始，存货开始激增。与此同时，很多分析师认为设备制造商只是暂时性过高地估计了需求，而且一旦电信运营商用完它们已经订购的货物，这种情况就会纠正过来。但是情况却彻底相反，需求不只是暂停，而是跌下了悬崖。因此，存货持续堆积直到销售开始减速，像思科公司就不得不核销了数十亿美元的存货资产。

不好的变更

公司能使自己看起来更好的另一种方法是改变财务报表的假设。作为一般的惯例，你应该用怀疑的眼光去看待任何随意的改变，某些会计变化是由规则的制定者授权的，这些改变提高了财务报告的成果。导致这些改变的动机，可能就是为了粉饰公司业绩。

一个可以变更的科目是公司的折旧费。如果一家公司假设一项资产比如一座建筑物或者工厂可以耗损10年，它就应该每年从盈利中减去建筑物（或者折旧）1/10的价值。你可以设想，折旧的时限越长，对利润的冲击越小。因此，如果一家公司突然决定一项资产有更长的使用寿命并延长它的折旧时限，这本质上是把成本计算推迟并把当前的利润提高。

公司也能变更它们的坏账准备。如果坏账准备没有与应收账款的增长率同步增长，就等于这家公司认为它的新客户比以前的客户更值得信任，但这是完全不能想象的。如果坏账准备随着应收账款的上升而减少，就说明这家公司进一步歪曲了事实。在任何情况下，如果有更多的消费者加入了赖账的行列，这就意味着公司当前的财务结果被夸大了。

公司还可以变更一些基础要素，比如费用如何记录、收入何时确认（这些是会计的灰色区域）。你通常可以在10–K报告“主要会计政策摘要”部分得到这类信息。一家公司选择变更，本质上是为了减少费用或增加收入，要保持警觉。除非这些变动是会计规则制定者要求的，否则公司也许正试图掩盖恶化的财务状况。

费用化还是非费用化

公司也可能通过把费用资本化来隐藏费用。权责发生制的会计基础是在利润表上收益与费用的匹配。营业费用像办公用品、办公租金等是短期费用，因为它们产生了短期的收益。（你一个月或者一年支付租金一次，你的收益计算也到这个时期终止才结束，除非你得到了其他的补偿。）另一方面，像一台新机器这样的成本可以资本化，因为它的价值作为一项资产在缓慢减少的同时，也在产生长期收益。（你今天购买的一台机器从现在起三年中可以一直制造产品，因为磨损的速度很慢。）

微妙的是某些类型的费用，例如市场营销和某些种类的软件开发，可以以任何一种方式处理。所以你可以设想，一个想夸大利润的公司能够很容易地把 100 美元的市场营销费用资本化，同时把这些费用分散到以后几年，胜于在当期把全部 100 美元费用资本化处理。这就是美国在线公司在 20 世纪 90 年代所做的，这家公司辩解说它获得的用户很可能取得长期收益，所以它允许把它的市场营销费用资本化。由于美国证券交易委员会不同意，所以美国在线公司不得不改回来。

要发现这类信息，应当在一家公司 10–K 报告的脚注里挖掘，但是要花费很多时间。任何时候你看到费用资本化，就应该问一些实质性的问题，比如这项“资产”多久才能产生经济收益等。研究一下资产的使用寿命，按照一般情况来假设，一幢建筑物可能使用 40 年，但是一件办公家具或者一个软件程序就不然。

投资者清单：揭开财务伪装

- 识别激进会计方法最简单的路径就是把净利润的趋势和经营性现金流趋势进行对比。如果净利润快速增长，而与此同时现金流没有增长或者下降，就有潜伏问题的可能性。
- 做了无数次收购或者发生很多一次性费用的公司，很可能使用了激进会计方法。如果一家公司首席财务官离开，或者公司更换审计师，要保持警觉。

- 观察应收账款相对于销售收入的趋势。如果应收账款相比销售收入增长得过快，公司也许在回收货款方面遇到麻烦了。
- 养老金利润和投资收益可能推高财务报告中的净利润，不要把它们和从公司经营核心业务取得的利润混淆起来。

第九章

9

估值——基础

到目前为止，我们花了很多时间来分析公司。如果投资过程像识别一家有良好管理团队和较强竞争优势的公司一样简单，我们就不需要再做什么了。但是即便买入最好的公司的股票，如果买入的价格过高，这也将是一个糟糕的投资。要投资成功还意味着你需要在有吸引力的价位买到好公司的股票。

这是一种投资理念，但在20世纪90年代牛市期间它不再被人相信，在科技股泡沫时期甚至被彻底扔出窗外。估值变得无关紧要，人们总是愿意付出更多，他们认为一份公开的对公司质量定期的投资评论比估值要强一百倍。

由于会有更大的傻瓜在更高的价位买走股票，这能让很多人富裕，至少是在账面上。麻烦的是没有人知道音乐何时停止，当它真的停止时，买入价格被高估的资产的投资者希望以更高的价格卖出去，但他绝对会失望的。

这就是投资者与投机者两者之间的区别。投资者以低于资产估值的价格买入股票，取得收益的多少取决于这些股票的财务表现。形成鲜明对照的是，投机者购买股票是因为他们相信它将升值，他们总认为还有其他投资者愿意在某一点上要为之支付更多的钱。投资者收到的回报基于他们大量准确的分析，反之，投机者能否有收益取决于是否有其他更容易受骗上当的人。

股票市场的回报来自两个关键的部分：投资收益和投机收益。先锋公司的创始人约翰·博格尔曾指出，投资收益是一只股票的增值，因为它的红利和后来的盈利都在增长；反之，投机收益来自市盈率变化的冲击。回顾整个 20 世纪，博格尔发现美国股票市场 10.4% 的平均年收益率可分解成：5% 来自分红，4.8% 来自盈利的增长，只有 0.6% 来自市盈率的变化。换句话说，经历一个长时间的跨度，投资收益的成果要远远高于投机收益的战果。

当我们考察一个较短时间框架时，情况会有所不同。例如，1980—2000 年，市场年收益率大约为 17%，其中 4% 来自分红，6% 来自盈利的增长，而剩下的 7% 来自市盈率的增加。

在令人毛骨悚然的 20 世纪 70 年代的美国熊市当中，市场的年投资收益率稳定在 13.4%，但是 70 年代早期所谓“漂亮 50”[①] 股票的市盈率从 16 降低到 7，市场的年投机收益率则是少见的 –7.5%。80 年代，市场的年平均收益逐渐回归到 5.9%，但这不是因为盈利和分红，而是因为在 80 年代普通投资者在平均水平的股票上支出的比在 70 年代要少。

---

① “漂亮 50”，指 20 世纪 70 年代初被美国证券市场机构投资者追捧的增长型大公司，这些公司在 70 年代初的市盈率平均达到 41.9。——编者注

按估值全价买入很难投资成功

所有这些是挑选可靠股票必须要做的吗？通过密切关注你要买进的股票价格，你可以把你的投机风险最小化，从而使你的收益最大化。没有人知道一只股票的投机收益一年后将是什么样子，更不用说以后的年份表现如何了，但是我们可以在某种程度上对投资收益做出专业的推测。如果你发现了好公司，认真对它们做估值，然后只在一个合理估值的折扣价格买入，你就能很好地避免因市场情绪波动造成的损失。

例如，我们以每股 30 美元的价格买入一只股票，每股盈利 1.50 美元，一年分红 1.00 美元。假定盈利和分红以每年 6% 增长，而且最初的市盈率 20 保持不变。

5 年以后，每股盈利将达到 2.01 美元，所以我们的股票理论上的交易价格应该是：2.01 美元 ×20=40.20 美元。另外，我们已经收到了 5.64 美元的红利，这就意味着我们的股票 5 年后实际股价将达到 45.84 美元。根据这些数字可以计算出年收益率为 8.8%，这就是我们的投资收益。因为市盈率保持在 20，我们没有得到任何投机收益。

不管怎样，如果盈利和红利以相同的速度增长，但是市盈率从 20 的起始点变到 15，那么我们的收益变化将是戏剧性的。尽管在 5 年后我们的年收益还是 2.01 美元，但我们的股票价值只有：2.01 美元 ×15=30.15 美元。加上 5.64 美元的红利，按年度计算的年收益率缩小到 3.6%，我们 8.8% 的投资收益率被 –5.2% 的投机收益率折损。反之，如果市盈率从 20 上升到 25，这将把年收益率增大到 13.3%，因为投机收益扩大了我们的投资收益。

因此，市场情绪的变化能把我们稳定的 8.8% 的年收益率减少到没有价值的 3.6% 或者推高到可喜的 13.3%。你能买一家卓越的公司的股票，公司可以轻易地奉献利润和分红派息，但是很可能因为一个明显的冲减负效应而使股票估值轻易地被击垮了，即使最稳固的投资收益，市盈率从 20 降到 15 也几乎是不能再坏的假设。事实上，估值的下降通常伴随着公司基本面的恶化——低速的盈利增长和类似的退步。当这些事情发生时，投资者遭到了投机收益下滑的重击，同时股票估值缩水，而且盈利增长慢下来后投资收益也在减少。

请注意，估值会降低某些未知的风险，其他投资者在未来愿意为我们的股票出什么价格也将危及我们投资组合的收益。作为投资者，我们能做的就是坚持不懈地做好分析工作，识别优秀的公司，但是我们不能预测其他市场参与者将怎样给股票估值，所以我们不应该尝试去预测。

对估值要吹毛求疵，因为它要从很多角度观察和判断众多股票的运行，要有严格的估值标准。当估值工作做得很好时，会极大地增加你的平均成功率，你认真挑选的那些股票给你带来的收益会战胜你没有认真挑选的那些股票，同时，仔细认真地估值也降低了真正的股市崩溃危及你投资组合的可能性。

使用多种估值方法更明智

学习怎样给股票估值，可以先来看看传统的指标，如市价销售收入比（P/S，在本书中简称“市销率”）或市盈率等。虽然这些指标的确有某些优势，例如，计算和使用非常简单，但它们也有某些导致粗心投资者得出失真结论的重大缺陷。

市销率（P/S）

市销率是所有比率中最基础的比率，它是用现在的股票价格除以每股的销售收入。市销率反映的销售收入比财务报表中的盈利更真实，因为公司使用的会计伎俩通常是想方设法推高利润。（公司可能使用会计伎俩推高销售收入，但如果使用很频繁就容易被发现。）另外，销售收入不像利润那样不稳定，一次性的费用可能临时性压低利润，对于处于经济周期底线的公司，一年到另一年中间利润的这种变化可能非常显著。

通过把当前市销率与历史市销率比较，变化较小的销售收入使市销率在相对利润变化较大的公司进行快速估值方面变得更有价值。

可是，市销率有一个大的瑕疵：销售收入的价值可能很小也可能很大，这取决于公司的盈利能力。如果一家公司披露有数十亿美元销售收入，但每一笔交易都亏损，我们盯住股票的市销率会比较困难，因为我们对公司将产生什么水平的收益没有概念。这是每天使用销售收入代替市场价值的缺陷。

一些零售商是典型的毛利率较低的公司，也就是说它们只把每 1 美元销售收入中一个很小的比例转化成利润，市销率很低。例如，一家一般水平的杂货店在 2003 年中期的市销率大约是 0.4 左右，然而一家平均水平的医疗器械公司的市销率大约在 4.3 左右。造成这种巨大差别的原因不是杂货店毫无价值，而是因为一般水平的杂货店只有 2.5% 的销售净利率，而一般水平的医疗器械公司的销售净利率在 11% 左右。一家杂货店的市销率如果达到 1.0，那一定是被可笑地高估了，但一家医疗器械制造商有同样的市销率将被认为是一只绝对便宜的股票。

尽管市销率在你研究一家利润变化较大的公司时可能是有用的，因为你可以比较当前的市销率和历史的市销率，但它不是你能够依赖的指标。尤其不要比较不同行业公司的市销率数据，除非这两个行业有水平非常相似的盈利能力。

市净率（P/B）

另外一个普遍使用的指标是市净率，这个比率是把一只股票的市场价值和当期资产负债表的账面价值（也就是所有者权益或净资产）比较。这种投资理念认为固定的盈利或者现金流是短暂的，我们真正能指望的是公司当前有形资产的价值。著名的价值投资者本杰明 · 格雷厄姆——沃伦 · 巴菲特的导师之一，就是用账面价值和市净率对股票进行估值的著名倡导者。

尽管市净率在今天还有某些效用，但从本杰明 · 格雷厄姆那个时代以来，世界已经发生了很多变化。在市场受制于拥有工厂、土地、铁路和存货的资本密集型公司的时候，所有这些资产的确有某些确实的价值，评估公司价值基于它们的账面价值是讲得通的，毕竟这些有形的资产不仅有清算价值，而且它们是很多企业的现金流来源。但是现在，很多公司通过无形资产创造价值，比如程序、品牌和数据库，这些资产的大部分不是立刻计入账面价值的。

特别是对于服务性企业，市净率没有任何意义。例如，如果你用市净率去给易贝公司估值，你将无法按照极少的账面价值去评估公司的市场垄断地位，因为无形资产是导致该公司如此成功的最大的因素。市净率也可能导致你对一家像3M公司这样的制造业企业进行错误估值，因为3M公司的价值大部分来源于它的品牌和创新的产品，而不是来自工厂的规模和存货的质量。

当使用市净率对股票估值时，另一项需要特别注意的是商誉，它能在某一点上抬高账面价值，使得有形价值很小的公司看上去却非常有价值。当一家公司购买另一家公司时，目标公司的账面价值和实际购买价格二者之间的差价叫作商誉，商誉应该体现所有有形资产、员工的智慧、强大的客户关系、有效率的内部工序等这些使目标企业值得购买的各种因素。

遗憾的是，商誉常常使收购方公司在购买目标公司时铤而走险，因为收购方常常为目标公司支付得更多。要高度怀疑那些利用商誉虚构账面价值的公司，这些公司的市净率可能很低，如果收购方宣布商誉“减损”并核销它的价值，其大部分账面价值有可能迅速消失。（换句话说，公司承认为过去的收购付钱太多。）

市净率也依赖于净资产收益率（净资产收益率等于净利润除以账面价值），同样，市净率也依赖于销售净利率（销售净利率等于净利润除以销售收入）。假定两家公司的其他方面相同，其中高净资产收益率的公司也将有高的市净率。原因很清楚，一家有很高账面所有者权益的公司更有价值，因为它的账面价值能增长得更快。

因此，当你考察市净率的时候，要知道它与净资产收益率相关。一家相对于同行或市场市净率低且有高净资产收益率的公司可能是一个潜在的便宜货，但是在你单独使用市净率给股票估值之前，还要做某些深度挖掘工作。

尽管市净率对服务性公司不是十分有效，但它在给金融性服务公司估值时是很好用的，因为大多数金融性公司的资产负债表上都有大量的流动性资产。金融性公司的好处是账面价值的资产是以市场价标价的，换句话说，它们每个季度按照市场价格重新估值，这就意味着账面价值与实际价值相当接近。（相反，一家工厂或者一块土地记录在资产负债表上的价值是公司支付的价格，这与资产的现值有很大不同。）

只要你确信公司的资产负债表上没有巨额的不良贷款（见第十七章，可以更多了解银行和不良贷款），市净率可能是一个筛选价值被低估的金融股的可靠路径。要牢牢记住金融类公司股票以低于账面价值交易（市净率低于 1.0）常常预示公司正在经历某种麻烦，所以在你投资之前要仔细研究这家公司的账面价值有多可靠。

市盈率：优点

现在我们谈谈最流行的估值比率，只要你知道市盈率的局限性，它就可以使你做得相当完美。市盈率的优点是对于现金流来说，会计盈利能更好地取代销售收入的会计意义，而且它是比账面价值更接近市场的数据。此外，每股盈利数据是相当容易取得的，从任何财务数据中都可以得到，所以市盈率是一个容易计算的比率。

使用市盈率最容易的办法就是把它和一个基准进行比较，例如同行业中的其他公司、整个市场或者同一公司的不同时间点。只要你知道它的局限性，其中任何一种比较都有一定的价值。一家公司以比它的同行低的市盈率交易可能是值得买的，但是记住，即使相同行业的公司可能也有不同的资本结构、风险水平和增长率，所有这些都影响市盈率。所有其他因素相同的情况下，一家成长迅速、负债较少和再投资需求较低的公司，即便市盈率较高，也是值得投资的。

你也可以把一只股票的市盈率与整个市场的平均市盈率比较。你正在调查研究的公司也许比市场的平均水平增长更快（或者更慢），也许它更有风险（或者风险更低）。大体上，把一家公司的市盈率和同行业的公司或者与市场比较是有价值的，但是这些不是你可以依赖的最后决定买入或者卖出的方法。

把一只股票现在的市盈率和它的历史市盈率比较也是有用的，尤其对那些比较稳定的、业务没有大的变化的公司来说更是如此。如果你看到一家稳定的公司以大致相同的速度成长，同时和过去有大致一样的预期，但是它以一个比长期平均水平低的市盈率交易，你就可以开始关注它了。它有可能是风险水平或者业务前景有了变化，这是导致低市盈率的正当理由，也可能是市场以一个非理性的低水平给股票标价导致的低市盈率。

通常这种方法对越稳定的公司越起作用，对前景明朗的公司比对前景不明朗的年轻公司更有作用。而成长迅速的公司正在一年年地发生变化，这就意味着它们现在的市盈率与历史市盈率的可比性较小。

市盈率：缺点

市盈率有一个很大的缺点，例如，市盈率 12 是好还是坏，难以回答，使用市盈率只能在一个相对基础上，这意味着你的分析可能被你使用的基准扭曲。

所以，让我们在一个绝对水平上考察市盈率。是什么导致一家公司更高的市盈率？因为风险、成长性和资本需求是决定一只股票市盈率的基础，具有较高的成长性的公司应该有一个更高的市盈率，高风险的公司应当有一个较低的市盈率，有更高资本需求的公司应当有一个较低的市盈率。

通过思考估值基础的三大因素——一家公司未来的现金流量、时限和风险，我们可以看到这是直观真实的。

以吞噬巨额资本来产生盈利需要冒着用发行长期债券的方法来平衡短期债券的风险：要么通过负债（这样可能增加公司的风险水平），要么另外发行股票（这样做可能稀释现在股东投资的价值）。无论哪一种方法，投资者都不应向有较高再投资需求的公司投资，因为每 1 美元的盈利都需要更多的股东资本才能创造出来。

一家被预期快速增长的公司很有可能比增长缓慢的公司在未来创造更多的现金流，所以每股也有理由卖更高价（因此市盈率更高）。另一方面，一家风险更高的公司，也许它有更多的负债、更强的周期性或者它始终在开发产品，它未来的现金流很有可能比我们预计的低，所以股票价格可能低一点。

当你使用市盈率时，现金流充沛的公司很可能再投资需求低，这意味着这类公司合理的市盈率应当比普通公司的高。同样，具有高增长率的公司，只要这种成长性不是通过冒更大的风险产生的，也应当有更高的市盈率。

很少有什么事情扭曲市盈率。当你研究市盈率时，把下面这些问题记在脑子里，你误用市盈率的可能性就会少很多。

这家公司最近出售业务或者资产了吗？当你查看公司市盈率的时候，你必须确信它的盈利是有意义的。如果一家公司出售业务或者是出售了它在其他公司的投资，那么它的利润很可能是夸大的，因此才有较低的市盈率。你不应当把对一家公司的估值建立在这样的基础上，在计算市盈率时你需要剥离出夸大的利润。在2000年，甲骨文公司基于过去四个季度的盈利市盈率很低，等到你剖析这些数字时，你会发现该公司会计记录里有70亿美元的收益来自出售甲骨文日本公司的投资。以营业利润为基础，它的股票并不便宜。

公司最近发生了一大笔非经常性费用吗？如果公司重组或者关闭工厂，利润可能会降低，这可能推高市盈率。出于估值的目的，把非经常性费用考虑进去找到这家公司正常情况下的市盈率是有价值的。

这家公司更有周期性吗？公司经过繁荣和低迷周期，需要引起投资者更多的注意，半导体公司和汽车公司就是很好的例子。尽管你认为一家有很低市盈率的公司便宜，但这正是买入周期性股票的错误时机，因为它意味着该公司的利润在最近的时间里已经达到高点，周期性意味着它很可能迅速下跌。对于周期性股票，你最好是在最近的循环高点判断下一个高点比现在是高还是低，并基于现在的市价，计算将出现在下一个高点的每股盈利的市盈率。

这家公司把产生现金流的资产资本化还是费用化了？ 一家公司建造工厂生产产品，这些建厂的支出会通过逐步折旧在会计账上经过很多年分散承担。还有一种情况，一家公司通过投资研发新产品，把每一年花费的研发费用费用化。我们知道，公司花费在研发上的费用将为股东创造价值。这两种情况下，盈利与市盈率很不一样。把资产费用化的公司可能有一个较低的盈利，而且在任何一个特定年份它的市盈率都比把费用资本化的公司的市盈率高得多。

盈利是真实的还是想象的？ 有两种不同的市盈率：一种是滚动的市盈率，这种市盈率是用过去四个季度的盈利价值计算的比率；另一种是预期市盈率，这种市盈率是用分析师估计的下一年盈利计算的比率。因为大多数公司的盈利一年比一年多，预期的市盈率也常常比滚动的市盈率要低，有时它会很明显地制约一些盈利增长迅速的公司。遗憾的是，你常常会发现华尔街分析师们口径一致地对未来盈利估计过于乐观。结果，当你认为公司的预期市盈率低而买入股票，并指望公司实现所预期的盈利时，情况往往并非如此。

市盈率相对盈利成长比率（PEG）

PEG 是市盈率的一个分支，它的计算就是用一家公司的市盈率除以它的增长率。PEG 已经被某些投资者广泛应用，因为它反映的是市盈率与公司的基本面信息——公司的盈利增长率的相对关系。从表面上看，这是有意义的，因为一家高速成长的公司在未来应当更有价值，这是互相匹配的。问题是风险和成长性常常亲密地走到一起，高速成长的公司其风险也高于平均水平。这种风险和成长性的并存就是为什么 PEG 被频频误用的原因。当你使用 PEG 的时候，你正在假定全部的增长率是相等的，同时与增长率相伴的是同样数量的资金和同等大小的风险。

如果能用少量资金产生相同的增长率，这样的公司应该更有价值，它要冒的风险也相对较小。如果你看到一只预期增长率 15% 的股票以 15 倍市盈率交易，而另一只预期增长率 15% 的股票以 25 倍市盈率交易，你就不要轻易把钱投给低 PEG 公司的股票。看一看公司需要多少资金投入才能产生预期的增长率，还有这些预期全部实现的可能性，你也许会做出一个完全不同的决定。

对收益说“是”

除了基于不同基础的多重度量方法，你也可以使用基于收益的度量指标给股票估值。例如，我们对市盈率做一个变动，用每股盈利除以股票的市价，这样我们得到一个收益率。如果一只股票卖每股 20 美元，而它的每股盈利是 1 美元，那么它的市盈率是 20 倍，但是它的收益率只有 5%。与市盈率相反，收益率的好处是我们可以有比较、有选择地进行投资。比如投资于股票还是债券，可以看一看我们每种投资的收益是多少。

在 2003 年底，我可以从美国政府买到无风险的、收益率大约 4.5% 的 10 年期国库券，因此，我希望能从我的股票投资中得到更高的收益率，因为股票的风险比国库券风险大。而一个 20 倍市盈率的股票可能只有 5% 的收益率，这只比国库券的收益率高一点点，而且买股票还要冒额外的风险。一只 12 倍市盈率的股票，不管怎样也将有 8.3% 的收益，这就比慢吞吞的国债好得多。因而，我可能被高收益所吸引而冒额外的风险。

最好的基于收益率的估值指标是一个相对不为人知的指标——现金收益率。事实上，它在许多方面比市盈率更有用。计算现金收益率可以用自由现金流除以企业价值（企业价值就是一只股票的市值总额加上长期负债减去现金）。现金收益率的目的是度量公司使用资本（包括所有者权益和负债）产生现金流的效率怎样。

本质上，现金收益率告诉我们一家公司产生的现金流占投资者所购买公司的全部价值（包括债务负担）的比例。如果投资者购买了整个公司，他不只需要购买公司的全部股票市值，还要承担公司的全部债务（扣除现金）。

让我们以家用产品巨人高乐氏公司（Clorox）为例，来说明怎样使用现金收益率来合理地给投资估值。2003 年底，高乐氏公司市值 98 亿美元，在资产负债表上还有 4.95 亿美元的长期负债和 1.72 亿美元的现金。它的公司价值是：98 亿美元 +4.95 亿美元 –1.72 亿美元 =101 亿美元。这是我们这个比率的一半内容。

比率的另一半内容是自由现金流。表 9–1 展示的是高乐氏公司过去 10 年的自由现金流，公司在 2003 年产生了大约 6 亿美元的自由现金流。所以，高乐氏公司的现金收益率将是 6 亿美元除以 101 亿美元，即 5.9%。

表 9–1　高乐氏公司年度现金流

（单位：百万美元）

年份	1994	1995	1996	1997	1998	1999	2000	2001	2002	2003
经营性现金	266.8	290.9	406.7	362.1	312.7	588.0	658.0	747.0	876.0	803.0
资本支出	–56.6	–62.9	–84.8	–95.2	–99.0	–176.0	–158.0	–192.0	–177.0	–205.0
自由现金流	210.2	228.0	321.9	266.9	213.7	412.0	500.0	555.0	699.0	598.0

用 2003 年 10 年期的国债收益率 4.5% 和公司债券 4.9% 的收益率与之比较，高乐氏公司 5.9% 的现金收益率还是相当好的。抛开这些，事实上高乐氏公司的自由现金流很可能经过一段时间还有增长，而那些债券的利息是固定的，而且高乐氏公司看上去有一个相当稳定的价值。

现金收益率是发现现金流并以合理价格进行股票交易的重要一步，但是对金融性股票和外国股票不能使用现金收益率。我将在第十七章讨论现金流对于银行和其他金融性公司来说意义大不一样，因为现金流的定义在不同国家有很大的不同，一只外国股票从它的现金收益率看很便宜，这可能源于不受限制的现金流定义。

投资者清单：估值——基础

- 要对估值吹毛求疵。你买入相对于未来盈利价值被低估的公司，并且长期持有才能取得好的收益。
- 不要依赖任何一个单一的估值指标，因为没有单一的比率能告诉你公司的全部。当你对一只股票进行评估时，请应用一定数量的不同的估值工具。

- 如果公司所处的是周期性的行业，或者其盈利历史上有不太好的表现，请使用市销率。如果公司市销率比历史平均水平低，它这时候可能是便宜的。
- 市净率对金融性公司和有巨额有形资产的公司是最有用的，但它对于服务性公司用处不大。另外，有较高净资产收益率的公司比有高市净率的公司更有价值。
- 你可以把公司的市盈率与作为基准的市场、相类似的公司或者公司历史上的市净率做比较。在每种情况下，你都希望公司的市盈率比基准低，但是你要意识到你估值的公司与基准二者之间的风险或者增长率是不同的。最可靠的基准可能就是公司自己的历史估值，前提是公司经历这段时间没有发生重大变化。
- 使用 PEG 指标要注意，因为快速增长的公司也更有风险。不要为预期可能但还没有实现的增长率多付钱。
- 低市盈率不总是好的。高增长、低风险和较低再投资需求的公司应该有一个高的市盈率。你为一家低风险但能产生巨额现金流的公司多付钱，比为一家周期性的资本占用量很多的公司付钱要好。
- 检查收益率和现金收益率，并把它们与具有可比性的债券进行比较。收益率或者现金收益率在当期债券利息率之上可能预示着一只被低估的股票。

第十章

10

估值——内在价值

我们在前一章所讨论的各种比率的最大缺陷是它们全部都以价格为基础，它们比较的是投资者为一只股票支付的价格和为另一只股票支付的有什么不同。不管怎样，比率不能告诉你一只股票实际上值多少钱。

首先，如果不知道一只股票的价值，你怎么能知道应该付多少钱呢？在晨星公司，购买股票的标准是“股票以其内在价值的某一折扣价交易，不单单因为它们的价格比类似公司的价格高或低”。我们是这一信条坚定的信徒。跨越公司、跨越时间比较这些比率，能帮助我们明白我们的估值离基准是近还是远，评估公司的内在价值能给我们一个更好的指示。内在价值的评估会让你关注公司的价值，而非股票的价格，这是你真正想要的，因为作为一个投资者，你也许正准备买下公司的一小部分股票。内在价值使你思考今天公司产生的现金流和未来产生的现金流，也就是公司可能创造的资本收益。它促使你问自己：如果我能买下整个公司，我会买吗？

第二，评估内在价值给你做投资决策提供了一个强大的基础。如果不考察价值的决定性因素，如现金流和资本收益率，我们没有办法评估市盈率为15或者20是高还是低，或是正合适。因为市盈率为20的公司也许比一家市盈率为15的公司有更低的资本需求和更低的业务风险，那么市盈率为20的公司可能是更好的投资。

在本章，我将告诉你我们在晨星公司评估内在价值的一个简化版本，知道基本原理有助于你做出更好的投资决策。

这对你可能是有些困难的过程，但即便有点困惑你也不要泄气。我向你保证，通过实践这一切很快就会变得容易。

现金流、现值和折现率

第一步是回答一个基础性的问题：什么是一只股票的价值？幸运的是，我们现在站在巨人的肩膀上，比如经济学家欧文·费雪和约翰·伯尔·威廉斯，他们在60多年前就为我们回答了这个问题：股票的价值等于它未来现金流的折现值，不多也不少。

让我们仔细剖析这个观点，它对正确进行股票估值是至关重要的。公司通过把资本投出去产生收益（创造经济价值），一些收益补偿了营业费用，另外一些用于公司的再投资，其余的就是自由现金流。

记住，我们应该关心自由现金流，因为它是每年能从公司业务中拿出来而不会损害经营的资金。一家公司可以以各种方式运用自由现金流为股东创造利润。自由现金流可能以股息的方式支付给股东，派发股息本质上是把投资者在公司里的一部分收益转化成现金；同样，自由现金流也可能用于回购股票，这样做能明显减少股票数量，也因此将提高每位股东的所有权百分比；或者，公司可能保留自由现金流并把它投资在公司业务中。

这些自由现金流给公司带来投资价值。现金流当前价值的计算反映的是对未来现金流的调整，它反映这样一个事实：我们计划在未来收到的现金比我们现在收到的现金价值低。

为什么未来的现金流没有当期的现金流值钱呢？首先，我们今天收到的现金可能被投资出去赚取某种利润，而我们在收到未来现金流之前不能把它用于投资。这就是货币的时间价值。第二，有可能我们永远也收不到未来的现金流，而且我们需要为风险做出补偿，这就是“风险溢价”。

货币的时间价值本质上就是未来收到现金相对于今天收到现金的机会成本，它常常用政府债券支付的利息率表示。美国政府几年后必须支付给我们政府债券的利息是确定无疑的。

当然，没有多少现金流和来自政府的现金流那样确定，所以我们需要添加一个额外的溢价，来补偿我们可能永远收不到已经承诺给我们的现金的风险。政府债券利率加上风险溢价，没错！你已经知道什么是折现率了。

当你用这些术语思考时，这个折现率是有意义的。你需要什么样的收益率才能使你不再介意是现在就要收到一定数量的现金，还是在未来某一时点取得这些现金？“一鸟在手胜过两鸟在林”这句古老的谚语，在这里虽然表达方式不同，却可表达同样的意思：我们有一只鸟在手，要远胜于两只在丛林里的鸟。与此思路相似，对我们来说，未来才能收到的现金是不值钱的，因为我们不确定我们能否拿到这笔钱，而且如果我们今天就能拿到，我们还可以把它投出去赚钱。

举个例子，如果你有一个为期两周的假期，但是你的老板在最后一分钟让你把假期延迟一年，你会向你的老板要求追加一些天数作为延迟的补偿。换句话说，今年的 5 天休假等于明年的 6 天休假，因为你宁愿马上开始你的行程，你不知道明年是否还会有某些突然出现的事情迫使你不得不再把度假延迟。所以，你心里对于休假的折现率是 20% [即（6–5）天 /5 天]，也就是今年的 5 天变成明年的 6 天。如果你认为再增加 1 天作为给自己的奖励也不会让老板生气的话，那么你也可以要求在明年增加两天假期。在这种情况下，你心里的折现率就是 40% [即（7–5）天 /5 天]。

现在你可以看到，为什么盈利稳定、可以预期的股票常常有如此之高的估值。投资者往往以一个很低的折现率折现这些盈利稳定的公司的未来现金流，因为他们相信那些未来的现金流出现风险的可能性很低。反之，一家未来有很大不确定性的公司理应有一个比较低的估值，因为它的未来现金流也许永远不会实现。

你还能看到，相对于承诺未来某一时点收益率会很好的公司，一个理性的投资者更愿意为一家现在有利可图的公司支付更多。这不仅仅是因为承诺未来某一时点收益率好的公司有更高的风险（也因此要求一个更高的折现率），还因为如果到未来的某一年承诺的现金流不能实现，还将进一步降低公司的估值。

这只是一个粗略的概念，让我们看一些真实的数字。表 10-1 阐明了折现率变化和现金流时间选择在现值上的差异。

在全部三个例子中，稳定性公司、周期性公司、风险性公司总计非折现的现金流大约是 3.2 万美元。

不管怎样，现金流的折现值对于不同的公司来说有相当大的差别。在现值条件下，周期性公司要比稳定性公司价值低约 2 700 美元。因为稳定性公司是更可以预期的，这意味着投资者的折现率不是那么高。周期性公司在某些年份以 20% 的速度增长，而在另外一些年份增速缩减，投资者感觉到它是一项风险较高的投资，所以当他们给股票估值时使用了较高的折现率，结果折现的现值比较低。

表 10–1　折现率变化和现金流时间选择在现值上的差异

年份	稳定性公司		周期性公司		风险性公司	
	自由现金流（美元）	折现率 9%	自由现金流（美元）	折现率 12%	自由现金流（美元）	折现率 15%
2003	2 000	2 000	2 000	2 000	0	0
2004	2 200	2 018	2 200	1 964	0	0
2005	2 420	2 037	1 980	1 578	0	0
2006	2 662	2 056	2 376	1 691	2 000	1 315
2007	2 928	2 074	2 851	1 812	2 540	1 452
2008	3 221	2 093	3 421	1 941	3 226	1 604
2009	3 543	2 113	3 207	1 625	4 097	1 771
2010	3 953	2 162	3 900	1 764	5 203	1 956
2011	4 327	2 172	4 681	1 891	6 608	2 160
2012	4 746	2 185	5 383	1 941	8 325	2 366
总计	32 000	20 910	31 999	18 207	31 999	12 624

资料来源：晨星公司。

注：时机选择和不确定性对现值影响很大。你收到现金流所需的时间越长，你实际收到现金流的不确定性越大，该现金流的现值就越低。

当你看风险性公司的时候，现金流现值的差异更大，风险性公司的现值比稳定性公司的现值少了差不多 8 300 美元。不但风险性公司的大量现金流在未来可能无法兑现，而且我们对它们是否能经营到未来的那个时候也没有多大把握，因此我们要为此设定一个很高的折现率。

你现在已经知道折现现金流模型的基本原理。现金流现值决定于数量、时间选择和公司未来现金流的风险，而且这些是在你决定为一只股票付多少钱的时候必须要思考的三个条件。

计算现值

既然你知道内在价值计算的理论，在实际情况下你能做得怎样呢？要计算 100 美元未来现金流的现值，要用未来现金流除以 1.0 加上折现率。例如，使用 10% 的折现率，100 美元未来一年的现金流价值等于 100 美元 /1.10，或者 90.91 美元；100 美元未来两年的现金流价值等于 100 美元 /1.10^2，或者 82.64 美元。换句话说，82.64 美元以 10% 的收益率投资，一年后变成 90.91 美元，两年后变成 100 美元。折现率刚好是利率向后倒算而不是向前算。

归纳前面的公式，如果我们用 R 表示折现率，第 N 年的未来现金流的现值就等于 $CF_n/(1+R)^n$。举个例子，假设我们预期未来两年有 500 美元的现金流，折现率为 7%，这个 500 美元未来现金流的现值是：

$$\frac{500\text{ 美元}}{(1.07)^2}=\frac{500\text{ 美元}}{1.1449}=436.72\text{ 美元}$$

如果是未来 3 年，相同折现率的现金流的现值是：

$$\frac{500\text{ 美元}}{(1.07)^3}=\frac{500\text{ 美元}}{1.225}=408.16\text{ 美元}$$

如果未来 3 年折现率改为 10%，则这笔现金流的现值是：

$$\frac{500\text{ 美元}}{(1.10)^3}=\frac{500\text{ 美元}}{1.331}=375.66\text{ 美元}$$

（如果你希望在一个便捷的表格程序里做这些工作，比如 Excel，记住使用 ^ 符号写入指数。比如，1.10^4 在 Excel 公式里将写成 1.10 ^ 4。）

折现率

我们已经有了公式，我们还需要了解什么因素决定折现率。我们怎么知道是使用 7% 还是 10% 的折现率呢？从我们前面假期延期的例子中，我们知道机会成本或者时间价值是一个因素，在其他因素中，最大的决定性因素是风险。

不幸的是，没有办法精确计算我们在折现现金流模型中的准确的折现率，那些讨论折现率估计方法的学术文章很多，但请相信我，这些都不能解决你的问题。

在这里你需要知道实际上当利息率增长的时候，折现率也要增长；当一家公司的风险水平提高的时候，它的折现率也要增长。让我们把这两个因素放在一起。对于利息率，你可以使用长期国债的平均利率做一个合理的替代。（记住，我们使用这个国债的利率表示的是机会成本，因为我们可以确定政府到期将支付已承诺的利息。）在 2003 年中期，美国 10 年期债券平均收益率大约是 5.5%，我们就使用这个利率。因为这不是精确的科学，你也许会喜欢使用 5% 或者 6% 的利率来表示机会成本。

现在说一说风险，这是一个很难准确测量的因素。按照权威金融理论家的说法，风险就是易变性（或不确定性），而且一家公司的风险水平可以通过观察公司股票的波动度相对于市场波动度的大小简单估计出来。因此，如果一家公司的股价突然从 30 美元跌到 20 美元，这个理论认为这只股票已经开始变得更有风险了。

在晨星公司，我们不是这个风险定义的热心追随者，因为我们认为一般来说股票便宜比股价高企相对降低了风险。（前提是假设公司的核心业务没有发生戏剧性的变化，否则就不是一个通常的股票下跌的情形。）我们认为最好通过研究公司来评估风险，而不是只看股票，一家公司的风险是由我们预期公司产生现金流的可能性决定的。

为什么呢？因为过去股价发生的变化可能与公司未来产生的现金流关系不大。我们认为把风险定义为“资本持续损害的可能性”更有意义，换句话说，风险就是“当我们出售资产的时候，我们的投资已不具备今天这些价值的可能性”。有一些因素在估计折现率时，我们认为应当考虑。

公司规模

小公司通常比大公司风险大，因为它们更容易受到不利事件的打击。小公司常常缺少多样化的产品线和坚实的客户基础。

财务杠杆作用

一般来说，负债较多的公司比负债少的公司风险大，因为相对于其他费用，它们有很高比例的固定费用。在景气的时候，它使盈利状况变得更好；但在不景气的时候也会使盈利状况变得更糟，这会增加财务困境的风险。（财务困境意味着公司偿还债务困难。）公司的资产负债率、利息偿付比率和其他少数几个因素决定了公司来自财务杠杆作用的风险水平。

周期性

要确定一家公司处于周期性行业（比如设备或者半导体行业）还是稳定性行业（比如快餐食品或者啤酒行业），因为周期性行业公司的现金流比稳定性行业公司的现金流更难以预期，它们的风险水平更高。

公司经营与管理

这个因素归结为一个问题：对于现在这些管理层经营这家公司，你能给予多少信任？尽管在奖励管理层方面，很少能非白即黑地评论，但如果管理人员的薪水异乎寻常的高，或者他们已经出现了第七章所提到的那些危险信号中的任何一个，与那些没有这些特征的公司相比，这个公司的风险明显要大。

竞争优势

要知道公司是否有竞争优势，其竞争优势的针对面较宽、针对面较窄还是根本没有？针对面较宽的竞争优势是一家公司拥有较强竞争力的象征，它能更有效地阻挡竞争者，从而使公司的经营拥有稳定的现金流。

复杂性

风险的本质是不确定性，评估你看不见的东西是很难的。业务或财务结构足够复杂的公司比简单的、容易理解的公司更有风险，因为它很可能把一些令人不愉快的事情隐藏在你所忽视的财务报告的脚注里。即使你认为管理层像阳光一样诚实，公司在经营方面也做了卓有成效的工作，但那可能只是它聪明地给你做了一个复杂的假象，这将影响你对其风险的评估，除非你真的能记住全部 700 页的最新 10–K 报告。

你应该怎样把这些风险因素合并在一个折现率里呢？让我说很容易，其实它没有标准答案。在晨星公司，我们使用 10.5% 作为一般水平公司基于前述因素的折现率，而且我们制作了一个公司是否更有风险或者风险比平均水平低的分布表。在 2003 年中期，一些公司比如强生公司、高露洁公司和沃尔玛公司折现率范围下调至 9% 左右，反之高风险公司比如美国镁光技术公司、捷蓝航空公司和亿创理财（E* Trade）公司折现率最高达到 13%~15%。关键是选出适合你的折现率。不要为精确性担心，只要思考你正在评估的公司比平均水平风险更高还是更低，以及风险高或低了多少，你就做得很好了。另外，记住给折现率赋值不是精确的科学，对一家公司来说没有“正确”的折现率。

计算永续年金价值

至此，我们已经学会了现金流估值，还有怎样估计折现率。我们还需要另外一个要素——永续年金价值（Perpetuity Value，PV），我们也准备把它考虑进去。我们需要考虑永续年金因素是因为设想公司一年又一年直到无限远的未来的现金流是不现实的，虽然公司在理论上是永续经营的。

计算永续年金价值最普通的办法是拿你估计的最后现金流（CF），按照你期望的现金流长期增长率（g），用折现率减去长期预期增长率的结果去除。用公式表示为：

$$\frac{CF_n(1+g)}{(R-g)}$$

这里 n 是未来的年数，CF_n 是第 n 年的现金流，而 R 是折现率。这个计算结果必须使用我以前讨论的方法折现回现值。

例如，假设我们用一个 10 年的折现现金流模型对一家 11% 折现率的公司进行计算。我们估计这家公司的现金流将达到 10 亿美元，之后它的现金流将以固定的 3% 的年增长率增长。（3% 通常是一个很好的长期增长率数字，因为它大致是美国 GDP 增长率的平均水平。如果你对一家处于衰退行业中的公司估值，你可以使用 2%。）

首先是 10 亿美元乘以 1.03 得到第 11 年的估计现金流为 10.3 亿美元。

$$10\text{亿美元} \times 1.03 = 10.3\text{亿美元}$$

然后用 10.3 亿美元除以 0.08（11% 的折现率减去 3% 的长期增长率），得到从第 11 年开始的估计现金流为 128.8 亿美元。

$$\frac{10.3\text{亿美元}}{0.11-0.03} = 128.8\text{亿美元}$$

要得到这些现金流的现值，我们需要使用我们前面看到的公式：$CF_n / (1+R)^n$，把数字代入公式：

$N=10$

$CF_n=128.8$ 亿美元

$R = 0.11$

$$\frac{128.8\text{亿美元}}{(1.11)^{10}} = \frac{128.8\text{亿美元}}{2.839} = 45.36\text{亿美元}$$

现在，我们需要做的全部工作是在我们的第 1~10 年的折现值上加上永续年金的折现值，然后除以股份数（见表 10–2）。

表 10–2　计算所有者权益价值的逐级折现现金流模型

简单的 10 年估值模型
第一步：预测下一个 10 年的自由现金流（FCF）
第二步：把这些未来自由现金流（FCF）折现成现值 ▶折现 FCF ＝当年的 $FCF/(1+R)^N$ （这里的 R= 折现率，N ＝被折现的年份数）
第三步：计算永续年金价值并把它折现成现值。 ▶永续年金价值＝ $FCF_{10} \times (1+g) \div (R-g)$ ▶折现永续年金价值＝永续年金价值 $\div (1+R)^{10}$

（续表）

第四步：10年折现现金流之和加上永续年金折现现金价值来计算全部所有者权益价值 ▶所有者权益价值合计＝永续年金折现价值 +10 年折现现金流	
第五步：所有者权益价值合计数除以股份数计算每股价值 ▶每股价值＝所有者权益价值合计 ÷ 股份数	

资料来源：晨星公司。

我将在下一章全面分析两个详细的案例，在这里先给出这个过程大致的轮廓。我将把高乐氏公司作为例子，你可以顺着这个例子看一看表 10–3 的步骤。

1. 估计下四个季度的自由现金流。这个数字大小取决于我们在本书前面讨论过的所有因素——公司成长有多快、竞争对手的实力、公司的资本需求，等等。（在下一章从头到尾分析两家公司时，我们将涉及估计现金流的更多细节。）对高乐氏公司来说，第一步是看一看过去 10 年里自由现金流增长得有多快，你计算时会得出大约 9% 的增长速度。我们就在高乐氏公司 2003 年产生的自由现金流基础上增长 9%，也就是增加 6 亿美元，前提是假设公司的未来和过去一样美好。在 20 世纪 90 年代，像沃尔玛这样的巨型量贩超市销售收入的增加几乎达高乐氏公司销售收入的 1/4，已经削弱了高乐氏这种消费产品公司的讨价还价能力。所以，让我们保守地假设自由现金流增长只有往年的 5%，可以算出来是 6.3 亿美元。

表 10–3　使用折现现金流模型对高乐氏公司估值

对高乐氏公司的假设										
股票市价（美元）	45.00									
发行在外的股份（百万股）	221.00									
下一年度自由现金流（百万美元）	630.00									
永续年金增长率（*g*）	3.0%									
折现率（*R*）	9.0%									
高乐氏公司 10 年估值模型										
第一步：预测下一个 10 年的自由现金流（FCF）										
假设增长率持续不变为 5%，自由现金流单位（百万美元）										
年数	1	2	3	4	5	6	7	8	9	10
自由现金流→	630.00	661.5	694.6	729.3	765.8	804.1	844.3	886.5	930.8	977.3
第二步：把这些自由现金流折现成现值										
折现因子＝（1+*R*）^{N}，其中 *R* 是折现率，*N* 是折现的年数										
年数	1	2	3	4	5	6	7	8	9	10
自由现金流	630.0	661.5	694.6	729.3	765.8	804.1	844.3	886.5	930.8	977.3
÷R	1.09^{1}	1.09^{2}	1.09^{3}	1.09^{4}	1.09^{5}	1.09^{6}	1.09^{7}	1.09^{8}	1.09^{9}	1.09^{10}
=折现自由现金流→	577.9	556.8	536.3	516.7	497.7	479.4	461.8	444.9	428.6	412.8
第三步：计算永续年金价值并把它折现成现值										
永续年金价值（PV）＝ Yr10FCF ×（1+*g*）÷（*R*–*g*），其中 *g* 是永续年金增长率，*R* 是折现率										
永续年金价值→（977.3 × 1.03）÷（0.09-0.03）=16 776.98										
折现 → 16 776.98 ÷ 1.09^{10}=7 086.78										
第四步：计算所有者权益合计										
10 年折现现金流（见第二步）加上永续年金的折现值（见上面）										
所有者权益合计 → 7 087.05+4 913.01 ＝ 12 000.06										
第五步：计算每股价值										
每股价值 → 12 000.06 ÷ 221.00 ＝ 54.30										

资料来源：晨星公司。

2. 估计一下在未来的5~10年自由现金流增长有多快。记住，只有已经具有很强竞争优势和低资本需求的公司才能长期保持增长率在平均水平之上。如果公司是周期性的，不要忘记加入一些表现不好的年份。对于高乐氏公司我们不这么做，因为它的生意很稳定，考虑到“沃尔玛因素”，我们将在增长率上保守点，假设下一个10年自由现金流将以5%的速度增长。

3. 估计折现率。财务上高乐氏公司如岩石般稳固，有一点点负债、大量的自由现金流和非周期性的业务。所以，我们将使用9%的折现率，这低于我们先前讨论的10.5%的平均水平。毕竟，高乐氏公司是完全可以预期的公司。

4. 估计一个长期增长率。因为我认为未来人们一直需要漂白剂和垃圾袋，而且可以打赌高乐氏公司可能继续占有这块市场，我使用GDP（国内生产总值）长期平均增长率3%。

5. 就是这些。我们讨论了第一个10年的现金流，加上永续年金的现值，然后除以股份数。

这是一个很简单的折现现金流模型，我们在晨星公司有许多Excel表格用来调整复杂的像养老金和经营性租赁那样的科目，可以准确地模仿竞争优势周期和其中很多其他事情。但是一个模型不需要特别复杂，这有助于澄清你的想法。例如，我们关于高乐氏公司的估值，把它的股票价值定位在比2003年底股票市价高15%以上，从现在开始的未来10年，公司每年产生的自由现金流大约为8亿美元。

这现实吗？2003 年底，在晨星公司数据库的 6 500 多家公司里，只有 125 家公司能实现如此业绩，所以它的确是很高的目标。不管怎样，由于特定的高乐氏强势品牌组合和稳定的产品创新记录，这样的估值就是有理由的。此外，我们估计自由现金流 5% 的年度增长率与公司过去增长率相比是相当低的，这就使得模型有些保守。毕竟，高乐氏公司有如此多的强势品牌——Bleach、Pine-Sol、Formula 409 等，这就使得它与像沃尔玛这样的大型零售商谈判的时候能占据优势地位。

重要的是我们要让自己通过这些问题来思考，我们不应该只看高乐氏公司的股票图形，或者只是说“16 倍市盈率似乎是合理的”。通过对公司的思考，我们做了一个很好的估值，通过估值我们更有信心。

安全边际

我们已经分析了一家公司，也对它进行了估值，现在我们需要知道的是何时买入它。如果你真的想成为一个成功的投资者，就应当力求在你估计公司内在价值的折扣价上买入。任何估值和分析都会发生错误，我们可以利用只在相对我们的估值有重大折扣的价位上买入，以使这些错误的影响最小化。这个折扣叫作安全边际，一个首先由投资大师本杰明·格雷厄姆使用的术语。

看一看它是怎样起作用的。我们认为高乐氏公司的股票每股值 54 美元，而且它的股票正以 45 美元的价格交易。如果我们买入的股票正好达到我们分析的价格，我们收到的回报应该是 45 美元和 54 美元的差（20%），加上大约 9% 的折现率（一只股票的折现率有时也叫必要收益率），那就应该是 29%。全面考虑可以说这是一个相当不错的收益。

但是如果我们什么地方错了怎么办？如果高乐氏公司的增长比我们预期的慢得多，也许一个竞争对手占领了市场份额，或者公司的价格谈判力量比我们预计的消失得快怎么办？如果真是这种情形，高乐氏公司公平的价值也许是 40 美元，这意味着我们在 45 美元买入这只股票价格太高了。

有一个安全边际就像有一份保险单，能有助于防止以过高价格买入，也减轻了过度乐观的估值引起的损害。例如，我们在买入高乐氏公司股票之前需要一个 20% 的安全边际，我们不应该在每股 45 美元时买入该股，而应等到该股下跌到 43 美元以下再买入。如果是那样的话，即使我们最初的分析有错误且该股的真实价值差不多在 40 美元，我们投资组合的损失也很有限。

所有股票都不一样，因此所有的安全边际也都不一样。例如，安海斯 – 布希公司未来 5 年的现金流比波音公司的现金流更容易预测。有时一家公司可能有很强的价格谈判能力、占绝对优势的市场份额和相对稳定的市场需求，也有些公司可能价格谈判能力相对较低、市场份额比较均匀、需求带有很强的周期性。我对波音公司的预测就缺乏信心，所以在买入波音公司股票之前，我需要更大的安全边际。很可能我们会犯错，因为预测可能过于乐观。

为好的公司多付点钱是值得的、有理由的。你为一只股票付出的价格应该与公司的品质紧密相关，好公司股票值得以相对高一些的价格和较小的折现率购买。为什么呢？因为一家高品质的有较强竞争优势的公司的价值更有可能随时间增长。为一家好公司付出高一些的价格比为一家平庸的公司付出高的价格更有意义。

你的安全边际应该是多大呢？在晨星公司，安全边际对有较强竞争优势的稳定的公司为 20%，对没有竞争优势的高风险的公司为 60%，就在这样一个范围内变化。平均起来，对大多数公司来说，我们需要一个 30%~ 40% 的安全边际。

作为一个受过训练的投资者，有一个安全边际是至关重要的，因为它会报答你，减少你的损失（我们是有缺陷的）。在股票市场的投资需要对未来某种程度的乐观主义，这是股票投资者要么太乐观、要么太悲观的一个最大原因。一旦我们知道这些，我们就能通过对购买的所有股票要求一个安全边际来正确应对这些问题。

结论

每一种股票投资的方法都有它的瑕疵。受过估值训练可能意味着你将失去一些极好的机会，因为一些公司长期令人振奋的表现可能超出所有的预测。例如微软公司和星巴克公司在它们的全盛时期股价非常高，很多做严谨估值的投资者并没有在这些公司的早期买进它们。为什么？因为它们都设法把竞争者长期挡在外面，这一行为带来的结果大大超过保守预测所能产生的吸引力。

受过估值训练可能意味着你会失去这些机会，但也会使你躲开很多陷阱。你可以想一下有多少软件公司在过去的 10 年间倒在了路边。例如，在 20 世纪 90 年代，百吉饼公司的价格就像它要变成下一家麦当劳一样。尽管我们承认某些高潜力的公司值得一次信心的跨越和一个高的估值，但也要擦亮眼睛。总而言之，我们认为，宁愿在初始估值时由于谨慎错失一次稳定的投资机会，也不要反过来因买入价格太高而遭受重创。

毕竟，亏钱的代价比丧失收益的机会会使你的境况更糟。这就是为什么你付的价格和你选择要买的公司一样重要。

投资者清单：估值——内在价值

- 估计内在价值让你关注公司的价值，而不是紧盯着股票价格。
- 股票的价值就是未来现金流的折现值，而且这一价值决定于现金流的数量、时间选择和风险。
- 折现率等于货币的时间价值加上风险溢价。
- 风险溢价取决于你所评估公司的这样一些因素：企业规模、财务健康状况、周期性和竞争地位。
- 估算内在价值，请按照以下步骤：估算下一年的现金流，预测一个增长率，估算一个折现率，估算一个长期增长率，最后加上永续年金价值的折现现金流。

第十一章

11

综合运用

现在你已经有了一个投资哲学，你知道竞争优势是什么，同时你也知道怎样阅读财务报表和评估公司。让我们通过分析两家真实世界的公司，把这些知识全部放在一起运用。这两家公司是芯片制造商美国超威半导体公司（Advanced Micro Devices，AMD）和医疗器械制造商邦美（Biomet）公司。

（注意：在本章的全部财务数据在晨星公司网站 Morningstar.com 上都可以免费得到，你看到的是相同格式的数据。）

超威半导体公司

超威半导体公司可能看起来像一项有吸引力的投资。它是市场上仅有的两家微处理器制造商之一（微处理器是 PC 机和服务器的大脑，而且计算机已经是普遍使用的设备）。超威也生产快闪存储器，快闪存储器被用于各种各样的设备中，比如移动电话和网络路由器，有长期稳定的需求。在微处理器市场上，超威过去几年已经在技术方面赶上了主要竞争对手英特尔公司，而且在20世纪90年代末，有证据表明这家公司正在销售的芯片比英特尔公司销售的芯片速度更快。另外，超威一直致力于开发功能强大的下一代芯片，这个新产品也许比英特尔公司提供的任何芯片都更好。

也许你注意超威的消息，或偶尔浏览一下该公司站点和年报，这就是你对它简单的了解。不管怎样，还是没有足够的信息让你做出可靠的投资决策，所以我们需要走近公司，系统地研究一下投资超威的决定到底有多可靠。

竞争优势

首先，寻找竞争优势的证据。就像我们在第三章讨论的，我们通过分析公司自由现金流、毛利率、净资产收益率和资产收益率来检验超威过去的盈利能力怎样（见表11–1）。

表 11–1 超威半导体公司的自由现金流

（单位：百万美元）

年份	1993	1994	1995	1996	1997	1998	1999	2000	2001	2002
经营性现金	456.2	573.2	611.9	73.2	398.8	144.4	259.9	1205.6	167.7	–88.9
资本支出	–323.7	–548.7	–620.8	–485.0	–685.1	–996.2	–619.8	–805.5	–678.9	–705.2
自由现金流	132.5	24.5	–8.9	–411.8	–286.3	–851.8	–359.9	400.1	–511.2	–794.1
自由现金流/销售收入（%）	8.0	1.1	–0.4	–21.1	–12.2	–33.5	–12.6	8.6	–13.1	–29.4

看上去超威产生自由现金流的历史波动较大。在20世纪90年代早期景气了几年之后，它的自由现金流转为负值，伴随着公司增长的沉重的资本支出，超威没有产生任何自由现金流，直到

2000 年技术繁荣之后。那可不是公司有良好竞争优势的信号。不管怎样，某些快速增长的公司花了数年时间把资金转为资本支出，这就意味着它们的自由现金流为负值，因为它们还在创造竞争优势（20 世纪 90 年代，星巴克是这方面一个很好的例子）。让我们把目光转向超威的毛利率和资本收益率（见表 11–2）。

表 11–2　超威半导体公司盈利能力数字

（单位 %）

年份	1993	1994	1995	1996	1997	1998	1999	2000	2001	2002
营业毛利率	18.5	24.0	14.3	–13.0	–3.8	–6.4	–11.2	19.1	–1.5	–45.4
销售净利率	13.3	13.8	12.4	–3.5	–0.9	–4.1	–3.1	21.2	–1.6	–48.3
资产周转率	1.0	1.0	0.9	0.6	0.7	0.7	0.7	0.9	0.7	0.5
资产收益率	13.3	13.8	11.2	–2.1	–0.6	–2.9	–2.2	19.1	–1.1	–24.2
财务杠杆	1.4	1.4	1.4	1.5	1.6	1.9	2.2	2.0	1.7	1.9
净资产收益率	18.6	19.3	15.7	–3.2	–1.0	–5.5	–4.8	38.2	–1.9	–46.0

让我们看一下营业毛利率和销售净利率，我们发现虽然超威前些年的自由现金流表现比后面几年的好，并且公司在过去的 6 年间一直在流失资金，但这个趋势并不能预示它是周期性的亏损。

净资产收益率和资产收益率反映了同样的情况。20 世纪 90 年代早期之后（当时净资产收益率在百分之十几已是相当好了），超威的业绩进入了一个大的衰退期，一直持续到 2000 年的技术繁荣期。我们也看到资产周转率在下降，这就意味着超威的效率变得更低；与此同时，财务杠杆比率在逐渐向上，显示超威借了越来越多的债。

超威近几年已经进入了景气年份，净资产收益率、自由现金流和毛利率在2000年都很优秀，而且它值得我们花时间去发现其原因，以确定这是否是一个失常或者更好时期即将到来的信号。通读完近几年的一些年报，我们发现超威在2000年赚钱的方式还是老路子：它大量生产比英特尔速度更快、价格更便宜的芯片，这让它赚了一大笔钱。一直到2001年，随着PC机需求的缓慢下降，英特尔公司也开始大量生产有价格竞争力的芯片。

所以，超威近几年一个大的成功应归于高技术产品，我们从第三章知道这一增长的因素是竞争优势持续性最短的。对我们来说这没什么奇怪的，英特尔公司迅速利用它的超级规模和资金储备推出了一款竞争的芯片，并且夺回了被超威暂时夺去的市场份额。

全面来看，在超威的历史财务数据中，没有足够的证据表明超威有稳定持续的竞争优势。要弄明白为什么并不困难：英特尔公司在微处理器市场占统治地位，而在过去的几年里超威的市场份额一直在15%左右徘徊。英特尔公司的规模使它可以花费的研发费用相当于超威的4倍，当你知道半导体行业变化如此之快的时候，这就意味着速度是一个很大的优势。英特尔公司的规模使它达到了一个很好的规模经济，因为它能把工厂等固定费用分散到巨量的芯片上去。

超威缺乏竞争优势，意味着如果我们想要买入这只股票就需要大的安全边际。而即使没有竞争优势的公司，如果基本面不是太不靠谱同时也足够便宜，在某些时候也可能是合适的投资品种。

让我们通过考察在第六章谈论的五个方面——成长性、收益性、财务健康状况、风险和管理来完成我们的分析，然后对股票做出一个大概的估值。

成长性

表 11–3 展示了在过去的 10 年间，超威收入的成长率具有易变性。通过全面分析，这并不可怕，但是过去 10 年间一个 6% 的年平均增长率在 PC 机需求旺盛的时期没有什么可吹嘘的。

很难说利润增长率对超威半导体公司有多大意义，因为超威在 20 世纪 90 年代有如此之多的亏损年份。我们能注意的是超威在最近盈利的年份（2000 年）比以前盈利的年份（1995 年）赚了更多的钱，但是在 2002 年比它过去不良的记录亏损了更多的钱（见表 11–4）。

表 11–3　超威半导体公司收入增长率

（单位：百万美元）

年份	1993	1994	1995	1996	1997	1998	1999	2000	2001	2002
年度对比	8.8	29.5	13.8	–19.6	20.7	7.9	12.4	62.5	–16.2	–30.7
3 年平均	—	—	17.1	5.8	3.3	1.5	13.5	25.4	15.3	–1.9
10 年平均	—	—	—	—	—	—	—	—	—	5.9

表 11–4 超威半导体公司的净利润

（单位：百万美元）

年份	1993	1994	1995	1996	1997	1998	1999	2000	2001	2002
净利润	21 840	29 490	30 050	–6 900	–2 110	–10 400	–8 890	98 300	–6 060	–130 300

收益性

在我们评估超威是否有竞争优势时，我们再看一看自由现金流和资产收益率，结论对超威来说是负面的。让我们挖掘得更深一点，寻求一下超威是怎样赚钱（或亏损）的。表 11–5 是一张百分率利润表。百分率利润表是公司估值一个非常有用的工具，因为通过研究这些科目相对于销售收入的百分比，让我们可以更直观地看到公司的表现。

这些数字显示了某些让人担忧的趋势。在 20 世纪 90 年代早期，毛利率在 50% 上下；而在 2001—2002 年，它们有规律地滑落到 20%~30%。企业销售和管理费用一直稳定在销售收入的 16%~19%，同时研发支出明显增加了。研发支出的大幅增加说明芯片制造公司需要花费大量的研发费用维持竞争。研发费用的增加也与我们在现金流量表上看到的资本支出的大幅增加有关联，超威花费了大量的资金用于扩大它的生产能力。

表 11–5　超威半导体公司百分率利润表

（单位：%）

年份	1993	1994	1995	1996	1997	1998	1999	2000	2001	2002
收入	100.0	100.0	100.0	100.0	100.0	100.0	100.0	100.0	100.0	100.0
销售成本	47.9	46.0	53.5	73.8	67.0	67.6	68.7	54.1	66.5	78.1
销售毛利率	52.1	54.0	46.5	26.2	33.0	32.4	31.3	45.9	33.5	21.9
管理费用	17.6	16.8	15.8	18.7	17.0	16.5	18.9	12.9	15.9	24.8
研发费用	15.9	13.1	16.4	20.5	19.9	22.3	22.2	13.8	16.7	30.3
其他	0.0	0.0	0.0	0.0	0.0	0.0	1.3	0.0	2.3	12.3
营业毛利率	18.5	24.0	14.3	–13.0	–3.8	–6.4	–11.2	19.1	–1.5	–45.4

通过全面分析可以看出，这家公司每个芯片只赚了很少的钱。销售和管理费用科目反映出企业没有变得更有效率，而且正在大规模增加研发支出。把这些趋势与高易变性的销售收入结合在一起，再看表 11–3 中收入增长那一行，你得到的是一幅盈利能力不容乐观的图景。

财务健康状况

我们会在检查超威的财务健康状况时发现，情况看起来比想象的还糟。

在 2002 年底，这家公司有 19 亿美元的负债和 25 亿美元的股东权益。0.7 的负债权益比率相对于市场不是很高，但是对于一家像超威那样盈利困难的企业来说就不是很好。超威的流动比率大约是 1.5，请记住，这个比率是流动资产除以流动负债。此外，不算糟糕但也不很令人欣慰的是，超威在行业中居于第二的位置和一个盈利能力参差不一的历史。

最后，我们学习深度挖掘超威的 10–K 报告，公司还有很大一笔德国银行的未偿还的贷款，这笔贷款用于在德国建造大量的生产设备。其他合同义务加上这些贷款，我们看到超威 2004—2006 年要为各种活动支付超过 9.5 亿美元，对一家自 1993 年以来只赚取 2.5 亿美元净营业利润的公司来说，这是一笔巨额资金，而且在此期间公司还流出了 27 亿美元的自由现金流。

（你可以利用以前的数字，自己计算营业利润和自由现金流的数量。）可以说，超威不能获得财务状况很好的评价。

风险

我常常建议要为所分析的公司设想一个大的空头情形，到目前为止，对超威，我们确实已经发现它的负面因素比正面因素多得多，我们还是继续往下进行吧。

管理

让我们看一看超威股东签署的委托书，看我们能从里面发现管理层什么情况。首先，他们的薪酬相当高：CEO 杰里·桑德斯离任前的 1997—2002 年，每年大约赚 100 万美元，另外这些年每年还要附加 40 万美元的延期退休补偿金，还有 0~510 万美元不等的奖金。他还收到了一大笔使用公司汽车和飞机的补偿金。例如，在 2002 年，他收到价值 18.4 万美元的汽车保养费，这笔钱相当于一辆昂贵的汽车或者一名工资很高的司机的费用。

其他高层管理人员在 2002 年也都收入丰厚。最高管理层的 5 人收到的薪水 45 万 ~90 万美元，而且其中 3 个人收到了丰厚的奖金，尽管这一年公司有 12 亿美元的亏损。公司新引入的 CEO 赫克托·鲁伊斯不再取得现金红利，但是不要感到太对不起他，作为替代他收到了 120 万股期权（大约是公司派发期权的 10%）。假设鲁伊斯会行使期权，他的期权经过下一个 10 年，价值可能达到 1 200 万 ~3 000 万美元。

说到期权，在我看来，好像超威已经把储备的期权给它的员工派发完了，这稀释了股东价值。2000—2003 年，超威大约发行了 4 600 万股的股票期权给它的员工和管理人员，未转换的股票数量增加了 15%。（你在股东签署的委托书里能发现每年派发的期权总数。）因此，任何一个在 2000 年买入超威股票并把它持有到 2003 年的人，都会看到他在这家公司的投资经过 3 年后大量缩水——仅仅是因为公司派发了如此多的期权给它的员工。这类异乎寻常的期权准许告诉我们管理层并不关心外部股东。

综合起来，我可以说超威半导体公司管理层的薪酬过高，而且他们不是我可以把钱委托给他们的那种人。

估值

估值是困难的，因为超威在过去的两年间亏损。基于市销率数据，超威在 2003 年 9 月正在以 1.5 倍的市销率交易，这与芯片行业平均 7 倍的市销率相比是相当便宜的。横向比较，超威在过去 5 年里有平均 1.6 倍市销率的估值，还不是太糟糕。

我们不能使用市盈率，因为超威 2004 年预计每股亏损 0.30 美元。无论如何，对类似超威这样易变的公司来说，我们很难有更多盈利估值的信心，例如，在 2003 年 9 月，超威 2004 年的盈利预测值从最低的每股 –0.85 美元一直到最高的 0.20 美元。换句话说，没有人知道超威在最近可能赚多少钱，哪怕是最细微的线索也无从寻找。这就告诉我们，我们得出的估值应当有一个大的安全边际。

因为超威有很强的周期性，我们也可以试着预测它下一个循环的盈利峰值，然后基于这个结果预期一下市盈率。表 11–6 展示给我们的是超威近年每股盈利的峰值是 2000 年的大约 3 美元。我们应当知道这些数字不具有代表性，因为盈利发生在技术繁荣期间，而那又是不可重复的，在那段非常时期内超威抓住了英特尔公司的疏忽。当然，即使我们假设超威将来在循环周期的顶峰每股盈利最好能达到 1 美元，这只股票看上去也不是太贵，它在 2003 年 9 月份的市价是每股 12 美元，这是盈利峰值的 12 倍。

表 11–6 超威半导体公司净利润和发行在外的股份数

年份	1993	1994	1995	1996	1997	1998	1999	2000	2001	2002
净利润（百万美元）	218.4	294.9	300.5	–69.0	–21.1	–104.0	–88.9	983.0	–60.6	–1 303.0
每股收益（美元）	1.15	1.51	1.42	–0.25	–0.08	–0.36	–0.30	3.18	–0.18	–3.81
总股份数	190.2	195	211.2	271.4	280.9	287.3	294.1	309.3	332.4	342.3

问题是如果超威的下一个循环高峰到来的时候，我们无法判断该怎么办。毕竟，公司的竞争地位不牢固，同时还有一份不怎么样的资产负债表。因此，我不认为用盈利峰值对它估值有多大意义。

最后，我们可以试着预测现金流并使用折现现金流模型解决问题。比如超威在 2005 年收到正的自由现金流，当年产生了 2 亿美元，并在下一个 10 年里以 5% 的增长率增长，公司经历的下一个 10 年将产生大约 22 亿美元的自由现金流。以 14% 的折现率把现金流折现成现值，大约是 10 亿美元左右。（我使用 14% 的折现率是因为超威不良的盈利能力记录，还有相当大的资产负债风险，以及处于周期行业不牢固的竞争地位。）加上永续年金价值 7.5 亿美元，超威的价值大约是 18 亿美元左右，或者大约每股 5 美元左右（见表 11–7）。

表 11–7 使用折现现金流对超威半导体公司估值

美国超威半导体公司的假设

股票市价（美元）	7.00
发行在外的股份（百万股）	342.00
下一年度自由现金流（百万美元）	–
永续年金增长率（g）	3.0%
折现率（R）	14.0%

超威半导体公司 10 年估值模型

第一步：预测下一个 10 年的自由现金流（FCF）

增长率假设持续不变为 5%，自由现金流单位（百万美元）

年数	1	2	3	4	5	6	7	8	9	10
自由现金流→	–	200.0	210.0	220.5	231.5	243.1	255.3	268.0	281.4	295.5

第二步：把这些自由现金流折现成现值

折现因子＝（1+R）^{N}(其中 R 是折现率，N 是折现的年数)

年数	1	2	3	4	5	6	7	8	9	10
自由现金流	–	200.0	210.0	220.5	231.5	243.1	255.3	268.0	281.4	295.5
÷R	–	1.14^2	1.14^3	1.14^4	1.14^5	1.14^6	1.14^7	1.14^8	1.14^9	1.14^{10}
= 折现自由现金流→	–	153.9	141.7	130.6	120.3	110.8	102.0	94.0	86.5	79.7

第三步：计算永续年金价值并把它折现成现值

永续年金价值（PV）＝ Yr10FCF ×（1+g）÷（R–g）(其中 g 是永续年金增长率，R 是折现率)

永续年金价值→（295.5.3 × 1.03）÷（0.14–0.03）=2 766.86

折现 → 2 766.86 ÷ 1.14^{10}=746.34

第四步：计算所有者权益合计

10 年折现现金流（见第二步）加上永续年金的折现值（见第三步）

所有者权益合计 → 1019.40+746.34=1765.74

第五步：计算每股价值

每股价值 → 1 765.74 ÷ 342 ＝ 5.16

资料来源：晨星公司。

截至2003年，这只股票以每股12美元的价格交易。有如此不确定的未来，我要买这只股票的话，除非股价低到在保守的内在价值上还有很大折扣，但假如有很多反对公司的罢工，那么即使到那个价位我也不买。如果超威在不远的将来不能产生自由现金流或者陷入流动性的麻烦当中，它的内在价值将会很低。而如果超威取得了相对于英特尔公司的某些优势，它的内在价值就可能会升高，特别是下一代"Hammer"家族芯片的大量生产可能会给超威带来一次推动。但凭着这家公司不良的记录与英特尔公司抗衡，不管怎样，我想都是一次糟糕的赌博。如果市场对超威的前景变得乐观起来，它的股价可能走高，但它趋向于高度易变，这使它看起来似乎是一次不良的长期投资对象。

邦美公司

人们对医疗器械制造商邦美公司比对超威半导体公司抱着更大的希望。这家公司制造人造关节（主要是股骨头和膝关节），还有各种各样用于整形外科手术的其他产品，比如固定断骨的销子和螺丝钉等。这家公司已经有约25年的历史，一直由公司创建者之一经营，而且很少有竞争的公司。（在邦美公司的主要市场中，前五名公司控制了85%左右的销售收入。）

整形外科器材行业是相当有吸引力的。发达国家人口老化，如果有更好的保健则意味着人们寿命更长，这就增加了人造关节的需求。此外，人造关节在20世纪80—90年代就已经变成大众产品了。

因为人造关节的典型特点是有10~12年的寿命期限，到期需要替换新的或者修补磨损的人造关节，进入修补程序的人造关节数量才刚刚开始攀升。加上第一次安装的需求，这个市场正以 7%~10% 的速度增长，而且因为年度提价 3%~4%（这在整形外科行业是相当平常的），因此销售收入每年增长 10%~14%，这对于一家处于平均水平的整形外科器材公司是相当有把握的。这些公司共同赢得市场份额，占有市场份额越多可能增长得越快。

人造关节的毛利率相当丰厚，因为这个行业的进入门槛很高，而且有很高的转换费用。外科医生更喜欢有很长临床记录的产品，这就意味着一个暴发户很难快速赢得市场份额。这是一桩非常依赖产品研究的生意，所以具有数十年的产品开发经验和专门技术有助于让现在的经营者领先于潜在的新进入者。此外，每一家公司的产品都有些许的不同，这就意味着，如果要更换产品，整形外科医生要研究产品参数且勉强挤出时间重新熟悉该产品，所以除非它能提供巨大的潜在利益，否则根本挤不进这个市场。因为人造关节技术的不断创新，甚至是革命性的（这是很可能的），所以在这个行业里市场份额能保持相当稳定。

通过阅读邦美公司和它的几个竞争对手的 10–K 报告，或者浏览行业网站，你就能看到所有这些信息。如果财务报表证实邦美是一家有吸引力的公司，让我们继续往下看。

竞争优势

首先，我们需要寻找这家公司有竞争优势的证据，这种证据并不总能表现在数字里。就像在本章前面对超威半导体公司所做的分析，我们通过检验邦美公司的自由现金流、毛利率、净资产收益率和资产收益率的趋势，来寻求它拥有竞争优势的证据（见表 11–8）。

表 11–8 邦美公司的历史自由现金流

（单位：百万美元）

年份	1993	1994	1995	1996	1997	1998	1999	2000	2001	2002
经营性现金	43.8	65.7	52.6	68.5	123.0	121.8	148.5	131.6	190.5	184.2
资本支出	–14.9	–6.6	–28.9	–14.1	–21.4	–44.1	–51.1	–43.1	–35.3	–62.3
自由现金流	28.9	59.1	23.7	54.4	101.6	77.7	97.4	88.5	155.2	121.9
自由现金流 / 销售收入（%）	8.6	15.9	5.2	10.2	17.5	11.9	12.9	9.6	15.1	10.2

慎重的投资者梦寐以求的卓越的财务表现是：协调一致和持续增长的自由现金流（自由现金流相对于销售收入比率在 5% 以上，而且通常高于这个比率），以及非常一致的营业毛利率和销售净利率。这里没有模棱两可，任何公司能在 10 年的时间里把销售收入的 10% 以上转化成自由现金流，说明这个公司是相当不错的。

邦美公司的净资产收益率和资产收益率趋势看上去像恒星一样持久不变，它具有高的毛利率、相当好的资产收益率和适度的财务杠杆（见表 11–9）。它的资产效率虽然在 20 世纪 90 年代早期有所下降，但是没有到令人担忧的程度。它财务报表上唯一的黑点是 1999 年的毛利率突然由 27.6% 下降到 22.7% 左右。即使它下一年迅速地复原了，这也是我们要仔细调查研究的。

表 11–9 邦美公司盈利能力数字

年份	1993	1994	1995	1996	1997	1998	1999	2000	2001	2002
营业毛利率（%）	27.0	27.3	26.3	25.7	26.3	27.6	22.7	28.6	28.2	31.1
销售净利率（%）	19.1	18.7	17.5	17.6	18.3	19.1	15.4	18.9	19.2	20.1
资产周转率（%）	1.1	1.0	1.0	0.9	1.0	0.9	0.8	0.8	0.8	0.8
资产收益率（%）	21.0	18.7	17.5	15.8	18.3	17.2	12.3	15.1	15.4	16.1
财务杠杆比率	1.2	1.2	1.2	1.2	1.1	1.3	1.3	1.3	1.3	1.3
净资产收益率（%）	25.2	22.4	21.0	19.0	20.1	22.4	16.0	19.6	20.0	20.9

快速看一眼表 11–10，在 1999 年较低的毛利率似乎应归于公司记录的 0.55 亿美元的“其他”费用。经过深入挖掘 1999 年 10–K 报告的脚注之后，我们发现这项 0.55 亿美元的非经常性费用与一起纠纷有关，竞争对手宣称邦美公司与之进行了不公平的竞争。这不是一个大的发现，医疗器械行业是一个经常有诉讼的行业，而且不利的法律费用有时是无法更改的事实。这只不过是邦美公司在过去几年间发生的比较大的问题，而在该公司 2002 年的 10–K 报告中没有需要讨论的令人担忧的法律纠纷，它也不是我要过多担心的问题。不管怎样，我们应该牢记，要特别注意邦美公司的资产负债表，确信公司有财力应付这些偶然发生的法律纠纷。

总体来看，邦美公司似乎有相当强的竞争优势。资本收益率和自由现金流一直都很高，而且年与年之间没有很大变化。尽管我们应当对邦美公司的竞争优势挖掘得更深入一点，以更加确信这些文件的财务结果有持续性，但邦美公司到目前为止已经表现出了稳健投资的财务特点。

表 11–10 邦美公司历史营业费用

（单位：百万美元）

年份	1993	1994	1995	1996	1997	1998	1999	2000	2001	2002
管理费用	122.2	136.2	169.3	199.5	211.5	232.9	265.6	326.6	374.8	437.7
研发费用	18.0	20.5	21.8	24.1	23.2	36.1	35.5	40.2	43.0	50.8
其他	0.0	0.0	0.0	0.0	0.0	0.0	55.0	11.7	26.1	0.0
营业利润	90.5	101.8	119.0	137.3	159.8	180.1	171.7	263.7	290.7	370.7

成长性

表 11–11 显示邦美公司收入增长有一点易变性，波动范围为 8%~20%，但是在这 10 年间销售收入的增长率基本是平均的。这就相当好了，而且它与我们在前面考察过的行业的平均水平是协调一致的。这意味着邦美公司有能力控制自己的市场份额。

现在，让我们看一看它的盈利增长是否也如此稳健（表 11–12）。除了 1999 年受到我们之前提到的 0.55 亿美元法律费用的影响之外，它的盈利增长一直很优秀。每年 15% 的增长速度持续 10 年是很难的，但是邦美公司做到了。另外，邦美公司 15.7% 的盈利增长率与 15.8% 的销售收入增长率非常一致，这就意味着邦美公司如此稳健的财务成果也许不是靠会计游戏创造的。一家好公司的盈利增长应当是通过年复一年地销售更多的产品。

表 11–11 邦美公司收入增长率

（单位：%）

年份	1993	1994	1995	1996	1997	1998	1999	2000	2001	2002
年度对比	22.0	11.3	21.2	18.3	8.4	12.2	16.3	21.5	12.0	15.6
3 年平均	—	21.2	18.1	16.9	15.9	12.9	12.3	16.6	16.5	16.3
10 年平均	—	—	—	—	—	—	—	—	17.3	15.8

表 11–12 邦美公司历史销售净利润增长率

（单位：%）

年份	1993	1994	1995	1996	1997	1998	1999	2000	2001	2002
年度对比	21.7	8.9	13.1	18.9	14.6	18.1	–7.2	42.7	11.7	20.6
3 年平均	—	20.4	14.5	13.6	15.5	17.2	7.9	16.1	14.0	24.3
10 年平均	—	—	—	—	—	—	—	—	16.7	15.7

盈利性

我们为邦美公司稳健的现金流和高资本收益率打了很高的分数，但是就像我们对超威所做的，我们还要更深入挖掘以发现是什么驱动邦美公司的盈利能力。此外，我们使用利润表作为我们的工具（见表 11–13）。

表 11–13　邦美公司百分率利润表

（单位：%）

年份	1993	1994	1995	1996	1997	1998	1999	2000	2001	2002
收入	100.0	100.0	100.0	100.0	100.0	100.0	100.0	100.0	100.0	100.0
销售成本	31.2	30.8	31.4	32.6	32.0	31.0	30.3	30.2	28.7	27.9

（续表）

年份	1993	1994	1995	1996	1997	1998	1999	2000	2001	2002
毛利率	68.8	69.2	68.6	67.4	68.0	69.0	69.7	69.8	71.3	72.1
管理费用	36.4	36.5	37.4	37.3	36.5	35.8	35.1	35.5	36.4	36.7
研发费用	5.4	5.5	4.8	4.5	4.0	5.5	4.7	4.4	4.2	4.3
其他	0.0	0.0	0.0	0.0	0.0	0.0	7.3	1.3	2.5	0.0
营业毛利率	27.0	27.3	26.3	25.7	27.5	27.6	22.7	28.6	28.2	31.1

这些比例是相当可靠、稳定的财务结果。毛利率达到 70%，而且看上去它们在那段时间里一直在逐渐增长，这意味着这家公司有能力保持对它所销售的货物的定价能力，并且能够控制制造产品的原材料成本。企业销售和管理费用一直稳定在销售收入的一个百分比，这意味着邦美公司的管理不像它的成长一样变得更有效率，但不管怎样，这已经很好了，因为邦美公司的企业销售和管理费用的大部分是公司付给销售人员的工资，销售人员销售得越多，得到的工资也越多，这是合情合理的。

最后，公司研发费用对销售收入的比例一直在下降。尽管这可能是正面的，因为当邦美公司把研发费用分散到巨大的销售收入基数上时，它意味着公司有较高的销售和管理费用毛利率，但我们还需要确认邦美公司没有削减太多的研究费用。创新是邦美这种公司的活力源泉，所以我们希望做某些深度的挖掘工作，以确认公司在产品线上有足够多的新产品。这些问题我们通过浏览公司最近的新闻稿和年报就可以大概确定，而且我们也可以把邦美公司花费在研发上的费用与其竞争对手对比，以确认是否协调一致。

全面来看，这里没有模棱两可的内容。邦美公司成功通过了盈利能力的测试，而且结果也非常清晰，它只有很少几次非经常性费用，更为重要的是，这些费用确实没有重复出现，因为它们只是不可预知的法律纠纷导致的。

财务健康状况

邦美公司没有长期负债，所以我们不用担心这件事情了。流动比率在 4 左右，对于一家没有负债之忧的公司来说是相当高的，而且公司把现金水平持续保持在总资产的 15% 左右。

你应当注意的是，像邦美这样有如此盈利的公司为什么让那么多的现金堆积在资产负债表上。对于一家公司，如果它预期在未来几年内会有一笔大的投资，那么临时性筹措资金是好事情，但是现金在资产负债表上太长时间说明使用不是很有效率。如果你看到现金以总资产的一定比例年复一年地增加，这是财务健康的信号，但你还要努力搞清楚为什么管理层不回购股票，或者把它再投入公司业务中。这三种选择中公司选择任何一种以使现金账户激增都是可取的。

风险

在评估像邦美公司这样每一个方面得分都如此好的企业时，设想一个可能的空头情形是至关重要的。事情看上去太好往往让人不敢相信是真实的，而且任何一家公司如果有某些瑕疵都应当引起重视。

首先，我们需要考虑诉讼风险。我们在早些时候提到邦美公司有 0.55 亿美元的法律诉讼费用，而且看起来公司好像还时不时地卷入了其他纠纷。因此，我们应该确信公司是否有足够的保险，以及公司是否很好地披露了涉及法律诉讼的情形。（10–K 报告的“委托事项和或有费用”部分有助于我们做这项工作。）法律风险有巨大的不可预测性，所以我们应当预备邦美公司潜在的以大字标题出现在新闻版面上的风险。

另一个要关心的领域是邦美公司在国外的经营情况不像在美国本土那样好。如果我们看一看邦美公司 2002 年 10–K 报告“分部数据”部分，会发现公司在美国本土以外的销售收入占公司的 25% 左右，但是本土以外的营业利润只占 12%。美国本土以外的分部占全公司很大比例，但盈利只有国内水平的一半，而且增长也不快，我们应该弄清楚邦美公司对它国外经营情况的计划是怎样的。为什么盈利如此少，增长如此慢？如果邦美公司不能尽快让国外经营进入正轨，难道公司想把这些业务一起出售，或者有某些更大的战略方面的原因？公司是否需要国际化的形象？我们应该努力找到答案，以使我们知道一家公司在国外的经营风险有多大。

邦美公司的规模也是个问题。通过深入挖掘整形外科器材行业得知，邦美公司没有它的某些竞争者规模那么大。邦美公司占有全世界整形外科器材市场 7% 左右的市场份额，而它的竞争对手史赛克公司占有 15% 左右的市场份额，强生公司的 DePuy 分部占有 14% 左右的份额。占有市场份额多的公司有时能赢得更大的规模效益，这就使它们可以把价格定得更低，在竞争力上超过规模较小的竞争者。因为邦美公司一直成长得不错，而且没有证据表明公司有毛利率方面的压力，它看上去用它现有的资源就可以抗衡规模更大的同行。但不管怎样，我们应该留意规模更大的竞争对手挤压它的风险。

最后，我们应该看一看一些行业风险的情况。邦美公司如此之高的毛利率暗示我们，这家公司还可能继续给它的产品提价。但是有证据显示，暴利的保健行业有可能招致一些政治方面的压力。医疗保险报销制度的变革，或者其他不可思议的调整结果，可能对整个整形外科医疗器械行业产生巨大冲击。法律风险、意外的调整变化是很难预测的，所以我们应该为一只可能令人不快的股票做好思想准备。

管理

就像我们对超威半导体公司曾做过的一样，考察邦美公司股东签署的委托书是我们评估其高级管理人员薪酬的第一站。他们的薪酬相当合理：董事长兼 CEO 戴恩 · 米勒赚取的薪水和奖金不高于 50 万美元，而其他高层管理成员也大致在这个范围。该公司一位副总的薪酬在 2002 年甚至高于米勒。薪水和奖金在过去的几年间有稳定的增长，但是相对于邦美公司如此高的盈利还是完全可以理解的。最后，没有“其他补偿”等很多其他公司高级管理人员收到的这些东西，没有提到贷款、公司的汽车、人寿保险单、像享受国王待遇似的特殊延期退休账户等。管理层拿到的是现金薪水，某些人收到适度的股票期权授权，也就如此了。

在股票期权方面，过去的三年间米勒和董事会主席奈尔斯 · 诺布利特没有收到股票期权，而且某些对委托书更深入的挖掘显示，米勒从来没有从公司收到过股票期权。米勒拥有公司 3% 的流通股份，而诺布利特拥有 1.8% 的股份，这是完全适当的，二人已经进行的实质性的股权投资，激发了他们关注股东利益，而且他们看起来不需要更大的股权投资。（这与甲骨文公司的拉里·埃利森或者苹果公司的史蒂夫·乔布斯的行为形成鲜明对照，他们两人在最近几年里除了取得现金股权投资，还持续不断地得到期权承诺。）

对于那些收到股票期权的高级管理人员来说，这几年，其期权数量看起来是合理的。在某一个特定的年份里，没有一个高级管理人员收到的期权超过派发期权总数的 1%，这意味着期权分布的范围很宽，遍及全公司上下。此外，每年派发的期权总量也很少超过流通股股票数量的 1%，而且公司的股份总数在过去的几十年里几乎没有变动。这告诉我们，邦美公司只是使用期权负责任地激励员工和高层管理人员，并且没有稀释股东价值，这就是要寻找的那种让你放心的管理层。

估值

对于像邦美这样高质量的公司来说，估值似乎是投资分析过程的唯一致命弱点。好公司很少是便宜的，所以当我们决定给邦美公司股票一个合理估值时需要认真对待。高增长率和强大的盈利能力意味着我们应当为这只股票付出较多的现金，但我们也不能付得太多，否则我们的投资不太可能得到合理的回报。

用基本的多重估值方法估值，我们发现邦美公司之前以 28 倍市盈率交易，那是过于昂贵了，它远远超过了市场大约 20 倍的市盈率，但是它与过去 5 年公司平均 38 倍的市盈率相比还是相当低的。价格对现金流比率告诉我们一个类似的事实：35 倍的价格对现金流比率高于市场 14 倍的价格对现金流比率，但是比邦美公司自己历史平均的 45 倍要低得多。

最后，邦美公司的收益率和现金收益率分别是 3.0% 和 2.1%，不能得出“价值低估”的结论。我们在无风险的国债上能得到更好的收益，而且假设邦美公司的风险比美国国债高，我们就需要从它的股票上得到一个更高的现金收益率和股票收益率。

不管怎样，债券的报酬是固定的，而邦美公司的盈利和现金流经过一段时间还会稳步增长。此外，邦美公司的业务在过去几年间一直比较协调稳定，这意味着我们可以用更多的信心预期这家公司的未来。对我来说，像邦美这样的公司是一个折现现金流分析的完美的候选者。

邦美公司自由现金流在过去的几年里增长相当稳健（见表 11–8），如果未来 5 年的自由现金流以每年 15% 的增长率增长，而且我们适当地假定邦美公司开始损失市场份额并且之后的 5 年增长开始放缓，我们看到邦美公司在下一个 10 年里将要产生的自由现金流现值大约是 20 亿美元左右（我使用比市场 10.5% 低的折现率 9%，因为邦美公司是一家财务稳健的公司）。加上永续年金价值大约 35 亿美元，所以邦美公司价值 55 亿美元左右，或者为每股 21 美元（表 11–14 为你做了演算）。

表 11–14　使用折现现金流对邦美公司估值

邦美公司的假设	
股票市价（美元）	29.00
发行在外股份（百万股）	258.00
下一年度自由现金流（百万美元）	180.00
永续年金增长率	3.0%
折现率	9.0%

第一步：预测下一个 10 年的自由现金流（FCF）

假设增长率持续不变为 5%，自由现金流单位：百万美元

年数	1	2	3	4	5	6	7	8	9	10
自由现金流→	180.0	207.0	238.1	273.8	314.8	362.0	398.3	438.1	460.0	483.0

第二步：把这些自由现金流折现成现值

折现因子＝（1+R）^{N}，其中 R 是折现率，N 是折现的年数

年数	1	2	3	4	5	6	7	8	9	10
自由现金流	180.0	207.0	238.1	273.8	314.8	362.0	398.3	438.1	460.0	483.0
÷ R	1.09^1	1.09^2	1.09^3	1.09^4	1.09^5	1.09^6	1.09^7	1.09^8	1.09^9	1.09^{10}
= 折现自由现金流→	165.1	174.2	183.8	193.9	204.6	215.9	217.9	219.9	211.8	204.0

第三步：计算永续年金价值并把它折现成现值

永续年金价值（PV）= Yr10FCF ×（1+g）÷（R–g）(其中 g 是永续年金增长率，R 是折现率)

永续年金价值→（483.3 × 1.03）÷（0.09–0.03）= 8 291.16

折现 → 8 291.16 ÷ 1.09^{10}= 3 502.27

第四步：计算所有者权益合计

10 年折现现金流（见第二步）加上永续年金的折现值（见上面）

所有者权益合计 → 1991.13+3 502.27 ＝ 5 493.40

第五步：计算每股价值

每股价值 → 5 493.40 ÷ 258 ＝ 21.29

资料来源：晨星公司。

截至本书写作时，这只股票以每股 28 美元交易，看上去似乎高于这一系列假设的价值。不过，也许是我们预测它的竞争对手在 5 年后就开始吞食它的市场份额有些过于保守了。此外，也许没有理由假设一家年轻且精力充沛的整形外科医疗器械行业的公司经过 10 年后增长率只有 3%。那是与经济增长相同的相当低的增长率，而且邦美公司在未来 10 年将以高于行业平均增长率增长是完全可能的。因此，让我们试一下另外一种情况。我们将假定邦美公司在第 6 年后增长得更快，而且我们将把预测的水平线外推到 15 年，我们假设到那时邦美公司的增长率降低到稳定的 3%（见表 11–15）。

表 11–15　邦美公司第 6 年以后自由现金流估值

年数	6	7	8	9	10	11	12	13	14	15
自由现金流（百万美元）	362	406	454	509	570	638	702	772	849	934
增长率（%）	12	12	12	12	12	10	10	10	10	10
现值（百万美元）	216	222	228	234	241	247	250	252	254	257

在这一系列假设基础上估值的结果是每股大约 30 美元，就在本书写作时这只股票交易价格的附近。假设这是合理的情形，我应当在每股 24 美元附近对这只股票加以关注，这相对我的估值有 20% 的折扣。我不需要更大的安全边际，因为公司优良的资产负债表、极好的行业前景和稳定的盈利能力，所有这些都减少了假设发生错误的可能性。

无论如何，这个分析过程教会了我们一些非常重要的事情：第一种情形是，邦美公司的股票值 30 美元的可能性要大于只值

20美元的可能性；让我们相信这家公司能够阻止竞争，并在未来相当长的一段时间内以高于行业平均增长率的水平增长。我们假设的第二种情形是，公司自由现金流能以年增长率12%的速度增长很长一段时间，这种情况毕竟是很稀少的。

这是折现现金流法估值的主要优点。通过两种假定情形的思考，我们现在已经知道哪种假设与我们的估值每股30美元是一致的。用这些知识把我们自己武装起来，我们就能做出更多良好的投资决策，因为如果我们只看现在的市盈率相对于历史平均的市盈率，我们就不知道我们更应该相信哪一个假设下的股票估值是合理的。例如，我们也许应该更关注邦美公司相对于行业内其他竞争对手的竞争地位，就像整形外科医疗器械长期需求可能会慢下来的任何信号一样，因为是这两个因素把我们的估值从20美元提高到30美元。

结论

这里有现实世界公司基本面分析工具，只用一些简单化的表格，我可以告诉你在晨星公司我们每天做的就是这些。

这是一些相当辛苦的填充工作，而且对每一家你调研的公司都做极其彻底的分析并不现实。在现实世界中，时间有限，专业人员使用一些捷径帮助我们把值得花费大量时间分析的公司从根本没有好的投资机会的公司中分离出来。在下一章，当你试图减少值得彻底调研的候选股票名单时，我会准确地告诉你怎样把麦面从麦糠中分离出来。

第十二章

12

十分钟测试

如果只看表面，有数以千计的公司可以投资，对任何一位投资者来说，最艰苦的挑战就是判断哪些公司值得逐条分析而哪些公司不需要这么做。既然你知道了基本面深度分析的工具，我应该给你一些缩减调研范围的提示。对任何一只你认为值得投资的股票应用下面的测试，你可能只需要 10 分钟就能决定这只股票是否有理由占用你更多的时间。

事实上，我敢打赌，通过询问本章的这些问题，至少可以让你把偶然遇到的需要考虑的公司去掉一半，不然的话需要调研的公司就太多了。在分析过程中早一点显示出前途无望的股票，可以让你集中更多的时间调研那些可能值得投资的股票。

开始之前有两点提示：首先，这些凭经验的规则只是起点。在本章我列举了每一个指导方针的例外情况。这些捷径的意图并不是要覆盖每一种可能的情况，但是，如果你使用这些方法，它们可以剔除多半不良的投资机会。

其次，下面的问题可能会使你头疼，你可以使用晨星网站上 10 年财务数据汇编来对付它们。

公司能否通过一个最小的质量考验？

规避前景不明的垃圾股是我们 10 分钟测试的第一步。小市值公司和柜台交易的公司是首先要排除在外的，同样也要排除那些不向证券交易委员会提交正式财务报告的外国公司，甚至那些每季度只出版新闻稿摘要、每年只出版一次全部财务报告的大型外国公司。

最近首次公开发行的股票也不值得你花时间。因为只有在它们认为能卖一个好价钱的时候，公司才向公众发行股票。所以首次发行几乎没有便宜货。此外，大多数首次发行股票的公司处于创业初期，一般是经营记录很短、没有经验的公司。这条规则中的例外是那些从大型母公司分拆出来的公司。把子公司股票分配给母公司股东的经常是一些拥有很长经营历史的稳定的大型公司，这些股东们不想再管理公司，这些公司的股票也往往有一个很吸引人的估值。

公司一直不断地赚取营业利润吗？

这项测试听起来很简单，但是它会让你避开很多麻烦。常见的情况是，一些一直处于亏损阶段的公司突然宣告激动人心的消息，说它们正在研制治疗某些罕见疾病的新药物，或者它们即将推出某些新型产品或服务，类似的东西世上还从未见过，等等。

遗憾的是，类似的股票可能经常会出现在你的投资组合里，但它们通常只是正在研发单个产品或服务，而这项产品或服务最后的生存能力没人知晓——可能使公司成功，也可能使公司破产。（现存的关于公司起步期就破产失败的统计数据要比成功的案例多得多。）除非你能找到一种二选一的抽奖方法，帮你在根本无法知道盈利前景的公司中选择出一个来。

公司能从经营活动中持续不断地产生现金流吗？

快速增长的公司有时会在产生现金流之前报告利润，但每家公司最终都必须产生现金流。经营活动中产生负现金流的公司最终不得不通过发行债券或股票寻求另外的融资。以前这种做法被认为可能增加了公司的风险，近来人们更关注它稀释了你作为股东投资的权益。

净资产收益率能保持 10% 以上，并且有合理的财务杠杆吗？

使用 10% 作为净资产收益率最低限度的门槛。如果一家非金融性公司 5 年间有 4 年不能达到 10% 以上的净资产收益率，它可能就不值得你花时间。对于金融性公司，可以把你的净资产收益率门槛提高到 12%，同时不要忘记检查财务杠杆，确认它是否在行业的标准之内。对使用大量财务杠杆的企业，15% 的净资产收益率是筛选高质量公司的最低标准。

例外的情况就是对于周期性公司，这些公司伴随着宏观经济的变化而发生剧烈变化，也许还可能有年复一年更剧烈的变化。不管怎样，公司最好是赚钱的，并且即使在最困难的时候也能取得相当好的净资产收益率。

盈利增长是协调一致还是飘忽不定?

最好的公司显示的是协调一致的增长率。如果一家公司的盈利跳上跳下，它要么处于极端不稳定的行业，要么就是遭到竞争对手有规则的攻击。只要行业的长期前景看好并且股票便宜，前者不一定必然是坏事，但是后者往往潜伏着大问题。

资产负债表清白吗?

需要额外地关注有大量债务的公司，因为它们的资本结构常常很复杂。如果一家非银行公司财务杠杆比率超过 4，或者负债权益比率在 1.0 以上，你应该问问自己以下的问题：

- **这家公司所处行业的业务稳定吗?** 公司处于稳定的行业（如消费品和食品行业）比处于对经济形势很敏感的盈利飘忽不定的行业能承受更大的财务杠杆。
- **负债相对于总资产一直是以一个百分比上升还是下降?** 这个问题甚至比公司较多的负债更重要，你不应该在一家高杠杆作用的公司只看负债的绝对数是多少。
- **你理解负债吗?** 如果快速浏览 10–K 报告显示出可疑的负债和准负债手段，你不能让这种公司困扰你，放弃它就可以了。那边还有很多好的资本结构简单的公司。

这家公司产生自由现金流吗？

就像我们所知道的，自由现金流是真正的评判标准，资本支出后的现金真正能使公司的价值增长。一般而言，相对于那些不创造自由现金流的公司，你应该更喜欢能够创造自由现金流的公司；相对于创造自由现金流少的公司，你应当更喜欢创造自由现金流多的公司。就像我们在第六章讨论的，对于自由现金流除以销售收入的百分比，我们选用 5% 作为一个大致的基准。

这种情况的一个例外而且是一个大的例外，就是对于一家产生负的自由现金流的公司，如果它把这些现金投资在未来更赚钱的项目上可能是好事。例如，星巴克公司和家得宝公司直到 2001 年才产生有意义的自由现金流，然而，毫无疑问，在 2001 年以前它们一直在创造经济价值（和股东财富）。它们正在把所赚的每一分钱又投入公司的业务，因为它们的管理团队相信它们产生的现金始终有很多更高收益的投资机会。

所以，如果这些自由现金流为负值的公司有稳定的净资产收益率并且通过了本章的其他测试，你先不要划掉它们，只要你确信这家公司确实把现金精明地用于了再投资。

还有多少“其他”？

公司可能在一次性非经营性费用里隐瞒很多糟糕的决定，所以如果一家公司在其他方面已经可疑，而且在历史上有一次性计提大笔非经营性费用的记录，就应该放弃它。这不仅仅是因为此类公司的财务报告复杂得难于分析，而且巨额的非经营性费用通常暗示了管理团队试图给不良的财务状况涂脂抹粉。

发行在外的股票数量在过去几年明显增长了吗？

如果是这样，这家公司或者是发行新股购买了其他公司，或者是派发期权给了员工和管理层。前者是一个危险信号，因为大多数收购是失败的，而后者是你不想看到的，因为它意味着你在这家公司投资的所有权将因员工执行期权而慢慢地缩减。如果发行在外的股票持续增加量每年超过 2% 的话，即使公司没有大的收购，投资这家公司前也要长时间认真思考。

不管怎样，如果股票数量居然是缩减的，说明这家公司正悄悄地变成一个大明星。回购很多股票的公司正在超额回报给股东现金，这通常意味着公司在做一件负责任的事情。但要注意那些疯狂回购股票以使股价不停上涨的公司，因为只有在公司股票以合理估值交易的时候，股票回购才是很好的资金使用方式。如果公司回购很多估值已高的股票，这就和你自己投资估值过高的股票一样，并不明智。

超越这 10 分钟

如果一家公司通过了这些测试，而且它看上去好像值得详细分析，这里告诉你怎样进行下去，这个过程所需时间要远远超过 10 分钟，但是值得努力，这是通过第一道关口的基本认识。

• 在晨星公司网站或其他站点上浏览过去10年公司的资产负债表摘要、利润表和现金流量表。寻找趋势，记下让你感到值得深入调研的任何事情。这个过程给你一个调研的基本路线图。

• 从头到尾阅读公司最近的10–K报告，特别注意描述公司和它所在行业的部分，这部分是关于风险、竞争和所有碰到的法律问题（有些时候也叫“承担义务和或有费用”）；还有“管理层讨论和分析”部分，它解释公司为什么最近几年的财务状况是这样的。然后记下你不懂的内容或者你想要深入调研的内容。你完全没有必要详细阅读10–K报告的每一页，例如有时文件包括大量使人头脑发晕的关于租赁的细节，但你至少应当浏览每一页以确信在正文中没有隐藏着你需要知道的东西。

要注意描述贷款、担保、债务契约以及其他类似内容的项目。如果公司未来几年负债将更多，你需要知道这些情况。

• 阅读最近两期的委托书（DEF–14A表格，提交给证券交易委员会的文件），为公司不稳定的财务业绩和合理的期权派发政策寻找合理的溢价。要确信董事会不是一些与管理层密切相关的人组成的。

• 阅读最近两期的年报，也就是过去两年的年报，如果可能的话，可以对公司形成正确的认识。公司给股东的信是否坦白老实，或者管理层正在用行话掩饰问题？毕竟不理睬问题不能让问题消失。另外，公司为你给股票估值提供了行业相关信息吗？这份报告是否看上去疑似公司花了很多钱刻意所为的？

• 阅读最近两个季度的盈利报告和10–Q报告，看看某些事情最近是否已经发生变化了。寻找公司业务变得越来越好或者越来越坏的信号，还有从上一次10–K报告以后发生变化的重要事情。如果有必要，还可以听一下公司最近季度的电话会议。（季度电话会议过去一段时间后在上市公司的网站上有存档。）当分析师问一些回答起来比较困难的问题时，管理层是在防御、推托还是直截了当地回答了？

• 开始给股票估值。看一看股票的估值相对于市场、行业以及股票历史的估值范围的多重性。如果这家公司再投资需求低、风险较低、资本收益率高或者有高成长率，你要准备接受高的市盈率。

你至少要做一个大致的折现现金流估值，思考公司下一年可能产生多少现金流，公司能持续多久，在折现现金流基础上加上永续年金价值。如果你估计的内在价值与股票市场价格有很大的不同，请检查你的假设。你是过于悲观还是过于乐观了？如果你再核对你的假设，这只股票看上去还是被低估了，或者你基于多重标准的分析没有不停地对你说“卖出”，你可能就发现了一个好的投资机会。

第十三章

股票市场遨游指南

在前面的章节里，我们讨论了跟踪值得你关注的公司的简单路径。在本书的下一部分，我们将聚焦在理解不同市场领域的工具上。

就像我在第三章所说的，某些行业比另外一些行业赚钱容易。此外，一些行业比其他行业更趋向于创造竞争优势，对这些行业你应该花更多的时间。我们不提倡自上而下的投资策略，这种策略往往就是你选择自己认为将来市场表现更好的投资领域，并在行业最景气时投资比例最大，因为处在顶部时期的行业经济表现往往要优于其他行业。其实你应该在了解有潜在吸引力的行业上花更多的时间。

每一个行业都有它独特的动力系统和一套行业术语，甚至某些行业（比如金融服务业）有看上去和其他行业明显不同的财务报表，这一点我们在第五章讨论过。我和晨星公司全体分析师中的 30 位探讨过，把后面一系列的章节合在一起几乎覆盖了市场的各个角落。这些章节应当有助于我们涉足每一个行业不同的经济领域，而且也有助于我们理解每一个行业是怎样创造竞争优势的，竞争优势策略是怎样起作用的，以及你怎样识别公司并跟踪这些策略。

注意哪些行业

对于每一个主要工作是管理投资的人来说，可能经常感觉时间紧迫，让我暂时掌舵，带领你直接进入一些真正值得你花更多时间研究的市场领域。

银行与金融服务业

一般来说，大多数金融服务企业作为资金的中间商有极好的经济地位。银行特别喜欢花很少一点钱就能控制储户很多钱这一让人羡慕的地位（当你核查账户和这些账户产生的利息收入时，总是感到利息率低），银行把储户的钱转手，再以比它们给储户的利率高得多的利率贷出去。事实上，银行在收取酬金和交叉销售金融产品时，将储户手里的钱逐步转移到自己的控制之下。此外，因为银行有些模棱两可的金融条款，很多投资者只简单地看一下，或者只看是否是最大和最知名的公司，并不进行深究。其实通过了解是什么导致了银行和其他金融服务公司的行为，你将领先于其他大多数的投资者，因为很少有人对这个领域精挑细选，你很可能会发现一些稳健可靠的投资机会。（金融服务业是市场中一个广泛的领域，后面我们将拿出两章的篇幅研究这个领域，一章讲银行，另一章讲资产管理和保险公司。）

商务服务业

这是市场中最包罗万象的领域，所以很多投资者放弃它。这是很可惜的事，因为这个行业包括很多很有吸引力的公司。除了庞大的行业（比如数据处理这样令人厌烦但有利可图的行业），商务服务业还充满了一些利基市场公司，这些公司独占了它们的经济角落。例如，辛塔斯公司通过令人信服的公司经营为股东创造了巨额的财富，该公司设计和出租员工的制服而且做得很好。谁能想到租赁制服能如此赚钱呢？穆迪公司（这家公司做债券评级）和伊奎法克斯公司（这家公司维护信用评分数据）也是高盈利的例子，但在利基市场里并非有如此强势地位的公司都那么众所周知。

商务服务业公司常常在市场的雷达之下飞行，因为它们不太适合华尔街分析师行业导向的胃口，在每一个利基市场里通常只有很少几家公司，所以华尔街的行业专家趋向于放弃这些公司。结果，这些股票无法得到向金融机构投资者大肆宣传的机会。（另一个原因是，这些领域的公司不希望引起华尔街的注意，它们通常以发行长期债券的方法收回短期债券，这就意味着它们不需要很多投资银行服务机构。）对精明的投资者而言，华尔街注意得少可能意味着更多的机会，所以不要忽视商务服务机构。

保健行业

这个市场领域与金融服务业十分相似，因为长期需求的前景十分看好，而且公司趋向于高盈利。就像我们第十一章分析邦美公司显示的，即使一家很小的公司也可能建立起竞争优势。不管怎样，接触这些生化制药公司和一些管理型医疗保健组织时要小心。大多数生化制药公司是单一产品的“彩票”，而大多数管理型医疗保健组织的经营要受许多不可思议的规则调整的困扰，医疗保险制度很小的变化，对这类公司就可能引起巨大的影响。

媒体

最后，花一些时间弄清楚媒体类公司。很多媒体公司在它的周围建立竞争优势，这是因为媒体的自然平衡或者垄断，例如，任何一座城市对两家以上的日报需求很少。此外，媒体是极少数在产品交货之前已经收款的行业，因为大量的媒体是通过预收订金方式销售的。你能设想现在就得到明年 1 月 1 日的工资吗？媒体公司就是这样赚钱的。

结 论

不是只有这四个市场领域值得投资，我突出这些行业，是因为它们包含着很多有较强竞争优势的公司，它们在尽可能小的市场领域里有很好的公司。

你可以直接阅读后面的 13 个章节，或者你应该在下一次自己研究一个特殊的行业时，把它们作为参考指南。不管你怎么用这些章节，我们写这部分的目的是帮助你回答几个基本问题：这个行业的公司怎样赚钱？这些公司怎样建立竞争优势？这个行业里有什么投资者需要知道的习惯？你怎么把每一个行业里成功的公司与不成功的公司分开？你应当密切注意什么陷阱？

经过长时间努力，如果在机会出现时你能捕捉到公司和行业的有效数据，你离成功就不远了。

第十四章

14

医疗保健行业

大多数人如果没有美食咖啡或者智能手机就无法生存，而医疗保健行业则是很少的几个与人类生存息息相关的经济领域。新的医疗创新能明显提高或延长病人的寿命。医疗保健的投资价值与美国一些相关的免费制度环境有关，它们给这个行业的公司带来了高于平均水平的利润。医疗保健行业的很多领域被少数几个大的不需要价格竞争的厂商垄断，结果是医疗保健公司常常有很高的盈利，并同时拥有强大的自由现金流和很高的资本收益率。

医疗保健行业也从强有力的增长态势中获利。1980—2002 年，医疗保健的消费从占美国经济总量的 9% 增长到差不多 15%。尽管这个增长率可能是缓慢的，美国政府负责跟踪医疗保健统计数据的美国医疗保险制度和医疗补助制度中心估计在未来 10 年，用于健康方面的支出将以每年 5% 的速度增长，明显高于 3% 的经济增长。如果这种预测有一定把握，医疗保健行业在未来 10 年将占到美国经济总量的 18%。

医疗保健行业的公司还受益于稳定的需求。即使经济低迷的时候，人们也会生病，需要医生和医院，所以医疗保健行业传统上一直是防御性的投资安全港。

医疗保健行业包括制药公司、生物技术公司、医疗器械公司和医疗保健服务组织。在这些领域中，我们认为制药公司和医疗器械公司通常是最有前途的，因为它们有典型的最强的竞争优势。

医疗保健行业的竞争优势

医疗保健类的公司常常受益于各种形式的竞争优势，比如高的起步费用、专利保护费、明显的产品差异和经济规模。对新的市场进入者来说，这就造成了很大困难，特别是对制药公司有价值的专利权、能提供巨大网络的管理型医疗保健组织，或者医疗器械公司长期的临床记录等，这些特性产生巨大的盈利能力。在过去的 5 年，不管经济是否衰退，医疗保健行业的所有者权益市场加权收益率平均达到 23% 以上。

例如，在大型制药公司，专利保护常常阻止直接竞争，所以公司能把处方药的价格提高到市场能承受的最高限。因为大多数费用由保险计划支付，对最终消费者而言价格弹性很小。这些很高的价格与经济规模结合在一起，导致这个行业的毛利率常常会超过 75%，甚至 85%。

企业规模是新制药公司进入的另一个屏障。开发一个单一品种的药物，完成全部研究工作需要 15~20 年，而且在此期间要不断调整工艺，往往需要花费数以亿计的美元。几乎没有哪一个科学家和企业主有如此充足的资本。即使他们克服了时间和资金上的障碍，等着他们的还有肉搏战——来自像辉瑞制药或者默克这样的公司强大的营销能力和巨额的广告投入。（与之形成鲜明对比的是，软件服务业或者餐饮业的起步费用很低，新的进入者频繁涌现。）因此在过去几十年里，合并就成了医疗保健行业的趋势，而且已经站稳脚跟的厂商通常都把刀磨得很快，小公司常常无法与之竞争。

医疗保健行业巨大的规模和快速的扩张，使得在这个行业的投资看上去好像不需要经过大脑。但是这个行业也充满了复杂的关系、激烈的竞争，以及调整会使谁受益、谁要为此付出代价等许多政治压力。不像服装、计算机或者咨询服务行业，医疗保健的消费者经常不是写处方的人，而写处方的人往往不是自己消费这些产品和服务，所以很多时候消费者自己不能做出是否购买的决定。

与此相反，沃尔玛的购物者很容易看到哪一个品牌的纸巾最便宜，而且最好用。对医疗保健的消费者而言，价格常常是不透明的，而且由毫不相关的医师来帮他们做决定。他们没有动力去考虑怎样以最低的价格购买来降低费用。（但是当公司把一个更大比例的医疗保健的负担转移给它们的员工时，这种情况就出现了一些变化。不过总的来看，当病人寻求医疗保健或者医生开药时，价格一般不是他们考虑的首要因素。）

在以下的部分里，我们来探索某些主要的医疗保健行业的动力和趋势。我们不可能覆盖到每一个角落，毕竟医疗保健行业是覆盖太广而且变化多样的行业领域，所以我们很难在几十页的篇幅里表达清楚，我们将介绍这个行业最大的几个子行业。

医药行业

大型医药公司具有很强的竞争优势，以及对任何行业来说都最有吸引力的财务特征。大型制药公司（与那些收益率很低的商业模式形成鲜明对比）常常夸耀它们出众的毛利率。大多数全球性制药公司的投入资本收益率在 20% 左右，顶尖的公司比如辉瑞制药公司的投入资本收益率经常能达到 30% 左右。麻醉品制药公司更是令人垂涎，它们的毛利率常常达到 80% 左右，同时营业毛利率可达 25%~35%。此外，麻醉品制药公司能创造大量的现金流，以及事实上无负债的资产负债表。

但是创新不是廉价的。新药需要投入资金才能赚钱，而且从研发到把药品摆上药房的货架，需要 8 亿美元左右的投入。这些药品的研发投入中只有 1/3 可以源源不断地产生收益。临床测试阶段（人体试验）就要进行 10 年左右。就是这样，公司把资金投入研究过程中，但是没有收益的保证。

在美国还有减少医疗保健费用的压力，特别是在医师处方单上的药费。从 20 世纪 80 年代起，医师处方药的花费比其他医疗保健费用增长快得多，几乎是医疗保健费用增长率的两倍，可达 4.9%~9.4%。但是如果政治压力导致药品降价（就像美国医疗保险药品计划可能的情况），大的制药公司就会眼看着毛利率下降。

消除药品开发过程的神秘感

药品的开发有很多种途径。某些时候它们的发现是由于一些错误，比如万艾可（Viagra，辉瑞制药公司的科学家从一种治疗高血压的药物中注意到了它的“副作用”)。还有些时候，新药是在陪替氏培养皿和实验室里对数以千计的化合物严密的测试过程中发现的。这个识别可能目标的过程，以及决定是否把它们移下开发链，大约需要花费 5 年或更多的时间，还有数以亿美元计的开销。

随着新技术和超级计算机的使用，科学家们正在利用高科技测试分子取代不同因子，以便使新药开始在活体动物测试之前就可缩小化合物的数目。但是眼下，药物还是要在老鼠身上试验数年，以通过最初的研究，不给人类制造麻烦。

药物被摆上药房的货架之前的开发过程框架见图 14–1。

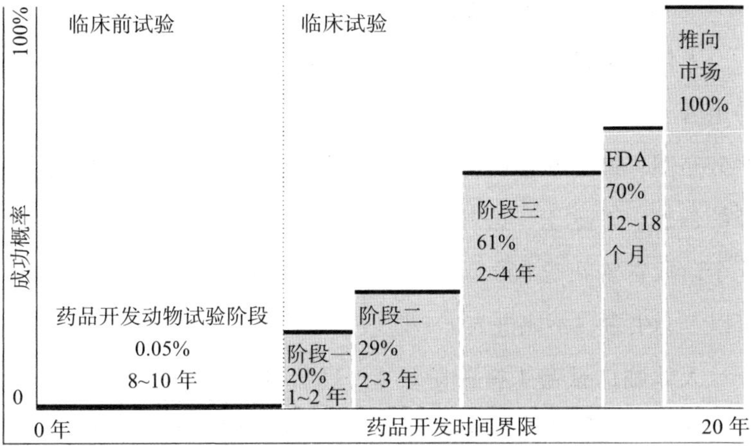

图 14–1　药品开发时间界限和累计成功的概率

临床使用前的测试：这是动物试验阶段，主要目标是评估毒性作用。药物在人们可以接触到之前，科学家必须完全清楚它可能存在的对人体的损害。一般来说，平均要花 2~3 年的时间发现一个可行的候选药物，还要花更多时间来研究它是否适合做人体试验。只有很小比例的药物可以通过测试，接下来要给美国食品及药品管理局（FDA）填报一份新药研究申请。大约 85% 的新药研究申请可以继续进入第一阶段。

人体临床试验（第一阶段）：第一阶段是人体临床试验三步中的第一步。在第一阶段，新药用于一个小组（少于 100 人）的健康志愿者做试验，目标是收集安全和功效方面的原始数据，不管药物是否产生预想的效果。

这里安全性是第一位的，尽管科学家和医师也预先估计药物的人体反应。第一阶段的药物有 20% 的机会最终获得认可，但可能还要花费几百万美元（包括开发费、临床试验费等），并要与 FDA 进行持续不断的交流。

人体临床试验（第二阶段）：在第二阶段，药物在目标疾病的患者人群范围内进行试验，以获得更全面的药物如何发生作用的分布图。试验的管理者通过这些试验收集安全性和不良反应另外的数据。在这里，医师和科学家要试验用多少药和给药次数。这个阶段常常花费 500 万美元左右，而且第二阶段试验药物的一半以上会失败，不能进入下一阶段。

人体临床试验（第三阶段）：最后测试的关口是第三阶段，药物在更大的患病人群中进行更长时间的测试。安全性始终是一个问题，第三阶段要首次面对长期患者的安全性，但是功效也得到了更多的关注。因为这个阶段参与的患者数目较多（常常达到 5 000 或者更多的人），管理当局需要参与，还有时间和资源的投入，因此第三阶段花费非常昂贵。这些试验要耗费药物开发平均经费 8 亿美元的大部分，第三阶段的药物有 61% 的机会最终获得批准。

FDA 的作用

到目前为止，一种新药在临床测试前要花费 2~3 年的时间，在临床试验阶段要花费 8~12 年的时间，而且还不会创造任何收入。接下来最艰苦的测试就要到来了。一旦药物完全通过了第三阶段试验，公司要给 FDA（或者世界上其他管理机构）上报一份新药申请，才能够把新药放到药房的货架上并实际上把新药推向市场。一套上报 FDA 的文件可能比一些小汽车还要重，所以准备这些文件需要数月。按照美国药品行业贸易集团的说法，FDA 回复一份申请需要 17 个月的时间，而且一种新药被 FDA 批复通过的可能性只有 70%。

每一份申请都要从单一（高特效性）适用解决的病症出发寻求批准。例如，利妥昔单抗（Rituxan）是一种治疗淋巴瘤病的特效药。一旦利妥昔单抗被批准，这种用途就是制造商在向市场宣传这种药物时唯一可以推销的功效（尽管医师可能选择为其他病情开出这种药，这种做法常常被叫作“标签说明之外的用途”）。

FDA 的咨询委员会一年开几次会讨论这些申请。这些委员会向 FDA 提交他们的意见，这些意见决定了新药的命运。FDA 可以对一种新药做出很多审查，包括批准市场营销许可（它意味着公司可以针对规定的适应解决的病症在市场上销售），要求提供额外的数据或者其他相关试验，或者拒绝申请。

如果申请被拒绝，这样的结果对上报申请的公司显然不利。它是一封不予批准的函，意味着上报文件的信息不能使 FDA 相信新药的价值。不管怎样，这些化合物不见得就此无望，新药申请可以重新提出。但是一个申请经过一遍 FDA 的审查过程被拒绝，往往说明公司没有更多的信息支持它的请求，那就意味着要从头开始了。一些申请也许数年过去了，还要有数百万美元花费在这些化合物上，或者公司废弃这个计划重新开始。不管哪条路，都是痛苦的。

专利权、知识产权和市场排他性

一旦新药得到了FDA的批准，市场营销就可以开始了。品牌药享受20年的专利保护，从公司第一次完成专利申请算起（或者从发证时间算起17年）。不管怎样，因为专利申请通常是在新药被确认而不是在推向市场的时候，药品很少享受满20年的垄断利润，因为保护期的相当比例被各种试验和批准过程给蚕食掉了。很多药品在投放市场后只享受了8~10年的保护。在此期间，没有其他公司能卖同样的化学合成药品，尽管竞争对手可以自由开发同等疗效的不同化学药品。

要查清楚制药公司的专利保护，看一看10–K报告，在“专利权和知识产权”部分的标题下，你将看到一个关于公司专利和它们何时期满的讨论，因为制药公司常常参与激烈的法律纠纷以扩大它们的专利权，你可能需要访问一个公司的站点查找全部的信息。10–K报告也讨论一些未裁决的诉讼，这可能是遇到麻烦的信号刚刚冒出地平线。

仿制药品的竞争

一种药品如果过了专利保护期，或者失去了市场排他性，对来自普通药物的竞争就开放了。仿制药品与品牌药品有相同的化学成分，但是费用明显低廉，通常低40%~60%。仿制药品的制造商可以把价格降低，因为它们不需要补偿研发每一种新药的8亿美元的费用。而且对大多数药物来说，制造成本是微不足道的（只有销售收入的20%~25%），所以价格可以很低。

在美国，仿制药竞争对手的进入对相应品牌药品的打击可能是毁灭性的。业内都知道，药品在出了专利保护期的6个月内，要损失销售收入的80%以上。礼来公司著名的抗抑郁症药物百忧解（Prozac）就是一个典型案例。2001年，当百忧解失去专利保护后，半年后，其季度收入从5.75亿美元下降到0.96亿美元。所以，如果你正在考虑购买一家依赖一种占销售收入很大百分比的特效药的制药公司股票，不要指望其在专利期满后还能持续赚钱。

成功的制药公司的特点

从品牌制药公司的历史来看，它们有很高的毛利率、很少的负债和充沛的现金流。要发现公司能够持续创造一流的业绩，请你关注下面这些特性：

- **畅销药品（特指一种药物销售收入在10亿美元以上）：** 有畅销药品的公司通过把固定成本分摊到更多产品上以取得收益。高价销售药品、旺盛的需求驱动，使厂商盈利的同时还得到了获取暴利的机会。辉瑞制药公司是一个很好的例子。在1997年，辉瑞制药公司只有两种药品年销售收入超过10亿美元，但是到2002年，有8种药品突破10亿美元大关，其中4种药品打破20亿美元的纪录。借助这些药品，辉瑞制药公司的营业毛利率从1997年的20%左右提高到2002

年的 38%。

• **专利保护：** 所有药品最终都要失去专利保护，但是这些公司如果对失效专利管理得好，还是能够创造一个稳定的现金流。百时美施贵宝公司（Bristol-Myers Squibb）展示给我们的是，当一家制药公司在大量品种失去专利保护而又没有可替代药物时会发生怎样的情况。在 2000 年的第二季度到 2002 年第一季度之间，百时美施贵宝公司在三个大的药品品种上失去专利保护，在不到两年的时间里，公司的销售收入缩减了 20%。另一种情况，阿斯利康公司（AstraZeneca）的奥美拉唑（Prilosec）在 2001 年失去了美国专利保护，这家公司已经开始把病人从第一代专利保护药转为使用第二代专利保护药上。在仿制药品的竞争对手进入市场之前，阿斯利康公司的新药已经确立了在市场上的地位，并且已经带来相当于第一代药品 35% 的销售收入。

• **一个完整的药物临床试验体系（和一大群可供药物试验服务的人群，比如癌症和关节炎患者等）：** 默克公司是这种策略的一个很好的例子。这家公司通常有很多产品在开发中，而且取得了一些针对目前医疗需求无法满足的数以百万潜在病人的定向研究成果。2002 年，默克公司销售排名前 5 位的产品结合在一起，有达到 1.38 亿美国人的潜在市场。

• **强大的市场营销能力：** 医师依靠药品销售人员学习新药知识，而且市场销售人员已经成功地把公司核心治疗的秘诀渗透到医师的耳朵里并使他们相信。辉瑞制药公司与心脏病专家的关系、惠氏公司与妇科医生的关系、礼来公司与精神病医生的关系都是不可忽视的。这些专家的意见是相当有价值的，很多生物技术公司常常与大型制药公司做伙伴，并为此放弃一大块利益，就是为了利用伙伴制药公司的营销资源。

- **市场潜力要大：**影响到相当大比例人群病症的治疗药物（比如治疗勃起功能障碍、高胆固醇、抑郁症和高血压等），比那些小品种药物明显要有潜力。尤其是治疗慢性疾病的药品，因为病人为保持健康必须持续购买药品。

所有这些信息在公司 10–K 报告中都可以找到。特殊疾病的组织或网站，如美国肾病基金会或者癌症网站（cancer. gov），也常常有临床试验和适合治疗一种疾病或病症的药品信息，以及受这些疾病之苦的病人数量信息。分析一家制药公司药品开发与传递路径的宽度和广度，是你研究制药和生物技术公司工作的一半。所以，卷起你的袖子深入挖掘 10–K 报告，得到公司研发新药力度的每个细节吧。

仿制药品公司

仿制药品厂商与品牌药厂商相比没有很高的毛利率，但是它们和仿制药品一样增长非常快，因为仿制药更受欢迎。

这些模仿他人的公司通常毛利率在 40%~50%，营业毛利率在 15%~20%。投入资本收益率非常不同，这源于其所模仿的品牌药的畅销程度不一（大多数仿制药品厂商也销售非畅销品牌药）。以色列梯瓦（Teva）制药公司是一家纯粹的仿制药品公司，它的投入资本收益率在10%左右；而华生（Watson）制药公司一多半的收入来自品牌药品，它的投入资本收益率略低于15%。

有讽刺意味的是，仿制药品公司可能从一些竞争壁垒中获得利益。比如仿制药品公司上报一份合法的专利质询反对品牌药品制药公司享有180天的市场排他权，这就可能使公司获得机会比其他人提前赚到钱。这笔横财可能在短期内改变公司的盈利能力，营业毛利率有10个百分点的增长并不罕见。一旦多数公司加入这场竞争，只有先来的公司是成本最低的制造商。

只要给予生产规模足够的重视，就可以在已确定的普通药竞争中一直保持有利位置。

仿制药品公司从长期趋势中获得利益。在2003年中期，几乎50%的处方都采用仿制药品，而20世纪80年代还只有20%左右。由于每年大量的药品失去专利保护，又由于控制处方药费用的压力，这个趋势还将一直持续下去。即便只有很低的毛利率，这些药品因为适当的成本结构也能获利。最后，政治风也吹向有利于仿制药品公司的一面，因为政治家和普通大众一样，都在寻找降低医疗保健费用的办法。

常见的投资陷阱：单一产品的风险

这种观点听起来对风靡一时的畅销药品是负面的，而且它们确实能转变为一种劣势。如果一种药品的销售收入变成一块相当大的馅饼，说明这家公司的命运与这种药品联系得过于紧密了。因为任何药品最终都要失去专利保护，我们认为需要大一点的安全边际对投资者说明单一产品的风险。

辉瑞制药公司的药品立普妥（Lipitor），在2002年给公司带来了令人惊异的80亿美元的销售收入。在立普妥2011年失去美国专利保护之前，在美国的年销售收入很容易达到100亿美元。一旦遭遇仿制药品的竞争，对辉瑞制药公司来说，要弥补立普妥失去专利保护造成的巨额损失几乎是不可能的。另外，仅仅5种药品就占了该公司销售收入的一半。像立普妥这样的畅销药品不仅仅是贡献了总收入相当大的比例，而且还常常是高毛利率的产品。当专利期满之后，公司会损失一大块收入，同时公司的盈利能力也会相应下降。

生物技术行业

好的生物技术公司能创造巨额的现金流。但对于生物技术巨人安进公司创造的15亿美元自由现金流，除了最敢于冒险的投资者外，对于大部分投资者而言是过于投机了。挑选成功的公司需要一点技巧、懂一点科学，还得有点运气。

生物技术公司常常被认为是比较年轻的、时髦的、更有创新意识的公司，而且相对于制药公司它增长更迅速。这些公司使用生物技术如细胞和分子技术探索发明新的药品，这样的工艺要优于大制药公司的化学工艺。生物技术公司利用像蛋白质组学和基因组谱学这样开创性的技术平台，开发新奇的医疗产品。

不管怎样，生物制药的开发有很强的或然性，还有很多的产品风险，因为这些疗法常常是完全新型的治疗方法。例如，基因技术公司一直在开发一种治疗方法，试图停止人体新血管的生成机制，它的理论是：如果癌细胞长时间得不到血液的供给就会死去，这种新治疗方法被称作血管阻生法。虽然有好几家公司同时研究类似的疗法，但没有人能预测什么时候才能取得成功。即使它们成功了，这种治疗方法的市场规模对任何人来说都是很难预测的，这也增加了药品研发过程的另一种不确定性，就像股票价格的易变性。

成功的生物技术公司的特点

要在三个层面考虑生物技术公司：得到公认、生机勃勃、投机性。

得到公认：生物技术行业重量级的公司像安进公司、基因技术公司、赛迪生物公司，它们中的任何一家产品年销售收入都超过 10 亿美元，而且市值开始与那些大制药公司抗衡。它们创造利润和现金流，而且正在研发中的药品足以支撑相当好的销售收入和利润增长。随着这些公司规模的不断扩大，它们未来的现金流风险也变小了。

在这个层面上，要寻找有以下特点的公司：

- 公司有大量的药物进入了临床试验的最后阶段。

- 有足够的资金，加上现金流，能支撑几年的研发支出。
- 公司已经组建了自己的销售队伍，所以不再为委托其他公司营销产品付费，并开始建立与医师的关系网。
- 股价以公平价值为基础有30%~40%的安全边际。

生机勃勃：很多生物技术公司处在成功的交叉点，既在市场上有自己的产品，又有正常的交易关系。一些公司处在黑暗的破产边缘，而另一些公司则被证明规模虽小但有盈利能力。生物技术公司就像陪替氏培养皿中的细胞一样多，而且数目还在不断增长。这些公司有很大的风险，典型情况是它们往往只有一个面比较窄的竞争优势或者根本没有，完全依赖竞争产品。

在这个阶段，现金为王。这些公司常常在市场周期性的生物技术热衷于有能力筹集资金，但值得我们警惕的是这些钱花得有多快，因为最后阶段临床试验是最费钱的，而且给FDA逐字逐句准备一卡车文件也是不便宜的。这样，后起之秀与大制药公司或生物技术公司结成伙伴关系就讲得通了。尽管合作伙伴协议意味着奉送一大块利润，但如果想迅速占领市场，这笔花费还是值得的。

投资者应当问以下问题以减少投资的风险：

- 这家公司有足够的资金完成试验的最后阶段（花费最大的阶段）吗？你可以把资产负债表上的现金数量与一个典型年份公司能够赚到的现金量进行比较。第二阶段试验可能花费数千万美元，这家公司能开出这样的支票，或者在外部筹集到资金吗？

• 有大型生物技术公司或者制药公司一直乐意与之合作吗？合作关系是一把双刃剑。合作伙伴常常要确认生物技术的生存能力、提供经验和销售的专家意见，而且它们也拿走一大块利润。例如，赛迪生物公司治疗癌症的药物利妥昔单抗，自 1997 年问世以来已经风靡市场，但是因为公司的合作伙伴基因技术公司的缘故，赛迪生物公司只得到了这种药品销售收入的 1/3。

• 因为未来现金流是难以预测的，所以现在股票价格以合理价格多大的折扣交易，才能为你提供足够大的安全边际？我们认为，对特定风险的生物技术公司，一个 50% 的安全边际是合理的。

投机性：新的生物技术公司占据了这个行业全部公司的多数，这些公司对大多数投资者而言风险实在太大。尽管这个行业的公司毋庸置疑地拥有新奇的技术，而且可能某一天取得巨大的成功，但从真实的医药产品上取得真实的收入还需要很多年，正的经营性现金流更要等到下一步。大多数处于早期阶段的药物的风险是，它可能永远不能进入市场。我们把这类公司分到高风险、没有竞争优势的类别里，这就意味着在我们购买这些股票之前应当有一个非常大的安全边际。这些股票比任何东西都更像彩票。

如果你正在研究一家生物技术公司，公司的 10–K 报告是我们起步最好的地方，报告里公司用外行能够理解的语言解释了正在开发的技术和药品，并且解释了公司怎样筹集科研和合作资金。一些网站如 cancer.gov、MedicineNet.com 以及一些科普期刊，常常有关于药品分级、市场规模、竞争以及替代产品的信息。另外，行业资源如生物技术产业协会和 BioSpace 网站都有药品、公司和行业信息。

医疗器械公司

医疗器械公司也许是医疗保健行业中最简单的。这些公司制造设备，比如在手术中使用的心脏起搏器、人造股骨头等。有两种重要类型的医疗器械公司——为心脏血管和整形外科提供器材的公司，这些公司非常值得了解，因为这个领域的很多公司具有强的竞争优势。

和其他医疗保健部门一样，老年人口增长和寿命的延长将驱动医疗器械行业销售收入的增长。老年人中心脏疾病的发病率和关节替换需求均持续上升。此外，因为老年人正在忍受老龄化带来的各种不适，医师开始在年轻一点的病人当中实施更多的关节替换手术。一个新的人造股骨头的平均使用寿命是 10 年，当人造股骨头磨损的时候，因为修复手术最终扩大了市场。医疗费用持续的压力也有助于刺激一些医疗器械公司的需求，就像一些新的外科技术通过缩减在医院的治疗时间而有效地降低了医疗成本。

例如，传统的心脏搭桥手术通过旁路增加心脏的血流，需要在胸部切开 25.4~30 厘米的刀口，打开胸腔，大约需要在医院住 8 天左右，之后需要两个月的恢复。微创心脏搭桥手术需要在肋骨之间切开 8~13 厘米的切口（或者几个 2.5 厘米的切口），只需要在医院待三天以及大约两周左右的恢复期。微创手术比传统开胸手术的费用要少 25% 左右。

除了这些吸引人的成长特性之外，医疗器械公司也有值得夸耀的很强的竞争优势。规模经济、高转换成本和长期的临床历史（一些整形外科器材有超过 30 年的历史），对新进入者来说都是屏障。结果，几家主要厂商垄断了全部心脏和整形外科的器材市场。医疗器械和医疗仪器的专利保护作用，也为每一家公司提供了阻止竞争者的一项保护措施。

对于整形外科医疗器械来说，转换成本有增大的趋向，因为医师难以放弃一家公司的产品而去选择另一家的。安装一个人造股骨头或者膝关节是复杂的，而且手术需要专门的工具和专业的训练。因为每一家公司的专用系列工具只能用于本公司的关节替换，一名外科医生如果要使用不同公司的人造股骨头，就需要挤出时间接受关于怎样使用新的测试设备系统的训练，此外还要完成足够多的手术才能适应新的系统。我们知道外科医生非常忙，除非新的人造关节明显比外科医生现在使用的好，否则他们不会这样做。

医疗器械公司还掌控着巨大的定价能力。到目前为止，医疗制度和保险公司一直难以处理限制人造关节和心脏起搏器的品牌选择问题，这就形成了允许整形外科器材制造商持续每年提价 3%~5% 的局面。

最后，一些医疗器械公司比制药公司面对的风险要小得多，因为产品的进步趋向于改良而不是革命。这在两个方面对行业内的厂商非常有利。首先，它减少了调整的风险，因为现有器材设备新的改进对 FDA 来说只是一个复习审批文件的过程。第二，它减少了一家公司通过大量生产一种真正革命性的产品跃过其他公司的可能性。尽管医疗器械的重要进步确实在发生，但它们在医疗保健行业的其他领域很少是公用的，所以行业内厂商趋向于制造连续的、仅仅比前一代有一点点改进的特殊器材。（与此种类型竞争形成鲜明对照的是制药行业的“赢家通吃”结构，在那种情况下，一种新的药品能够用快餐的方式掀翻竞争药品的市场。）

但不管怎样，医疗器械制造商不可能没有风险。产品的周期很短，所以公司必须在研发方面花费大量的支出以阻止它们的竞争对手。尤其是在心脏医疗器械方面，这个领域转换成本相对较低，在 12~18 个月新产品投放市场的间隔里，市场份额也在几家主要竞争对手之间戏剧性变化。心脏医疗器械对于心脏移植手术来说，用今年的型号与去年的型号很大程度上是一样的，这就使得医师转换到使用最新型号器材很容易。

法律风险也是个问题。最近几年，心脏医疗器械公司在这方面一直处于来自竞争对手的防御性（有时甚至是无礼的）诉讼的困扰之中。诉讼和反诉讼耗费了大量的时间和金钱，同时还增加了风险，因为结果很难预计。

成功的医疗器械公司的特点

医疗器械公司常常享受很高的毛利和丰厚的利润。以下是我们在医疗器械公司要寻找的关键因素：

- **销售人员的渗透能力：**很多公司把它们的销售人员训练得像咨询人员一样，同时还有手术室提供援助。例如，邦美公司的销售代表参加使用本公司产品的人造关节替换手术，而且常常在手术期间和外科医生分享他们使用设备和仪器的专门经验。这种与外科医生纵深的关系增加了竞争产品的转换成本。

• **产品多样化：** 公司通过提供高毛利率的强大产品组合（比如，可替换的股骨头或者起搏器）能降低毛利率较低的产品的风险。例如，美敦力（Medtronic）公司一直致力于将它的电子刺激技术（起搏器中使用的）用于控制帕金森病的震颤，开发这种高毛利率的产品有助于抵消毛利率较低的业务的下降。

• **产品创新：** 看一看新产品相对于研发费用的介绍，是度量一家公司推出新产品能力的好办法。一家公司的年报将提及在一个特定的年份正在投放的新产品及其研发费用。回顾一下过去几年，可以深入挖掘一下过去的年报。

医疗保险与管理型医疗保健组织

医疗保险公司和管理型医疗保健组织遭遇到强烈的调整压力和普遍的诉讼，这让它们比其他医疗保健行业少了一些吸引力。它们通常没有强的竞争优势，尽管这些公司都一门心思赚钱，也创造了巨额现金流，但我们碰它们之前要小心。在投资这个行业之前，我们需要一个大的安全边际。大多数医疗保健消费者不会花太多时间思考从他们口袋里掏了多少钱给医生，因为直到今天他们还不用为全额账单付款，所以他们没有动机寻求最低的价格。但如果保险公司低估了医疗保健费用，它很有可能最后要

“买单”。

从20世纪80年代开始，保险公司试图通过创立管理型医疗保健组织来协调生产者和购买者，以赢得一些定价权。管理型医疗保健组织通过两个主要渠道赚钱。其一是承销医疗保险。因为很难预测未来的医疗费用，所以这是众所周知的基于风险的商业模式。在这种模式下，管理型医疗保健组织承担医疗保健费用的风险。该组织赚钱的另一个渠道是提供管理服务，比如理赔或者网络接入，收取月费。在这种情况下，雇主承销了员工的保险，管理型医疗保健组织只不过管理医疗保险。这种模式叫作基于收费的商业模式，雇主承担了医疗费用上升的风险。

基于收费的业务所占比例较大的公司承担的风险较小，因为现金流很好预计。而基于风险的账户与医院的每一次往返都要从管理型医疗保健组织的口袋里掏走很多钱。如果没有人得病，管理型医疗保健组织就可以把全部保险费归自己，前景可能很好，但是如果医院的费用或者处方药的价格比预计增长得多，管理型医疗保健组织的利润就被吃掉了。由于医疗费用通常一直在增长，所以我们认为，基于收费的管理型医疗保健组织通常是有吸引力的。

成功的医疗保险和管理型医疗保健组织的特点

一些管理型医疗保健组织做得很好，这里告诉你的是怎样发现它们：

- **有效的医疗费用管理和承销：** 医疗保险的赔付率（医

疗费用支出除以保险费收入）是这一领域度量一家公司效率最好的指标。计算这个比率时，要确信不包括基于收费的收入和投资收益。在过去的几年里，平均的赔付率在84%~85%，这个标准涵盖了定价和医疗费用管理。

- **最小限度的双重选择业务：**管理型医疗保健组织常常给个人在两种或更多种类型保险中选择的机会。你要密切注意有大比例双重选择保险的公司，还有通常所说的“切片”业务。这些“切片”账户不仅经常提升管理型医疗保健组织的超级竞争，而且易受影响定错价，因为在每一家主办的公司里，业务需求是很难预料的。

- **大量混合的基于收费的业务：**承销医疗保险被证实是有风险的业务，我们认为这种风险较低。例如，到2002年底，联合健康集团把基于收费的会员数从1999年占会员总数的55%提升到64%，这一阶段该集团财务状况也得到了全面提高。

- **政府账户风险最小：**政府基金项目，比如医疗保险制度和医疗补助制度，不随着医疗费用的增长提高比例。政府账户风险较低的公司比那些依赖政府收入的公司表现要好。

公司的网站上有公司提供的产品和服务的信息，这也是了解公司与客户关系的很好的渠道。10–K报告披露承销的信息，对于混合账户，客户是公司收入的巨大来源（10%或以上），10–K报告还要披露混合账户信息，除此之外还有产品信息和财务报表。

投资者清单：医疗保健行业

- 开发新药是费时、高成本、没有成功保证的。寻找那些有长期专利保护和有很多正在研发中的新药可以分散开发风险的公司。
- 如果制药公司的产品目标市场有大量的患病人群，或者需求明显未被满足，这就存在一个非常好的盈利机会。
- 对一种畅销药品占销售收入很大比例的制药公司而言，要确信投资该股票时有大的安全边际。任何意想不到的研发都可能使现金流和股票价格萎缩。
- 除非你深入了解这项技术，否则不要在生物技术公司起步阶段投资。这类公司的盈利可能是巨大的，但是迄今其现金流还不可预测，这种情况下输得精光比赚大钱的可能性更大。
- 不要忽视了医疗器械行业，这个行业里有很多公司有竞争优势。
- 对依赖于研发的公司（包括制药、生物技术和医疗器械）来说，现金为王。确信公司有足够的现金，或者来自经营活动的现金能够让它完成下一个研发周期。
- 密切注意政府动向。任何医疗保险和医疗补助需求政策的调整变化，都可能对整个行业的定价能力产生深远的影响。

- 分散风险的管理型医疗保健组织，无论是通过高混合的基于收费的业务、产品多样化、强大的承销，还是拥有风险最小化的政府账户，都将提供一个能保持一定增长速度的收益。

第十五章

15

消费服务业

不要感到惊奇，我们一般不认为在零售业和“消费服务业”值得做大量长期的投资，因为这个行业的大多数企业竞争优势的面非常窄。零售商唯一能赢得竞争优势的途径就是通过做某些事情，让消费者更乐于在它这里购物。通过提供独特的产品或者更低的价格可以做到这一点，不过很少能发现一家零售商或消费服务企业保持一种竞争优势超过几年的。

几乎没有已经建立起绝对竞争优势的消费服务公司，包括在家庭装修领域的家得宝公司和柔适公司，处方药品便利商沃尔格林公司和日用品领域的沃尔玛公司等。这些公司开发了与竞争对手特色不同的商店模式，而且它们现在享有庞大的规模效益，使得竞争对手难以获得稳定的利润。识别和投资类似的公司（在正确的价位上）是一种典型的“买你知道的”市场领域，并经过长期持有而赚钱的好方法。尽管当这个行业出现阶段性的股票低价时，你也可以转而购买高质量专卖店和服装店股票，但是这些公司很少有值得长期持有的。

我们每天看到的公司

大多数消费者服务领域的公司都是人们非常熟悉的。我们每天在它们的商店里购物、吃它们卖的食品。这个领域包括折扣店（如沃尔玛公司和塔吉特公司）、药店（如沃尔格林公司和CVS公司）、服装店（如盖璞公司），家庭装修业的家得宝公司和柔适公司，餐饮业的麦当劳和澳拜客（Outback）牛排店，以及其他一些众所周知的名字。仔细研究这些商店的走廊，与员工接触和选用它们的产品，是形成投资观点的方便途径。毕竟，当我们购买英特尔公司股票时需要胡乱补习一些半导体行业的知识；在购买安泰保险公司或者信诺保险公司的股票时还要与理赔代表谈话。

消费者服务行业一直增长强劲。我们的文化得了时间饥渴症，越来越多的家庭父母全职工作，需要快捷而可信赖的服务并乐意为此付钱。食杂商店提供现成的或一烹即食的套餐，折扣商店现在几乎全部是在前台集中结账，药店也一天24小时营业。以竞争性价格提供最好的全面服务的公司能够幸存下来而且兴旺发达，与此同时其他公司则黯然失色直到最终消失。

按照美国人口调查局的预测，美国经济从1991年的6万亿美元增长到2001年的10.1万亿美元。在此期间，消费者支出占经济总量的比例从66%增长到69%。消费者服务行业正在成为经济的主要部分，而且我们预期这个态势还将继续，因此你就不会惊讶于这些公司比过去10年间整个市场表现得好了。

1993—2002年，标准普尔500指数显示，零售业累计收益率达122%，同期标准普尔500指数的收益率是102%，而股价居前的领头羊名字中有沃尔玛公司、家得宝公司和塔吉特公司等。因为很多消费者在购买除食品以外的东西时是随意的（甚至可能推迟一段时间），所以不必奇怪零售业股票一般在经济强劲的阶段表现突出，而在经济疲软的时候表现不佳。

在以下部分，我们来研究消费服务部门一些主要行业的特征和趋势。

餐饮业

显而易见，餐饮业可以分成西式速食业和经营全部业务的餐饮业。速食业的顾客在柜台交钱买餐（例如麦当劳和温迪快餐公司等）。经营全部业务的餐厅，顾客坐在位子上由服务生送餐（例如澳拜客牛排店）。因为没有很多办法重新改造饮食服务，这个行业常常从不同的价格组合、饭菜质量、服务水平、提供菜单和就餐气氛等方面尝试新理念。

人口统计学从劳动力总数的漂移和变化方面反映出餐饮服务业的前景十分看好。食用饭店准备好的饭菜比在家自己做饭正变得更有吸引力，对很多双职工的家庭来说，他们没有时间烹饪，甚至懒得去食杂商店买半成品加工一下。做饭经济正在向在外就餐的方向转移。因为家庭变得越来越小，人们意识到做 4 口人的饭与做 6 口人的饭花同样多的时间。家庭餐饮的经济规模才刚刚流行，对单人家庭来说，做一顿营养平衡的饭所花的时间实在太多。

投资餐饮业：了解公司的生命周期

餐饮连锁业和其他任何行业一样经历生命周期。大多数新的餐饮概念开始于一个投机性的成长阶段，这个阶段经理们往往很注意操作的细节和扩张的潜力。很多餐饮概念会失败，因此这个阶段是投机性成长。在这个阶段，大多数投资者陶醉于强劲的销售增长，这预示着这个餐饮概念正在得到市场的认可。餐饮连锁公司在投机性成长阶段的盈利通常是负的，或者至少是不盈利的。在短时间之内，它们要么失败，要么改行，只有很少继续发展下去成为积极成长的公司。

在积极成长阶段，餐饮连锁公司的每一个门店都必须盈利以支持开新的门店。例如，成功的 Cheesecake Factory 连锁公司用它已开门店的利润支持增开的新店。在积极成长阶段，公司现在门店的盈利在支持开新门店时花得非常快，以至于自由现金流的典型情况是负值。这其中一个危险是，餐饮公司过多地借新还旧经常不足以平衡它的资产负债表。

即便现在的经营是有利可图的，高速的扩张常常需要比公司业务内生的现金更多的资金。多亏了经营租赁，这和租赁营业场所相似，它使餐饮连锁公司在一个门店接一个门店扩张时，可以筹集足够的资金而不需要同时背负巨额负债。当然租赁也不是万能药，星巴克在上一个 10 年因增长得过于迅速，以至于许多门店的选址是不成功的，公司必须付出高价维持租赁，大多数租赁还有 10 年或更长的时间才到期。

和许多行业一样，餐饮连锁不可能永远增长那么快。当扩张几乎枯竭的时候，已开门店变得日益重要，而且管理人员也在设法推动门店销售收入健康地增长。强劲的门店销售收入告诉我们，顾客喜欢他们得到的并成了回头客。要让顾客感兴趣（进而推动利润），管理人员必须寻找新的方法以赚取更多的钱。餐饮连锁公司进入慢速增长阶段，有一个典型特点是有充沛的自由现金流、稳定的资本收益，而且通常分红派息，因为它们在业务上缺少投资机会。

很少有餐饮连锁公司能够经历慢速增长阶段，大多数公司直接就进入衰退期。作为一家成功的餐饮连锁公司，自身的特色必须在顾客中根深蒂固。比如在美国，麦当劳公司、温迪快餐公司和 Red Lobster 公司都有一个长长的别具匠心的通道直通店里，以供顾客参观。在走进这些店接受快速服务之前，顾客知道期望得到的是什么。餐饮连锁公司一直在做熟悉的广告和服务。失败者往往是在提供给人们期望的食品或服务的品质方面出了问题，直接把企业带进衰退期。

成功的餐饮公司的特点

- **好的餐饮公司已经建立起来一个成功的概念。**大多数餐饮公司的餐饮概念在初始的投机性成长阶段就失败了，建立起成功餐饮概念的公司则通过了经营成功餐饮连锁公司最困难的检验。
- **复制是关键。**投资者需要确定这家餐饮公司的概念是否能在其他地区重复。澳拜客牛排店和 Cheesecake Factory 公司推出的菜单流行全美，但流行还不是全部连锁店和餐饮概念的关键。Darden’s 公司的中国沿海概念曾在 20 世纪 90 年代规模较小时起了一些作用，但是中国做菜的复杂性导致连锁店饮食服务的不统一，最终失败退出。

- **老的连锁店必须保持新鲜，但不需要彻底改造它们。** Darden's 公司每 7 年左右就要重新改造它的 Red Lobster 和 Olive Garden 连锁公司。这个过程是很费钱的，但这是生存的需要，而且餐饮公司通常能投入足够的资金支付这些费用。如果一家连锁店让顾客等候的时间太长，它的经营场所看上去很旧，就会失去吸引力。而且真到那时，它们无法赚到足够的利润和现金流，振兴品牌的费用也就受到了限制。

零售业

零售业在过去的 20 年里经历了重大变革。首先来自市场类别细分的发展，专门商品和服务的连锁店比如家得宝公司和柔适公司，它们把很多小的地方性的市场参与者排除在行业之外。在 1992 年，家得宝公司和柔适公司披露的销售收入总计达到 80 亿美元；到了 2002 年，它们销售了 800 多亿美元的钉子、锤子和装修用品。Office Depot 公司、Office Max 公司和史泰博公司在 20 世纪 80 年代后期和整个 90 年代，在办公用品供应领域也做得和前面两家装修公司一样好。

第二个重要的变化是，人们离开了老式百货商店。从前，经营老式百货商店在零售业是不错的经营模式。现在，连众所周知的连锁公司西尔斯公司都曾一度将自营零售变成了新型购物商场出租。新型商场的目标是给顾客提供一站式的购物体验，有的甚至把部分场地租给全方位服务的饭店，让消费者有更多的时间购物和感受商场提供给人的更有价值的感觉。

经历过去的 20 年，传统的商店已经变成了稀有的恐龙。现今，像西尔斯公司和彭尼公司还在为保留相关的特色继续奋斗，类似的战斗，已经使蒙哥马利 – 沃德公司和伍尔沃斯公司失败了。这很大程度上是因为消费者倾向改变了，不要责备它们。在家庭里两个人都有收入的时代，购物者需要的是选择、品质以及合理的价格，而且他们希望快速。他们通过转向能给他们提供这种体验的商场显示了他们的意愿。

像沃尔玛公司、塔吉特公司和科尔士（Kohl's）公司，用创新和效率从传统的百货业那里赢得了雷鸣般的掌声。这些公司创立了每天低价、前台集中结账以及在有独立停车位的场所建立门店等特色服务。西尔斯公司和彭尼公司各自以平均 0~1% 的增速增长，而 1998—2002 年，沃尔玛公司、塔吉特公司、科尔士公司销售收入的年增长率分别平均达到 15%、10% 和 24%。几年以后，我们预计这种分化还将继续。

投资零售业：了解资金周转周期

从平均或者平均水平以下的公司挑选出卓越的零售公司的最好的办法是看它的现金周转周期。现金周转周期告诉我们一家公司销售商品（或者存货）的速度有多快，从顾客手中回收货款（或者应收账款）的速度有多快，在付款给供应商之前能占用货款多长时间。表 15–1 分解了资金周转周期，表 15–2 展示的是家得宝公司的资金周转周期。

表 15–1　资金周转周期

存货周转天数	+	应收账款周转天数	−	应付账款周转天数
365 ÷ 存货周转率		365 ÷ 应收账款周转率		365 ÷ 应付账款周转率
商品销售费用 ÷ 存货		销售收入 ÷ 应收账款		商品销售费用 ÷ 应付账款

资料来源：晨星公司。

表 15–2　家得宝公司资金周转周期

资产负债表（单位：亿美元）	2002 年	2001 年
期初存货	67	66
期末存货	83	67
平均存货	75	66
应收账款	11	9
应付账款	46	34
利润表（单位：亿美元）	**2002 年**	**2001 年**
销售收入	582	536
商品销售费用	401	374

2002 年资金周转周期＝ 34 天				
365 ÷ 存货周转率	+	365 ÷ 应收账款周转率	−	365 ÷ 应付账款周转率
365 ÷（401 ÷ 75）	+	365 ÷（582 ÷ 11）	−	365 ÷（401 ÷ 46）
存货周转天数 68 **天**	+	**应收账款周转天数** 7 **天**	−	**应付账款周转天数** 41 **天**
2001 年资金周转周期＝ 37 天				
365 ÷ 存货周转率	+	365 ÷ 应收账款周转率	−	365 ÷ 应付账款周转率
365 ÷（374 ÷ 66）	+	365 ÷（536 ÷ 9）	−	365 ÷（374 ÷ 34）
存货周转天数 64 **天**	+	**应收账款周转天数** 6 **天**	−	**应付账款周转天数** 33 **天**

资料来源：晨星公司。

很自然，零售商希望尽快地销售商品（高存货周转率），尽快地从顾客手中收回货款（高应收账款周转率），而向供应商付款则最好尽可能的慢（低应付账款周转率）。最好的情况是零售商在向供应商付款之前就完成了商品销售和货款回收。沃尔玛是在这方面做得最好的零售商之一，它 70% 的销售收入是在给供应商付款之前入账的。

考察零售商资金周转周期的构成能告诉我们大量的信息。一家存货周转天数增加（或者说是存货周转率减小）的零售商很可能是在货架子上存了很多顾客不喜欢的商品。这种情况导致超额存货、清仓减价销售，而且通常销售收入的下降伴随着股价的下跌。

应收账款周转天数是零售商资金周转周期中最不重要的部分，因为大多数零售商可以在销售货物的同时直接从顾客手中收款，或者通过银行的信用卡或其他金融公司收款。零售商不用太多管理周期的这个部分。不管怎样，某些商店，比如西尔斯公司和塔吉特公司的应收账款科目还是引起了投资者的注意，因为它们向顾客提供赊销并自己管理应收账款。信用卡业务是赚大钱的办法，但是它也很复杂，而且它是和零售业务完全不同的生意。我们要对试图通过承担信用卡销售业务中的风险来推动利润增长的公司保持警惕，因为一般来说那不是它们擅长的业务。

如果存货周转天数和应收账款周转天数说明了零售商与顾客之间是如何相互影响的，那么应付账款周转天数告诉我们的就是零售商是如何与供应商谈判的，它也是衡量一家零售商实力的很好的尺子。拥有较强竞争优势的零售商如沃尔玛公司、家得宝公司，能使供应商与它们之间的信用条款最优化，因为它们是游戏中本来就不多的成员（如果不是唯一的）中的一个。例如，宝洁公司 2002 年 17% 的销售收入来自沃尔玛公司。很多消费品行业公司的财运依赖沃尔玛的销售收入，所以零售之王有巨大的优势，它能奋力争取低价，同时延长付款期限。

家得宝公司在 2001 年和 2002 年开始利用竞争优势地位挤压供应商。家庭装修行业巨人的应付账款周转天数通常在 25 天左右。在 2001 年，这个数字突破了 33 天，而且到 2002 年已经超过了 40 天，以通过更长时间地占用资金来减少短期借款的需求。家得宝公司的经营性现金流从 1998—2000 年的平均 24 亿美元增加到了 2002—2003 年的 56 亿美元。

成功的零售商的特点

- **有时你永远也得不到第二次给人留下美好印象的机会。**零售是一个感情变幻无常的生意，而且购物者有足够多的选择机会，所以公司不得不付出全部的努力以保持店面的整洁和新颖。柔适公司在与家得宝公司的竞争中就得益于此，因为它的门店从美学观点上被普遍认为更让人愉快且更容易穿行。家得宝公司仍在向它的门店投资，就像我们前面在餐饮行业提到的，维护保养和整修比再投资容易得多。
- **当心门店的通行情况。**公司不应该在集中结账的走廊出现通行的瓶颈，但是也不应当在周末还有很多空的泊位。这一点对零售商，特别是那些以迎合特殊人群口味为己任的时装店来说尤显重要。比如，位于闹市中的A & F公司和妇女时装Chico's FAS公司为客户保留了相当宽松的交通通道，即使对着急的顾客也没有问题。这些公司打造了一个好的品牌并且赢得了顾客的忠诚。这些公司的股价在2001—2002年市场条件很困难的情况下还很坚挺。记住，不管怎样，专业零售商比传统的零售商有更短的存续期限，所以对这些投资必须密切监控。

• **成功的零售商有积极的企业文化。**毕竟，零售是对消费者的服务。山姆·沃尔顿借助于“顾客永远是对的”这个理念，把沃尔玛公司打造成世界上销售额最大的零售商。在20世纪90年代增长的全盛时期，家得宝公司的顾客满意度一直很高，但在2001年和2002年，它的服务明显退步，这很大程度上是由于雇用了大量兼职的员工，与全日制员工相比，他们和公司没有同步的紧密关系。

常见的投资陷阱：那些门店销售增长数字精确吗?

对餐饮公司和零售商来说，每季度、每月门店销售收入的数字都要发布。门店销售增长率度量的是开业至少一年以上的营业场所的销售收入增长率，不包括刚刚开业的门店对销售收入做的贡献。门店销售收入也用于众所周知的可比较门店或者更多门店的比较。

如果一家新的门店开业不满12个月会怎么样呢？新店2~3年达到成熟期后有助于推高门店销售指数，与此同时，老店的销售收入可能根本不再增长或者正在下降。

对一家正在从积极成长转入慢速或者稳定成长的公司来说，这是一个要认真考虑的问题。只要公司能够年复一年地开更多的门店，这种对比看上去是很动人的。但是每一家公司的扩张计划都有一个转折点，公司可以一直成长，但转折点后成长就不会那么快了。这有两种影响：首先，新开的门店少，明显导致新店销售收入增长率低；第二，2~3 年后达到成熟期的新店也相应减少。

新门店增长缓慢和销售能力的降低，导致公司的全面成长性和股价迅速下降。1995—2000 年，Office Depot 公司保持了每年平均 14% 的新店增长率。而当竞争对手史泰博公司和 Office Max 公司也开始实施激进的扩张计划时，办公用品供应生意开始变得饱和。在 2001 年，新店增长停止，与此同时销售收入下降 2%，股票价格也从 1999 年的 20 美元左右跌到 10 美元以下。

常见的投资陷阱：那些附带租赁契约的

资产负债表财务健康状况怎么样?

很多零售商为它们的新门店租赁营业场所。因为这些租约不是资本化的，而且不在资产负债表上反映，所以它们淡化了公司总的财务负担，使财务健康状况膨胀起来。这些租约本身可能并没有什么不好，事实上，它们是大多数零售商扩张计划的核心。租约义务能在公司的 10–K 报告

"承担义务和或有费用"标题下的脚注里查到。

在宣布一家零售商处于优秀的财务状况之前，要确信对它进行了彻底的审查。例如，汤米·希尔费格（Tommy Hilfiger）公司发布将以相当好的财务健康状况进入2002年。这家公司有3.87亿美元现金和6.38亿美元的总负债。然而，这家专业服装公司还有2.73亿美元的以经营租赁形式存在的未来财务负担。如果我们把资产负债表外的债务加到资产负债表上去，总负债达到9.11亿美元，而且已获利息倍数看起来也不那么好了。该公司进入2002年后，销售收入开始下降，同时利润和现金流出现停滞。该公司宣布，它需要在2002年10月关闭很多零售门店，并为中断租赁支付赔偿金，其股票价格因此受到了重重一击。

结论

就像我们在前面章节里多次提到的，在有吸引力的行业里，好公司产生的投资收益率远远超出资本成本。一般来说，零售业是对进入者门槛很低或没有障碍同时收益率也很低的行业。零售业的领头羊沃尔玛公司、沃尔格林公司每美元的销售额利润不到3%，所以门店管理至关重要。问题是很多零售商不能像这两家公司那样，一旦遇到困难的打击就垮掉了。

这个行业的竞争是激烈的。想一想那些试图模仿阿贝克隆比和费奇公司、盖璞公司的服装专卖店有几个成功了？大多数都失败了，但是阻止新的概念和门店开办的观点是不能成立的。消费者可能在买一件 50 美元的薄毛衫时摇摆不定，当他们到下一家店面的时候，同样的毛衫可能卖 40 美元。

这个行业的公司建立竞争优势的基本方法是做低成本领导者。沃尔玛公司销售的商品几乎在哪里都能买到，但是它永远比竞争对手价格低，使消费者继续回来购买便宜货。其他的零售商试图在短期内模仿沃尔玛的战略，但它们要想长期运用这种战略，还缺乏规模效益的支撑。

投资者清单：消费服务业

- 大多数消费者服务概念在长期经营中是失败的，所以对处于商业生命周期中投机或者积极成长阶段的公司的任何投资，都需要比一般股票投资有更严密的监控。
- 建立消费者对门店忠诚或者依赖的公司很有吸引力。蒂芙尼公司是一个很好的例子，它在珠宝零售市场只面临有限的竞争。
- 要比较存货和应付账款周转率，以确定哪一家零售商是超级高手。那些知道它们顾客的需求，并知道如何使用强大的谈判能力的公司，是这个行业里值得下赌注的投资对象。
- 密切注视那些表外债务。很多零售商在它们的账面上很少或没有债务，但是它们的全面财务健康状况也许不那么好。

- 当一家稳健的公司出了一份不好的月度或季度销售报表的时候，注意寻找买入的机会。很多投资者对一份不好的门店销售收入结果反应过度，而原因也许仅仅是因为坏天气或者因为是与去年同期过高的数字相比。你要关注的是公司的基本面而不是股票的反应。
- 当经济走势明朗时，公司也趋向于协同波动。当整个行业下滑时，寻找机会买入一家著名的零售公司的股票，同时要对手边的名单保持警觉。

第十六章

16

商务服务业

在商务服务行业的公司经营还比较暗淡的时候，就应当给予这个行业更多的关注。在这里，我们可能发现许多公司其实经营得非常好，有很强的竞争优势，是长期投资者喜欢在合适的价格买入并长期持有的那种公司。

商务服务业的公司与各种各样的公司打交道。这类公司包括从事财务数据处理的费哲（费哲）金融服务公司，从事垃圾处理的废物管理公司，从事广告业务的奥姆尼康（Omnicom）集团，还有从事航空运输的联合航空公司等。因为商务服务业的业务种类是如此多种多样，所以我们按照公司业务构成和盈利模式把它分成三个子行业：基于技术、基于人力和基于有形资产的子行业。尽管这个行业里不是所有公司都恰好适合某一分类，但是当你分析商务服务业潜在的投资机会时，这些特征还是很有用的。

对于这样的一个丰富多彩的商业集群，几个主要的课题影响了大多数的商务服务公司。

外部采购趋势

近年来，公司依赖外部采购的趋势很明显，外部采购率从1990年的3.5%增长到2001年的5.4%。外部采购就是把非核心业务包给第三方，它的普及不断促进了这个行业的增长。

很多商务服务的提供商基于这种趋势创建了自己的市场。例如，辛塔斯公司已经成功取得了一些公司的信任，这些公司付钱给辛塔斯公司，让它为员工提供制服服务，这比把责任推给员工个人或让他们自己处理好得多。其他行业的发展充满很多不可能由公司自己内部解决的需求，例如，对一个夫妻店零售商来说，开发它自己的IT基础设施推动接受信用卡或借记卡结算是不切实际的。替代方案是通过诸如第一数据公司（First Data）和国家处理中心允许零售商接入的大型系统，固定成本能通过杠杆作用，让很多客户共担。

外部采购对很多企业主来说是有意义的，因为外部采购通常能节约企业的时间和金钱，把处理非核心业务的事情移交出去，让管理层把精力真正集中在那些关系公司成功的重要事情上来。

商务服务业的竞争优势

在商务服务业，规模的确很重要。公司能利用杠杆作用，把规模推进到最大限度。通过拓宽公司提供服务的范围，公司能够增加从每个消费者那里赚取的收入。通过处理更大的工作量，尤其是通过固定费用的网络，公司能够降低单位成本以达到更高的收益率。

利用这些，很多商务服务业公司试图通过巩固多样化业务获得达到临界容量的路径，并实现规模效益。例如，数据处理公司（费哲公司、第一数据公司以及 ADP 公司等）都把收购作为它们全面化战略的一个重要组成部分。

企业规模也通过品牌影响着这个行业。经常可以看到，在做出一个商务外部采购决定时，品牌起主要作用。一些公司也许对把工资单处理（以及相关的员工工资发放和税收基金）外包给 Fly–By–Night Upstart 公司会犹豫不决，但是把这些职责委托给 ADP 公司就会很轻松。ADP 公司是一家 1949 年建立的、当今世界最大的工资单处理商。可见，即使在商务服务业，品牌也有很大价值，而且通常大公司拥有最被认可的品牌。

商务服务业的很多子行业有明显的进入障碍，对刚刚进入这个领域的新手是很艰难的。例如，一家公司想要为银行和零售商处理信用卡交易业务，那它就要建立支持数据处理业务的基础设施，包括硬件、管理数据软件的开发、消费者签名的销售网络。这样的一家公司还得经历相当多的麻烦，并为与诸如第一数据公司这样每年处理数十亿美元交易的公司的竞争付出代价。

尽管在电子交易处理行业有相对高的进入壁垒，但是其他行业参与者几乎没有阻止竞争的保护。例如，在 2001 年，Concord EFS 公司因为竞争对手维萨（Visa）公司激进的报价而丧失了美洲银行的电子资金转账业务。因此，尽管大多数商业服务业子行业有很强的竞争优势，公司仍然需要更深一层地分析自己，以防御来自同业者的潜在的激烈竞争。

基于技术的公司

基于技术的公司，包括数据处理商（ADP 公司，第一数据公司等）、数据库提供商（爱美仕市场调研咨询有限公司、伊奎法克斯公司、华盖创意公司等），以及其他以发挥技术作用提供服务的公司。当基于技术的公司的股价变得便宜的时候，对投资者来说可能是一个很大的机会。由于这个子行业的大多数公司享有相当大的可防御竞争优势，它们已经产生了比平均水平高的长期收益。例如，截至 2003 年 5 月，数据处理商 10 年平均收益率达到 14.2%，而同期的标准普尔 500 指数平均收益率只有 9.7%。

行业结构

基于技术的公司常常能提供大的外部购买。例如，一家银行要建设一套电子成像检查系统，它可能会自己投资开发，或者可能与费哲公司签约。因为费哲公司把它的系统开发和维护费用分摊给了很多家银行，因此费哲公司的系统开发费用比任何一家银行都要低。而且随着可以输入全部客户面貌特征的开发技术的推广，费哲公司产品的某些方面可能比银行自己开发的更为优秀。

像费哲这样基于技术的公司，它的图像检查系统需要巨额的投资，以建立起对很多客户起作用的基础设施，这些巨额投资对新的竞争者来说是一个进入壁垒。虽然在当今不同行业里的参与者与其他参与者之间都存在竞争，但一般来说，基于技术的公司其市场有很大的潜力，以至于价格竞争比你预想的激烈程度要低一些。例如，截至 2002 年，Paychex 公司和 ADP 公司是最大的两家工资单处理公司，共拥有将近 90 万家美国客户，也就是在美国经营的 720 万家公司的 12% 左右。同样，用卡支付（比如信用卡和借记卡交易）的市场预期从 1999 年占全部消费支出的 28% 将增长到 2010 年的 50% 左右（使用美元交易的量），这就意味着诸如第一数据公司和国家处理中心这样的公司将大获其利。面对这样的市场，这些公司很少在价格上激烈竞争，取而代之的是依靠足够的成长让所有公司获得利益。

基于技术的公司另一个可取之处是，在投资主要的系统之后，后续的投资需求较低。对已经在这个行业的公司来说，最前面的技术投资已经发生了，而且技术的成本经过一段时间之后也趋于下降，所以维护性支出是很小的。例如，第一数据公司的西联汇款专营业务，每年只花收入的 5% 来维护和扩建公司的固定资产。

在这个子行业里的公司常常从规模经济和经营的杠杆作用获益。规模经济使公司把基础设施费用分摊给越来越多的客户，这在辛塔斯公司承担公司制服的服务工作，和第一数据公司通过网络处理数十亿美元的交易得到了证明。规模经济的结果就是可以应用营业杠杆作用，这就是为什么利润比销售收入增长快的原因。

低运营资本需求和营业杠杆的共同作用让我们看到，基于技术的公司应当有充足的可以到处投资的自由现金流。现金流产生情况良好的信号是公司可以派息、回购股票或者在资产负债表上累计现金。

当我们评估对这一子行业的投资时，我们要寻找另一个特性——可以预期的销售收入和利润。因为 5~10 年的消费者合同是对基于技术的公司的认同，公司 80%~90% 的收入甚至在年度开始之前就已经入账，这使得财务成果更稳定、更好预测。

基于技术的高壁垒和长期合同的关系，使这个子行业的公司趋向于有强大的、可防御的竞争优势。由于这个原因，当一家基于技术的公司股票便宜的时候，这只股票通常值得关注。

成功的基于技术的公司的特点

对基于技术的公司感兴趣的投资者应当注意这类公司成功的特点：

- **现金较多**：有大的市场机会、营业杠杆作用和最小化的资本需求。基于技术的公司可能发愁的是如何使现金产生收益。这类公司常常有15%或更高的自由现金流毛利率。
- **享受规模经济**：因为在这个行业里大就是好，市场领导者从相对较小的竞争对手的成本优势中获得收益。规模经济通常转化为更好的财务业绩，既可以保留成本优势，又可以与客户分享以取得更大的市场份额。
- **稳定的财务业绩表现**：因为消费者通常签署5~10年的合同，基于技术的公司多半的收入是重复发生的、连年不断的，并且是可以预期的。
- 快速成长，进入主流市场：大多数基于技术的公司通过杠杆作用，使潜力快速成长，扩大市场份额，拓展利润领域。
- **提供全方位的服务**：很多外部采购的购买者期望统一它们的采购，所以它们需要管理的关系很少。一站式集合服务的公司通常更容易签到新的客户，而且交叉销售也增加了消费者的转换成本，把消费者与公司捆绑得更紧。

- **有强大的销售能力并有权使用分配渠道：**不要奇怪大多数成功的商务服务公司有强大的销售能力。

基于人力的公司

基于人力的子行业包括那些严重依赖人力来提供服务的公司，比如像埃森哲公司和穆迪公司这样的顾问和专业咨询公司，像万宝盛华（Manpower）公司和罗致恒富（Robert Half）公司这样的猎头公司，以及像宏盟媒体集团（Omnicom）公司和埃培智集团（Interpublic）公司这样的广告公司等。以正确的价格投资是可行的，但是一般来说，这一类型公司比基于技术的公司缺少吸引力。

行业结构

基于人力的公司通过杠杆作用投资于员工的时间来赚钱，典型的例子是咨询行业。咨询公司一名每小时值 50 美元的分析师通常可以以每小时 250 美元受雇于客户。因此，咨询公司赚了分析师的时间价值差额。这个差额要包括公司其他成本和费用，比如销售和管理费用、合伙人的奖金等，所以它不是公司的纯利润。给技术人才的时间标出高价是咨询公司赚钱的基本路径。

因为这种商业模式，对基于人力的公司，其成长性主要来自发现和雇用更多的熟练员工。训练（或者说灌输）新的雇员是很重要的，因为这有助于保证服务的标准。薪酬费用本质上是一项大的固定费用，它是公司在赚取利润时是必须负担的。当经济增长放缓、公司支出变得更谨慎时，对这些公司服务（比如咨询和广告）的需求通常会减少。

虽然这个子行业的大多数公司在产业集中度不高的行业里经营，但这些公司在美国国内和国际范围都有较明确的优势。例如，万宝盛华公司在与其他公司竞争业务时，它相对于小的同业者有一定优势，因为它能在全球范围内提供客户需要的任何类型的工人。规模也有助于广告和品牌开发的效率，在这些方面小公司很难做到。例如，2001 年，埃森哲公司在企业形象方面花费了大约 1.5 亿美元，以巩固它从安达信公司分离出来以后的品牌地位。

在这个子行业，客户关系是相当重要的。这个行业的一个本质特点就是要为每一个客户提供独特的产品。客户关系在推进业务方面往往起到关键作用，购买决定的做出可能是因为购买者与咨询公司的合伙人过去是同学，或者购买者公司的其他部门曾经成功地使用过这家公司的产品或服务。

尽管一些基于人力的公司（比如穆迪公司）有很强的竞争优势，但对于大多数基于人力资源商业模式的公司来说，竞争优势的面通常较窄。品牌、与客户长期的关系以及地理范围能提供相对于竞争对手的某些优势。大多数基于人力的公司通常在这一领域有若干实力相当的竞争对手，而且它们同其他公司的竞争往往非常激烈。

成功的基于人力的公司的特点

- **产品差别化：**差别化能够给公司带来优势并产生更好的财务结果。罗致恒富公司专注于为小公司雇主提供专业工人以及打造公司服务的差别化市场品牌，它在就业方面成功地把自己差别化了。

- **提供必需品或者低成本服务：**当消费者感觉到不得不购买服务或者当服务成本相对低时，消费者对于价格不是特别关注。例如，像穆迪这样的公司，它所做的评级是债务发行的重要组成部分，因为投资者对穆迪公司的债务评级更熟悉、更适应。此外，穆迪公司的评级费用只是债务发行费用总数的一小部分。

- **有组织地增长：**寻找内生性增长而不是通过收购产生的增长，因为前者显示了市场对公司服务的需求。另外，收购不总是能按计划使双方很好地融合，这也是一种综合性风险。

基于坚实资产的公司

基于坚实资产子行业里的公司，依赖大量的固定资产投资才能使公司的业务增长。航空运输、垃圾处理（废物管理公司、Allied Waste 公司、共和废品处理公司等）、快递公司（联邦快递公司、UPS 公司等）全都属于这类公司。一般来说，这些公司不像基于技术的公司那么有吸引力，但是投资者还是能发现某些有较强竞争优势的股票和这一领域内一些好的投资机会。

行业结构

对于基于坚实资产的公司，其成长不可避免地需要为固定资产增加大量投入。一条运载量饱满的航线，要争取更多从 A 点到 B 点的旅客，唯一的办法就是增加新的飞机，而这样的一架飞机需要花费 0.35 亿美元或更多。

因为增加的固定投资发生在资产使用之前，在这个子行业里的公司通常利用外部融资来支撑公司的成长。贷款可能全部用于购置资产，所以出借人一般要求以资产作为贷款的抵押品。在这种模式下，假如公司能够使用这些资产赚足够的钱，能够负担融资的成本，并能够为股东赚取合理的回报，高杠杆作用不一定是一件坏事。

按照这种观点，一般来说，航空公司是这个行业里最没有吸引力的投资。航空公司必须承担巨额的维护机群的固定费用，应对昂贵的劳务合同需求，并且它们的服务很难差别化。所以这个行业价格竞争是激烈的，毛利率极低，而且常常没有利润，再加上营业杠杆作用如此之高，以致公司时刻处于短时间内就可能破产的边缘。如果你认为航空业不是一个好的长期投资，你是对的。在对航空价格管制取消的 1978—2002 年，航空公司集体亏损了 110 亿美元（还不包括最近美国政府新闻通报的影响）。在同一时间段，125 家航空公司提出了破产保护，而且其中 12 家申请破产保护的公司受到了清算。

常见的投资陷阱：资产负债表以外的融资

联邦快递公司在 2002 财务年度公布了 18 亿美元的负债。假定它的市值在 2002 财务年度末大约为 160 亿美元，可以算出隐含的财务杠杆比率是11%（18亿美元/160亿美元）。进一步详细审查后发现，公司暴露出巨大的租赁负担，如果联邦快递公司选择直接购买资产代替租赁的话，还要在其资产负债表上加上差不多120亿美元的负债。把资产负债表以外的支付负担算作负债融资的一部分，这就把联邦快递公司的财务杠杆比率推得相当高。（凭经验审查租赁的办法是在10–K报告脚注分类为“租赁义务”栏目里，寻找“未来最小租赁费用”及有关的“经营租赁”部分。找到下一年度的最小租赁费用，把它乘以8，你就对租赁应表现为多少负债有了一个粗略的估计。）

但是不管航空公司的业绩多么糟糕，的确有几家公司经营得非常好。典型例子是西南航空公司已经连续30年盈利，考虑到它业务的周期性和2002年凄凉的经营环境，这真是一个令人惊讶的成就。西南航空公司骄人的经营业绩很大程度上取决于公司的重要战略优势，就是对所有点对点航线不做任何虚饰，只提供单一机型的服务，以实现低成本结构的驱动战略。在这个行业里较少有令人赏心悦目的基本面，西南航空公司利用配置差别化和垄断性的经营战略取得了超级财务成果。

基于坚实资产的公司还有其他一些特性值得观察。例如，有限或者收缩资产的概念，对这些公司来说可能会为竞争前景提供稳定性。因为NIMBY（not in my back yard——别在我家后院堆放垃圾）运动，让新开辟一个掩埋地点变得更加困难，这使新的竞争对手进入废物管理公司的垃圾掩埋业务变得不太可能。这就让像废物管理公司这样的企业通过300个掩埋场拥有了美国40%的垃圾处理能力，这成为一种优势。

多数基于坚实资产的公司陷入了竞争优势面较窄或者没有竞争优势的困境里。对很多公司来说，投资者如果要买入这些股票，应当寻找一个在公平估值基础上相当大的甚至不太合理的折扣。

成功的基于坚实资产的公司的特点

- **成本的领导者：**因为基于坚实资产的公司有巨额的固定费用，那些交付产品更有效率的公司就有了强大的竞争优势，而且能够实现出众的财务业绩，比如西南航空公司。公司通常不会宣传自己的费用结构，所以要知道哪一家公司经营得更有效率，可以看一看它的固定费用周转率、营业毛利率以及投入资本收益率，然后再与业内同行比较。
- **独特的资产：**当有限的资产要实现一项特别的服务时，那些资产的所有权是关键。例如，废物管理公司众多的、所处位置适当的垃圾掩埋场资产显示出明显的竞争优势，这些资产对进入废物管理市场形成了壁垒，因为不可能有足够的新的垃圾掩埋地点能得到政府的批准，以争夺废物管理公司的市场份额。
- **谨慎的融资：**记住，负债率高对公司自身虽不是一件坏事，但负债率高可能使公司业务产生的现金流无法覆盖负债。当分析高负债率的公司时，永远要确认自由现金流能够支撑这些债务，即使在债务处于下降趋势的情形下。

投资者清单：商务服务业

- 理解商业模式。了解基于技术、人力或者坚实资产的公司的行业特点，以及这些公司创造业绩的不同方式。
- 寻找规模经济和经营杠杆作用。这些特性能够提供明显的进入壁垒并创造令人佩服的财务业绩。
- 寻找应计收入。长期客户合同能够保证未来一些年份的、一定水平的收入。它能够给财务状况提供一定的稳定性。
- 关注现金流。投资者赚取回报最终要依靠这家公司产生现金的能力。要规避那些不能预期产生充沛现金流的投资。
- 判断市场机会大小。有大的、尚未开发的市场机会，可以为高成长提供一个有吸引力的环境。而且，公司顺应市场发展趋势，可以预知大的、能容纳全行业增长的机会，因为对全行业参与者来说不太可能只在价格方面竞争。
- 检查增长预期。搞清楚哪种增长率和股价联系在一起。如果增长率是不现实的，就要规避这只股票。

第十七章

17

银行业

银行业在全球经济中拥有令人羡慕的地位，它们是资本形成过程的漏斗和引擎。没有银行，公司在寻找资金用于扩张方面，消费者在寻求安家置业和投资储蓄方面，将面对不能逾越的障碍。因为银行提供的服务对经济增长是生死攸关的，银行业几乎与世界的总产出同步增长。无论哪个行业发展，最大的需求就是资本。不管资金的需求源于哪个行业，比如科技、制药或者消费者对住房的需求，银行都会从中获利。

银行的盈利模式很简单。银行从存款人和资本市场那里拿到钱，然后把它贷给借款人，从利息差里获利。如果一家银行从一个存款人那里以年利率 4% 借到钱，然后把它以年利率 6% 贷给借款人，银行就赚了 2% 的息差，也就是净利息收入。大多数银行还要从基本的收费业务和其他服务中赚取利润，这就是通常提到的非利息收入。净利息收入和非利息收入合在一起就是银行的净收入，这就是银行业的商业模式。

银行有与生俱来的竞争优势。通过集中大型的、多种多样的贷款组合，银行降低了自己的风险，并且通过持续的储蓄来满足所有的借款人，因此这比在市场里贷款方和借款方自己直接交易成本低得多。这些独特优势是银行业强大而持久的竞争优势的基础。

另外，联邦政府通过资助赋予了银行流动性。联邦政府保证银行业一半以上的流动性（通过美国联邦存款保险公司保险），而且如果银行遭遇了短期的流动性危机，银行可以转向美联储这位最后贷款人寻求帮助。这些绝对的津贴（其他任何公司都难以得到），实质上是允许了银行以低于市场利率的价格借款，这也使得银行业成为世界上成本最低、最安全的流动性制造者。低成本的借款加上银行在贷款效率方面的优势，所有这些让银行在息差上赚取了极其诱人的收益。

资金是一种商品，但金融产品是非常特殊的。到底是什么使银行比其他行业更好呢？这没有一个固定的公式，我们会告诉你什么是你要寻找的。这里有几个不同战略的银行的例子，它们都拥有很强的竞争优势。

- 花旗集团利用它在全球范围的影响和复杂的产品组合，大大增加了收入，并使得它的风险呈现多样化，这使花旗集团即使在环境困难的情况下也有上佳的业绩表现。
- 富国银行集团是吸收存款的专家，存款是低成本资金的关键来源，该集团根深蒂固的、优秀的销售文化驱动着收入增长。
- 五三银行公司拥有积极的销售文化、低风险的贷款哲学和对成本很强的控制力。

关于风险

不管一家金融机构专门从事商业贷款还是消费者贷款，银行业都以一件事情为中心，那就是风险管理。银行主要管理三种风险：信用风险、流动性风险、利率风险。而且银行也要为承担这些风险付出代价。借款人和存款人以利息或费用方式付给银行费用，因为客户不愿意管理他们自己的风险，或者因为银行做这些业务更便宜。

但是正像它们的优势减轻了它们的风险一样，银行在管理信用和利率风险的能力上显示出强大的实力。但如果贷款损失比预计增长快的话，这些实力就会迅速变成弱点。

管理信用风险

信用风险是贷款业务的核心部分。投资者通过审查银行的资产负债表、贷款分类、不良贷款趋势和坏账率，还有管理层的贷款哲学，就可以对贷款质量找到感觉。问题是这些指标都是针对过去的，这是很多财务指标的问题所在。这些指标告诉你一家公司曾经怎么样，而不是它将要怎么样。一家贷款机构几乎所有有关信用质量的问题，都是在其发生之后我们才知道。

这种风险常常以拖欠贷款或者直接以不履行还款义务的形式暴露出丑陋的嘴脸，人们往往不自觉地在容忍，不仅仅是银行。

设想一份商业贷款的年利率是 7%，银行知道它们客户中的某些人会不履约，所以它们把这项费用加在每一笔贷款上。如果你作为个人做这样的一笔贷款，你就没有足够的资本将它多样化，结果，你要么赚这7%的收益，要么放弃这一切。银行庞大的资产负债表提供了3种主要的防护措施以隔离风险，这是其他行业无法做到的：

（1）贷款组合多样化。

（2）保守的承销和账户管理。

（3）积极进取的回款程序。

这些方法在实际工作中起什么样的作用呢？银行管理风险最直截了当的方法是按照贷款的数量在借款公司、行业或不同地区之间分摊风险。用石油大亨保罗·盖蒂的话说："如果你欠银行100美元，那是你的问题；如果你欠银行1亿美元，那是银行的问题。"要管理这种风险，银行要么自己创立一个宽泛的多样化贷款组合，要么买进或者卖出贷款组合。通过不同的贷款组合，银行降低了风险。

在行业内，银行也通过稳健的承销和回款程序来分辨借款人信用。换句话说，它们要寻找规避不良贷款的办法，如果一笔贷款出问题，银行要找出这些赖账不还的人。银行会开发比其他竞争对手更有优势的特殊系统。而一些大型非银行类公司常常缺乏久经考验的信用认证系统和程序，难以减少违约风险。这些公司有一段时期曾试图以提供信用赚钱，却陷入了困境，因为这些公司缺乏经验。

在银行吸引投资者之前，投资银行股票最大的挑战是给银行的信用质量做定位评估。要避免被银行的宣传误导，投资者应当密切关注坏账率和逾期还款比率，后者可以作为未来坏账率的一个指标。要发现趋势，而不只是看绝对数。在经济低迷时期，最好的地方性银行的坏账率也会迅速上升，但是还可以保持较低的水平，低于贷款总额的1%。（这个指标对于信用卡公司是比较高的，而对于一家储蓄贷款银行则是比较低的。）

遗憾的是，没有能判断是好还是坏的绝对指标，投资者必须把银行的坏账率与它们的竞争对手进行比较，并看一看经过一段时间所形成的趋势。坏账、不良贷款和逾期还款比率在公开信息里都有报告，而且也可以在证券交易委员会的年度报告和季度报告中找到。另外，仔细听管理层的讨论，虽然没有管理人员准确地知道坏账将朝哪个方向发展，但是一个好的管理团队应该能够描述出趋势。

最后，对超高速的增长率要保持警惕。在金融服务行业这是一个公理：高速增长可能导致大麻烦。高速增长不是永远不好，很多优秀银行的增长率一直保持在平均增长率之上，但是任何金融服务公司的增长如果明显比竞争对手快的话，应当以怀疑的眼光来看待它。

要寻找银行的信用文化是否是健康的、保守的、经得起检验的证据，你可以核查坏账率和逾期还款比率，通过阅读年报对贷款银行变得熟悉起来，并且考虑它的经营环境。毕竟在理想的经济条件下，5年的快速增长不能准确地告诉你更多信用质量信息。如果你投资于快速增长的贷款银行，就要密切关注这些。

管理销售流动性

毫无疑问，优秀的信用文化有利于银行和客户之间建立紧密的关系，它能为公司在行业内创造竞争优势。应以一定的注意力关注银行的前景，这就是风险管理所起的作用。这是银行必须处理的第二种主要风险。

假设在没有银行的世界里，出借方直接面对借款人。只要出借方准确地知道何时可以把钱收回来就行。但是，不可预见的事情发生了，出借方突然需要尽快拿到资金。这时，他就要以很大的折扣卖出这笔贷款。在到处都有银行的世界里，不管怎样，存款人（出借方）只需跑到最近的银行分支机构提款就可以了。

银行是提供多种形式流动性管理的机构。例如，很多公司向银行付费以维持信用贷款额的上限。实际上，银行除了承诺什么也没有卖。一些公司也把它们的应收账款以一个折扣卖给金融机构，这就是众所周知的保理业务，因为公司需要尽快拿到现金。

对很多消费者来说，为流动性服务付款是隐性的。看看富国银行的案例，富国银行是美国最大的零售银行，在 2002 年，存款人为他们在银行的账户支付了 22 亿美元的费用，银行为存款人支付了 19 亿美元的利息。轧平这两个数字，账户所有人用他们的资金为银行多付了大约 3 亿美元。然后，银行转过来把钱贷出去，用它赚更多的钱。

在世界上，再没有其他的生意能使你既从人们手里拿走钱，又能向他们收取费用。设想一下，当你走在大街上向某人提出，如果他付一点钱给你，你就可以支配他 100 美元的支票。这是多么的滑稽可笑！然而，这就是银行每天在做的事。从这个意义上说，以存款形式存在的负债是银行的真正资产。低成本的核心存款（例如支票存款）是非常稳定廉价的。

这就是为什么跟踪存款水平如此重要的原因。例如，核查一下存款是正在增加还是正在减少，特别是对低成本的存款类别，如支票存款和储蓄存款是否在增长。大多数银行在它们的年报里提供存款类别的分类账。如果管理层一边谈论强大的存款基础有多么重要，一边谈论存款为什么在过去的5年里一直在下降，那他们就没有真的重视存款基础。

投资者必须密切注意银行的资产负债表，挑选出贷款多样化的银行，以防止贷款合同的违约率上升导致银行陷入困境。年报会披露一家银行手里的贷款种类，投资者应当跟踪一段时间，看看它后来是怎样变化的。银行是否已经把传统的抵押贷款扩大到了风险更大的间接的汽车贷款？要花时间熟悉不同类型贷款的特性，你不应当投资一家对它贷出去的钱没有感觉的银行，这样的金融服务公司往往在贷款业务中有一定的经验，但缺乏信心。

管理利率风险

这是银行要面对的第三种主要类型的风险。投资者经常把投资银行当作安全港，其实银行的利润会被利率挤压，而利率不完全是受银行控制的。

在银行方面，利率的影响常常被简单化为“高利率，好；低利率，糟”。但是，利率管理有比这更多的细微的差别。例如，在某一时点，银行可能既对资产敏感又对负债敏感。资产敏感性意味着资产（像贷款）的利率变化比负债的利率变化要快，在这种情形下，提高利率是有利的，至少暂时是有利的。但是如果银行是负债敏感型的，负债利率的提高比资产利率的提高速度快，这种情况下提高利率就压缩了银行的毛利。

不管怎样，银行不可能对利率不敏感。银行努力把它们的资产和负债的期限进行更为严格的匹配。一家大银行在对它的资产进行配置时，会使用很多小银行所没有的附加管理工具。

要弄清楚为什么银行不是全部业务都受主要利率的摆布，可以考察一下银行是怎么报告它们的收入和利润的。不像传统公司，银行没有直接的“收入”或者“销售收入”科目。取而代之的是4个主要的组成部分：①利息收入；②利息费用；③非利息（或者收费）收入；④风险准备金。这里有一个例子告诉我们怎样看银行的利润表的前半部分。

1 000 美元	利息收入
–500 美元	利息费用
500 美元	净利息收入
–100 美元	风险准备金
+500 美元	非利息收入
900 美元	

眼下让我们忽略非利息收入部分，因为这部分通常比利息收入和利息费用更稳定。当我们这样做的时候，就等于给它们的业务建立了一个自然对冲。下面的例子是在经济增长强劲时期，一家银行经营的基础案例。

1 000 美元	利息收入
–500 美元	利息费用
500 美元	净利息收入

–100 美元	风险准备金
400 美元	

假使现在美联储要降低利率。因为美联储知道维护强大的银行系统的利益，所以在降息之前通常会与银行界有微妙的沟通。与此同时，银行会重新配置它们的资产负债表，以使自己变成负债敏感型的，从而使净利息收入增加。如果降息发生，银行往往都是有充分准备的。

经济不景气可能导致失业人数上升和银行破产风险增加，那将导致银行计提高额风险准备金。这就是在经济低迷时银行可能发生的情况。

1 000 美元	利息收入
–400 美元	利息费用
600 美元	净利息收入
–200 美元	风险准备金
400 美元	

利率对银行产生影响了吗？是？不是？的确，净利息收入增加了，但是孤立地看这个数字是没有意义的。毕竟，低迷的经济导致风险准备金翻倍，因此也抵消了更大的息差所得。在现实世界里，这种关联不会完全取整数摆在那里，但是可能很接近。例如，2000—2001 年，美国联邦存款保险公司数据显示，银行业的净利息收入增长了 161 亿美元，这主要是因为低利率。不管怎样，疲软的经济导致银行以风险准备金的形式让出了 138 亿美元

的收益。

事实上，所有的银行都能够在这种类型的情况下获得收益，更何况大银行对它们的资产配置还有另外的管理工具。对于银行业来说，它们的业务范围使得它们很容易重新配置资产负债表，当然这也依赖经营环境。最重要的是，大银行有能力通过资本市场让投资者购买贷款组合（更像债券）以承担利率风险，把为难的事推给别人。然后银行继续为这些贷款服务并收取费用，从这里我们可以看到银行风险和流动性管理的实力。

例如，在 2002 年底，美国第一银行只有 116 亿美元信用卡贷款，这些是反映在资产负债表上的，此外它还管理着总计 740 亿美元的信用卡贷款组合，这是在行业范围内发生的，并使大型贷款人的实力表现更为显著。又如，尽管 1990 年商业银行和储蓄银行在它们的资产负债表上反映占有美国消费贷款的 56%，但是到了 2002 年底这一数字已经下降到了 37%。为什么？因为资产证券化。按照美联储的统计数字，那些已经卖给投资者而银行继续管理的资产已经从 6% 上升到发放贷款总额的 35%。

因此，当毛利率受到利率影响的时候，大型金融机构朝着管理利率周期的目标前进。当你思考利率风险的时候，记住它对银行资产负债表的影响是复杂的、动态的，而且从一家机构到另一家机构也是不断变化的。

银行业的竞争优势

作为风险管理的领导者，银行有相当大的与生俱来的优势。

几个其他的因素导致了银行更深更强的竞争优势。这些对竞争对手的威慑包括：

- 巨大的资本需求。
- 巨大的规模经济。
- 整个地区垄断的行业结构。
- 消费者转换成本。

资产负债表

一般来说，没有哪一个行业比银行和其他金融服务业对资本更敏感。按照晨星公司的数据，在 2003 年初按资产排名的 20 家最大的公司中，其中 19 家是金融企业集团。唯一闯入 20 强的非金融类公司是通用电气公司，而且即使是通用电气公司也从它的金融业务中产生了一大块利润。大量的资本需求是对竞争对手主要的威慑之一。例如，在 2001 年，花旗集团的资产负债表上的资产创造了 1 万亿美元的纪录。这是一个很难提升的资产基数，这个数字超过了很多国家的经济总量。

规模经济

与资本需求相提并论的优势是银行业巨大的规模经济。这一直是银行业并购背后的驱动因素，1980—2001 年美国银行的数量减少了 44%。按照美国联邦存款保险公司的数据，大型银行（定义为那些资产超过 100 亿美元的银行）的每个员工在 2002 年创造了 26.4 万美元的收入，这一数字是小的社区银行（定义为资产在

1 亿美元以下）的 2.2 倍还要多。这种优势源于大型银行的员工平均负责的资产几乎是小银行的两倍，而且大银行也能更好地从客户资产中赚取更多的收入（主要通过收费）。从这方面分析，大型银行每一美元的资产比小银行多产生 23% 的收入。

垄断的市场

美国顶尖的零售银行美洲银行在 2002 年控制着差不多 10% 的全美存款。这个行业在区域一级已经变得非常集中，同时大银行在个别城市常常是在一个很难渗透的垄断市场里经营。例如，2002 年在美国 10 个最大的城市社区，排名前三位的 3 家银行取得了平均 50% 的市场份额，而其余的市场份额被数以百计的没有定价能力的小的社区银行瓜分。即使全美银行业都在努力，但仍常常是少数银行占据垄断地位。例如，银团贷款前三位是摩根大通银行、美洲银行、花旗集团，它们控制了 2002 年 70% 的承销市场份额。在信用卡行业，花旗集团、MBNA、第一银行占据了一半以上的市场份额，这全是由于它们的低成本优势。

消费者转换

另一个关键的优势是银行往往有非常忠诚的顾客。美洲银行、富国银行和其他大型零售银行因为摩擦每年大约会跑掉 15% 的客户。换句话说，85% 的账户每年都会产生收入。这部分是由于品牌和你对一家公司的信任程度，而与此同样重要的是惯性。大多数人不喜欢换银行，即使他们感到他们对银行来说微不足道。例如，一份 2001 年的研究发现，38% 的支票账户客户对他们账户费用的上一次价格上涨没有做出回应，其余的62%中只有4%的人因为收费太高而换了银行。

成功银行的特点

当投资者在投资银行时，应当关注什么？因为银行的整个业务，包括它们的实力和机会，都是建立在风险基础上的，所以关注始终如一地分配利润又不引人注目的银行是一个好主意。这里有一些要考虑的重要指标。

强大的资本基础

强大的资本基础是投资一家贷款银行要考虑的首要问题。投资者能找到的几个尺度中最重要的是权益资产比率，这个比率越高越好。单凭经验判断投资价值很难，因为资本水平因环境不同而不同（如贷款风险的不同等因素），但是大多数大银行的资本充足率达到了8%~9%。同样，要关注坏账准备金比不良资产高的银行。

这些比率的多样化取决于贷款机构的类型，还有它们所处的商业周期的位置。所有这些指标在银行的财务报告中都能找到，通过登录美国联邦存款保险公司的网站（www.fdic.gov）就可以把它们与同行业平均水平比较。

净资产收益率和资产收益率

这些指标是测量银行盈利能力的标准。一般来说，投资者应当寻找能持续产生15%~20%净资产收益率的银行。反过来说，对于有良好净资产收益率的银行，即使银行赚的与同行业基准相比差不多，投资者也应当关心。

很多高速增长的贷款银行就是通过少计提坏账准备金使净资产收益率达到30%甚至更高。记住，通过少提坏账准备金或者利用杠杆作用提升盈利在短期是很容易的，但它却为银行的长期经营埋下了过度的风险。一些表现出高水平的资产收益率的银行往往也是出于同样的原因。对于银行，最好的资产收益率应当在1.2%~1.4%的范围内。

认识杠杆作用

对一家拥有平均水平资产（基于权益）的银行来说，设想一下它将来的发展并不困难。盈利是信用风险的第一层保护。如果在某一特定阶段，亏损超过了盈利，资产负债表上的准备金账户就是第二层保护。银行必须有足够的准备金以保护股东，也就是保护那些因为杠杆作用的缘故在公司的投资只剩下一点点的可怜的人。

如果亏损超过了准备金，差额直接来自所有者权益。所有者权益是一家公司净价值的会计学表述，而且它对银行来说至关重要。回顾一下基本的资产负债表等式：资产＝负债＋所有者权益。

对银行清算而言，所有者权益就表现为剩余的价值。除去所有者权益，对剩余部分主张权利的是债权人。当亏损开始摧毁所有者权益的时候，银行就该关门了。

银行的状况很容易用一个比率表达：资产股东权益比率。平均水平的银行有一个 12∶1 左右的资产股东权益比率，而一般行业的公司这个比率往往是 2∶1 或者 3∶1。杠杆作用并不总是邪恶的，它可能扩大收益，但是有与生俱来的风险。例如，如果你用 8 000 美元购置价值 10 万美元的房子，你的权益就是 8%。换句话说，你正在使用的杠杆比率是 12.5∶1，这对银行来说是相当典型的。现在，如果某些非典型的事情发生，你的房子突然降到了 9 万美元（降了仅仅 10%），你的权益就没有了。你还欠出借人 9.2 万美元，但是这房子不值那么多。你可以从付了可怜的 8 000 美元的房子搬走，但是还欠 2 000 美元。高杠杆作用的公司就是把它们自己放在了类似的位置上。

效率比率

效率比率测量的是非利息费用或者营业费用占净收入的百分比，它告诉我们这家银行的管理效率如何。很多好银行的效率比率在 55% 以下（低是好的）。作为对照，按照美国联邦存款保险公司的数据，在 2002 年第四季度，参加存款保险的金融机构的效率比率平均水平是 58.4%。要寻找有好的效率比率的银行，好的效率比率是银行费用一直被有效控制的证据。

净利息利润率

另一个简单的指标是观察净利息利润率，就是看净利息收入占平均盈利资产的百分比。实际上所有银行都报告净利息利润率，因为它是测量贷款盈利能力的指标。你将看到各个多样化的净利息利润率，这取决于银行从事的贷款类型，但是大多数银行的净利息利润率在3%~4%。观察一段时间内利润率的趋势，如果利润率上升，看看利息率正在发生什么变化（降息通常推高净利息利润率）。另外，审查银行的贷款分类，看看银行是否已经进入了不同的贷款领域。例如，信用卡贷款比住宅抵押贷款有更高的利息率，但是信用卡贷款的风险也比借钱给买房人高。

强大的收入

从历史的观点看，很多表现最好的银行已经证明，其有能力使收入增长保持在平均增速之上。高额的毛利率通常在竞争服务质量的日用品行业是不可思议的。一些成功的银行已经能够交叉销售新的服务，这就增加了费用收入；另外，它们还会对存款付稍微低一点的利息，同时对贷款稍微多收点利息。

你可以重点关注三个主要指标：①净利息利润率；②收费收入占总收入的百分比；③收费收入的增长。净利息利润率因为各种经济因素、利率环境和借款人经营生意的类型等有很大的不同，所以最好是把你感兴趣的银行与其他类似的金融机构相比较。收费收入在2001年银行业的总收入中占42%，在过去的20年里实现了11.6%的年复合增长率。一家大型的多样化银行，比如五三银行的收费收入超过了净收入的40%。反过来看小型的多样化程度较低的银行（如Golden West银行），收费收入仅仅占到总收入的12%。因此，要确认你正在对比的是相类似的公司。你还要弄明白银行的战略，应当每过一段时间就核查一下数字，找一找趋势变化的感觉。

市净率

因为银行的资产负债表主要是由不同流动性的资产组成，所以账面价值是银行股票价值很好的代表。假设资产和负债相当接近它们报告的价值，银行的基础价值就应当是账面价值。对于任何在此基础上的溢价，说明投资者正在为未来的成长性和超额利润支付金钱。有代表性的是，在过去的10年间，大银行往往以账面价值2~3倍的价格交易，一些例外的情况会比这个价格低一点。

一家稳健的银行以低于账面价值一半的价格交易，常常是物有所值的。记住，银行股打折交易总有理由，所以要确信你搞清楚了风险所在。从另一方面说，某些银行值三倍或者更高的市净率，但是我们在以高价买入之前应当保持警惕。银行股是不稳定的，如果你有耐心，你就有可能发现更值得买的股票。特别是即使最好的银行，在遇到金融服务行业高位危机的时候，一般来说也要遇到惨重的打击。把几家银行用相对市净率估值排好队，虽然不等同于折现现金流模型估值，但是对这个行业，可能已经是相当合理的近似估值了。

这些指标应当成为挑选高质量银行股的起点。综合来看，我们认为对那些希望自己挑选金融服务业股票的投资者来说，最好的防御是耐心和一个持怀疑论的健康的心态。构建一个看上去有前途并经过了一段时间了解的核心银行组成的投资组合（在实际投资之前），对它们贷款发放、风险管理的方法、管理的质量和银行拥有的权益资本数量有一个概念，当机会出现的时候，你就可以从最好的点位介入。

投资者清单：银行业

- 银行的商业模式可以归纳为管理三种风险：信用风险、流动性风险和利率风险。
- 关注经营适度的良好的银行。投资者应当挑出那些持有巨额流动性基础的资产，并为未来的坏账已适度计提了风险准备金的银行。
- 银行利润表的不同组成揭示了财务表现的不稳定程度，这源于诸如利率和信用环境等诸多因素。一般来说，经营好的银行应当在各种各样的环境下表现出稳定的净利润增长。投资者应当为能够挑选出过往记录好的银行多付出些努力。
- 经营良好的银行会严格匹配资产和负债的时间期限。例如，银行应当用长期负债（比如长期债务或存款）做长期贷款，而不是用短期资金来做这件事。投资者应规避不这样做的贷款银行。
- 银行业有巨大的竞争优势。它们能以甚至比联邦政府还要低的利率借钱。它们巨大的规模经济源于已经建立起来的巨大的销售分配网络。银行业资本敏感的天性阻止了新的竞争者，而且客户转换成本高。

- 投资者应当挑选那些有良好权益基础，有适度的、稳定的净资产收益率和资产收益率，盈利能力能稳步增长的银行。
- 用市净率指标比较相类似的银行，可能是避免为银行股票付钱过多的一个好办法。

第十八章

18

资产管理和保险业

像银行业一样，资产管理公司和保险公司也是用别人的钱赚钱的。资产管理者用投资者的资金购买股票或债券，并向投资者收取费用；保险公司用它们从客户那里收到的保险费投资，以赚取核心保险业务以外的收益。不管怎样，这两个行业的公司的竞争优势没有太大的差别。资产管理公司令人难以置信地赚钱，即使一个乏善可陈的资产管理人也很可能有一流的财务成果入账。从历史的观点看，资产管理者确实曾经做出过卓越的投资，他们也应当为人所知。而保险行业是极度竞争的行业，它很难打造持久的竞争优势。在本章，我们将深入挖掘这些公司怎样赚钱的具体细节，并在检验资产管理人和保险公司时让我们把要寻找的东西凸显出来。

资产管理行业

伴随着巨大的毛利和持续不断的管理费收入，资产管理公司就像一台四季运转不停的赚钱机器。这些公司如此依赖市场，以至于公司的股价常常是对占主导地位的乐观主义或者悲观主义观点的过度反射，这就意味着当你考虑投资的时候应当反向操作。最好的资产管理人能够找出真正的投资机会。

什么是资产管理公司的原动力

大多数人熟悉共同基金，但是管理这些基金的公司的情况是什么样的？资产管理公司为客户管理资金的同时，需要管理费作为回报。这是一份赚钱的工作，而且仅仅需要很少的资本投资。资产管理公司真正的资产是投资经理，所以薪酬是公司主要的费用。而且管理两倍的资产并不需要用两倍的人力，所以规模效益是极好的。这就意味着管理资产的增长将使公司费用相对降低。再加上一流的营业毛利率——营业毛利率通常达到30%~40%，这些在很多行业是难以见到的。

我们上面提到的大多数资产管理公司都有，特别是如果资金管理是公司的主营业务。达到一定规模是这个行业有稳定的竞争优势的证据。在先前提到的有利的经济形势下，资产管理公司也将从成熟的水平和翻倍的规模上获得收益。聚集资产花费了时间，达到明显的规模效益（旗下管理的资产至少100亿美元）需要业绩支持。大多数基金公司需要埋头苦干三年，之后再花费数年时间才能建立起资产基础。资产基础给大型、公认的资产管理公司带来巨大的优势。

资产管理公司通过在本行业细分市场赚钱建立一种优势。我们寻找的最重要的竞争优势是多样化（既包括产品也包括客户）

和资产的黏性（即使在困难的时期也把资金放在公司）。

多样化：因为股票的定量与市场自身密切相关，所以资产管理公司的股票倾向于与大盘股价指数协调一致运动。很多投资者认为，在熊市中销售投资产品就像在北极卖冰棒一样。但真实的情况是，股票与一些特殊市场的相关性是很难搞清楚的，因为很多资产管理公司经营的产品领域非常宽，从债券市场的货币基金到股票的对冲基金，所有这些产品在不同的条件下都可以茁壮成长。

产品的差异性是资产管理人克服市场起伏波动的一种办法。债券和货币市场在庞大的资本市场里看上去就像一条凝滞的水沟，但它们是熊市里的绿洲。更值得称道的是，大量稳定的多样化的基金能保证资产留在公司里。

资产黏性：如果客户摆脱了第一次签约的麻烦，基金公司会给客户一个灵活的时间安排。大多数人想要的资产是有黏性的资产，特别是机构和养老基金，一旦与资产管理公司建立关系，它们更喜欢盯住一个管理人。富有的投资人常常享有太多的优惠待遇，以至于他们愿意把财富交给管理公司，即使管理公司的投资向来表现不好。那些被税收递延的投资组合所持有的资产，比如401（k）账户和IRA，也往往比应税的账户变动得少。政府法规调整阻碍了现金早期的退出，而且长远的眼光有助于让很多退休客户进行长期投资。

直销的零售基金对投资者来说非常有利，但有时它们可能对基金公司的营销产生消极的影响。在熊市中，销售基金顾问在留住资产方面会起很大作用，因为财务顾问能够阻止客户在惊慌中卖出基金。

资产管理 101 账户

对这个行业的任何一家公司而言，考察这些公司单一的最大的指标是旗下管理的资产规模，也就是客户委托给这家公司的全部资金的总和。因为一家资产管理公司的收入是其管理资产的一定百分比，资产规模是一家公司做得好与坏的重要指标。

不像银行或者保险公司，它们大的亏损可能导致破产，资产管理公司投资组合的大的亏损是由客户承担的。大的亏损通过减少资产规模影响到管理费收入，但是资产管理人即使损失超过它管理资产一半以上的价值可能还留在这家公司里。假想最糟糕的情形，客户提取它们剩余的资产，如果管理费收入不足以支撑公司的运营，那么公司就将彻底失败。但是因为资产管理几乎没有资本投入，所以这些公司还能留在这一行里。

资产管理公司主要的驱动器

管理资产的水准是资产管理公司收入的最大驱动器，但不是所有资产都能创造一样的收入。资产管理公司对股票投资组合的收费比债券或货币市场基金高。更专门的基金，比如外国股票基金、房地产基金或者高收益率的债券基金，常常要负担最高的管理费。机构和大的投资者，如果它们放在一家资产管理公司的资金达数百万或者数十亿美元，它们的管理费因为量大可以打折，然而小额账户零售投资者则要付高一些的管理费。这就意味着，假设一家资产管理公司旗下资产有 10% 的增长，但如果它的债券基金的销售比股票基金销售速度快的话，它的收入可能就只有 8% 的增长。

在特殊资产分类记录业绩的上升和下降之后，我们希望你密切注意管理资产的变化。市场的运动、证券价格的升值和贬值可能产生巨大的影响，所以很多资产管理公司被认为是在对市场投资进行赌博。集中大量资金投资在股票上的公司，比如 Janus 公司和 London-based Amvescap 公司，它们的股票在牛市和市场复苏的时候暴涨。这些市场的运动在没有新资金进来或者流出的情况下提升了管理资产的市值，这就增加了投资管理费的收入。

但是，好的资产管理公司不是简单地和市场赌博。投资者应当寻找那些能够持续不断地带来新资金，而且不依赖市场增加管理资产的管理公司。寻找在市场条件多样化情况下的净流入（流入比流出高），这是一个资产管理公司能够为新投资者提供想要的产品、为现存的投资者提供喜欢的公司产品的信号。

在事务部门里

托管和资产服务机构是很少为人所知的资产管理公司的老朋友。它不厌其烦地做了很多工作，却得不到高的赞誉和认可。（想一想当独行侠做很多激动人心的事情时，他旁边那个日日夜夜喂马的印第安人。）不管怎样，托管业务对很多养老基金计划、保险公司、资产管理公司，甚至是对一些需要别人来记录他们的投资状况并帮助他们完成日常内部财务工作的富人，都是需要的。

托管和资产服务机构工作的原则与资产管理业务的原则类似，但是收费更低，更具有规模效益。很多信托银行比如道富银行和纽约银行，有大量的托管业务管理着数万亿美元的资产。托管商不负责它们的信托资金的投资，它们只负责跟踪记录。共同基金公司频繁地向托管商采购事务部门的服务，因为它们不想为保存记录产生争论。托管商记录它们客户的买入和卖出、收取股息，并每天计算精确的市值等。很多托管商还提供一系列附带的服务，比如业绩评价、风险管理和养老金咨询等。

这项业务需要在技术和绝对精确的要求方面上进行大量的投资。在托管资产达到10亿美元之前，它不是很赚钱。托管商的一般收费低于托管资产的0.05%，对它们而言，扩大规模是支撑技术投资的需要。

信托公司的关键驱动器

这个行业的收入基本受信托资产的规模驱动。因为规模经济在这个行业里是相当明显的，大规模的托管资产代表着竞争的优势。较大的操作需要在前沿的技术方面做出投资，以便从附加的每一美元托管费中赚更多的利润。这种越大越好的模式为公司合并增添了动力，把现存的小托管商和托管资产集中合并到大的托管商。结果，进入门槛提高，小规模经营很少有机会达到竞争规模，这给了大的参与者（比如道富银行和纽约银行）较强的竞争优势。

我们要密切注意托管公司的贷款组合，尽管大多数托管商也借钱给它们的客户作为全面服务客户关系的一部分。这些贷款的很大部分对银行来说不是很赚钱，它们可能是最大的风险因素之一，坏账很容易蚕食掉有利可图的托管业务。例如，在20世纪90年代的技术和电信泡沫中，纽约银行贷款给海底电报和通信公司数十亿美元，当很多这类的公司崩溃后，迫使纽约银行核销坏账，这就抵消了从它赚钱的全球托管业务中赚取的利润，而纽约银行的全球托管业务当时是全世界最大的托管业务。

成功的资产管理公司的特点

资产管理公司可能是一项非常好的投资，重要的是要买入合适的。我们推荐寻求具备下列品质的公司：

- **多样化的产品和投资者：**资产管理公司和托管商从管理资产的多样化中获得收益。Janus Capital 公司是一个把全部鸡蛋放在一个篮子里的例子，它的资产主要是成长型股票基金，这家公司的股票在到了 2001 年和 2002 年市场崩盘的时候被腰斩。多样化的公司比如富兰克林资源公司就有很大的稳定性。
- **黏性的资产：**围绕着不固定客户群旋转的公司是极其不稳定的。资产管理公司吸引了长期的投资群体，包括机构投资者和退休后节俭的人，他们指望在变化多样的市场条件下得到连续稳定的报酬。例如，在退休储蓄业务方面，T. Rowe Price 公司旗下管理的股票系列资产享有相对稳定性。
- **利基市场：**资产管理是一个日益拥挤的领域，因为诱人的利润吸引了很多公司进入这个领域。那些拥有独特资产和能力的公司有控制定价和减少竞争者对投资者资产竞争的能力。Eaton Vance 公司就是一家资产管理公司精品店的好例子。这家公司专门研究税收管理产品，包括股票和债券，而且成功地吸引并留住了有税收意识的投资者。

- **市场领导者：**托管行业进入的高壁垒和规模经济，使得规模成为令人生畏的竞争优势。由于最大的托管商监督数兆美元的资产，小的竞争对手面临着无法抗拒的挑战。另外，著名的资产管理公司也享有长期业绩记录和被认可的优势。私人控股的富达投资管理公司是世界上最大的资产管理公司，也是这个行业中最广为人知、最让人信任的公司，这个优势帮助它汇集和管理资产。

人寿保险行业

人寿保险公司的经济特征不会让我们脉搏加速。有时，好的人寿保险公司可能会提供很好的投资价值。但是一般来说，这个方面的投资罕有引人注目的机会。要知道为什么，让我们看一下这个行业是怎样运作的。

寿险行业让人感兴趣的经济特征来自它的股票表现。截至2003年8月31日，历经10年的时间，标准普尔500寿险和健康保险指数年收益率达到3.6%，与之相对的标准普尔500指数年收益率却达到10.1%。

人寿保险公司帮助人们保护自己或所爱的人以防备灾难性的事件（比如死亡、残疾），或者为退休提供更好的财力保护和弹性。一家人寿保险公司汇集了很多保险客户的个体风险，然后通过努力以实现大于最终要付给保险客户的资金的营业收入，赚更多的钱。

寿险 101 账户

人寿保险公司的发展受其复杂的产品和长期财务报表的限制。这个行业一个奇怪的事实是，当一家保险公司销售保险单时，它不真正知道怎样给那张保险单有效地定价，因为它不真正知道自己最终将要付出多少钱。虽然人寿保险公司的精算师在预估变量，比如未来投资收益率、保险单持续率（客户持有保险单的时间长度）以及寿命期望值等方面尽了最大努力，但是要让保险公司知道在这些保单上是否赚钱还需要花一些时间。

人寿保险公司的财务报表与其他行业有很大不同。尽管很多书中都有怎样阅读人寿保险公司财务报表的标题，但为了简单明了，我们还是着重于总的概念。

在资产负债表的资产方面有两个主要的科目：投资（累计的保险金和收费，这些保险金和收费是保险公司付给保险客户收益之前累计形成的）和延迟获得费用（这部分是销售保险单或者年金保险单的资本化价值）。那些销售可变年金、专户资产的公司，代表基金（可变年金所有者）投资，这组成了第三种重要的资产类型。因为可变年金的所有者管理自己的投资，这些资产被隔离出来，而且这些专户资产被资产负债表上相等数量的专户负债所抵消。

一家人寿保险公司的其他负债，基本上由将来需要支付给保单持有人的收益组成。人寿保险公司收入的两个主要来源是：（1）再次保险金和费用；（2）其他投资收益。它的两项主要费用是：（1）支付给保单持有人的收益和红利；（2）摊销延迟获得费用。

人寿保险公司关键的驱动器

人寿保险公司是成熟的、慢速增长的生意，它提供的商品是很容易替代的。除了某些管理规章和资本需求以外，进入的壁垒不算太高。但是一旦一家公司进入了人寿保险这个行业，它可能很难退出，因为它要向客户支付寿险收益，而这些客户的寿命还有很多年。

只有几家最大的人寿保险公司，比如大都会国际人寿保险公司、保诚集团、恒康人寿保险公司有竞争优势，因为它们有被广泛认可的品牌、大规模的产品分销系统、多样化的产品供应，以及与众多公司客户建立起的关系。但是这些竞争优势仍然显得比较单薄，也许人寿保险是一个典型的没有竞争优势的生意。

在特定的类似日用品生产商的人寿保险行业，对一家保险公司来说，离开收购几乎不可能成功地以高于行业平均年收益率的速度增长。（寿险行业增长速度和 GDP 最小增长率相差无几。）平均复归值的概念对这样一个慢速增长的行业来说令人难以置信的重要。例如，一家人寿保险公司的净利润可能由于某些短期事件的原因，比如一项突出的投资收益，在一个阶段高于或者低于平均趋势，但是经过很长时间，投资收益和净利润很可能回归到平均值。

检查一家公司提供的混合保险产品，对于了解收入和利润如何增长以及风险水平如何，是至关重要的。此外，了解一家人寿保险公司有哪些类型的年金业务也非常重要。年金在股票市场上风险较大，这就意味着年金业务比重大的人寿保险公司投资风险更大。

人寿保险公司以很低的毛利经营，这里的毛利就是公司的股票成本和投资收益之间的差额。寻找那些净资产收益率持续高于公司资本成本的公司。我们估计大多数人寿保险公司的股本成本在 10%~11%，而净资产收益率的平均水平历史上一直在 12% 左右。在这个行业里表现最好的公司，特别是美国家庭人寿保险公司（AFLAC），其长期净资产收益率在 15% 左右。

有形账面价值是美国人寿保险公司估值的另外一个关键指标，尽管你需要通过扣除逐日结算保证金账户的收益或来自所有者权益的待售证券的亏损来调整它。这种调整是相当直接的。在 10–K 报告中，人寿保险公司应当在脚注里详细列示它的待售证券投资组合没有实现的收益或亏损，这包括在“其他综合所得”里。你所需要做的就是减去收益或者加上所有者权益的亏损，得出有形账面价值。

用有形账面价值对人寿保险公司估值是最安全的，而且因为两个基本面的原因，这也是对人寿保险公司估值的最实际的方法。这两个基本面的原因是：第一，很少有关于人寿保险公司基本保险精算假设的详细资料可供利用，而且预测保险公司未来的投资收益是不可能的；第二，很多较大的人寿保险公司在最近才变成公开上市交易的公司，这就意味着在这些公司只有有限的历史金融数据。

成功的人寿保险公司的特点

人寿保险公司偶尔也可能是一项好的投资，但重要的是要避免买入麻烦。下面是我们推荐要寻找的公司特点：

- **谨慎的保费增长率**：一般来说，好的人寿保险公司的保险费增长不会明显高于同业平均水平。按照美国人寿保险协会的数据，1991—2001 年，人寿保险费收入年平均增长率是 6.2%。以降低风险定价赢得保险销售收入是个危险的游戏。

- **净资产收益率持续高于股本成本**：假定人寿保险公司使用很高的财务杠杆，那么在净资产收益率和资本成本之间的正的差值对一家公司长期运营的成功是至关重要的。净资产收益率对人寿保险公司来说，历史上一直在 10%~11%。

- **高的信用等级**：大多数一流的保险公司炫耀的评级是 AA 级。通常，客户希望从数次来访的公司购买保单。运营管理比较好的人寿保险公司，风险资本的水平也常常是联邦政策制定者规定的两倍左右。

- **多样化的投资组合和经过检验的风险管理文化**：大约 90% 的美国人寿保险公司的资产投资在固定收益证券上，比如公司债券、自售证券和抵押证券等。固定收益证券的质量和成分，对决定一家人寿保险公司的财务实力和未来盈利前景是至关重要的。好的保险公司会控制等级较高的风险，比如在投资级以下的债券（例如垃圾债券）。通过观察诸如垃圾债券对有形资产的比率或者垃圾债券对总资产的比率，可以比较一家人寿保险公司和它的竞争对手在垃圾债券上的风险暴露。

财产和灾害保险行业

财产和灾害保险通过转移财务风险给美国经济带来了巨大的利益，这些财务风险可能以不同方式妨碍了有利可图的交易和生活水平的提高。

不幸的是，对于投资者而言，财产和灾害保险产品提供给美国经济的不是与之相协调的巨大的投资回报，相反，其收益常常异常糟糕。销售净利率经常低于 5%，资本收益率同样也是不能令人满意。平均水平的财产和灾害保险公司赚取的净资产收益率低于 9%，而且随着时间的推移，大多数保险公司实现的净资产收益率只有标准普尔 500 指数的一半。

这些可怜的经营成果常常导致长期业绩不佳。到 2003 年底，财产和灾害保险公司才开始引人注目。不管怎样，还是有几个未加工的钻石——几家公司能长期产生有吸引力的收益。被武装起来的谨慎的投资者能够识别表现更好的保险公司，这些公司能在这个行业里赚到稳定的收益。

财产和灾害保险公司怎样赚钱

当一家保险公司销售保单的时候，作为收取保费的交换，它接受了风险。通过把很多个体的风险转移到一个公共的风险池，保险公司建立了多样化的风险组合。因为大多数风险不会变为现实（你不是每年都撞车吧），保险公司预期能赚到较低的利润。

保险公司也享有一种独特的商业优势，其收到的保费通常超过需要赔付的金额。这些钱常常作为储备金，保险公司在收到保费至赔付期间享有这些资金的使用权。财产和灾害保险公司通过使用这些保费投资赚取部分投资收益。

这种投资能赚多少钱取决于市场表现、保险公司的资产配置和保险公司在赔付前占有这些资金的时间。保险公司销售的长尾保险持有保费的时间相对更长，因此可以投资更多的股票。（一份保险单尾巴的长度涉及损害发生显现的时间。短尾巴的保险单是在投保期间投保人发生损害，而且很快就能被确认，比如车祸；反之，长尾巴保险单在损害发生之前的很多年可能不被发觉，掩盖了风险，比如石棉伤害。）

财产和灾害保险公司的 101 账户

让我们研究一下财产和灾害保险是怎样影响利润表和资产负债表的。保费收入（也就是人们熟知的实收保险费）用于支付索赔（损失费用）、给保险代理机构的销售佣金（佣金费用）以及营业费用。保险公司用实收保险费的比率来表示这些费用。例如，理赔费用消耗掉一家保险公司 75% 的净收入。

把这三项比率加在一起产生一个综合比率，它是保险公司关键的承保利益指标。综合比率在 100 以下显示有承保利益。例如，综合比率在 95，意味着保险公司为损失支付了保费的 95%，剩余的 5% 就是承保利益。再比如，一家保险公司的综合比率是 105，这意味着保险公司支付了它保费收入的 105% 用于覆盖这些损失，同时也意味着保险公司亏损了保费收入的 5%。

保险公司的综合比率短期多次超过 105%，意味着保险公司有一段困难的时间要用投资收益理赔，而且这种不良的承保记录提示这家保险公司的竞争地位很弱。保险公司甚至不能赚到偶尔的承保利益，其收益可能成为行业内最差的收益，这样保险公司很可能被引诱接受巨大的投资风险以提高收益率。

保险公司从投资收益中赚钱，这也常常用保费的一个比率来说明，再加上投资收益的比率形成综合收益率（营业利润率）。在很多场合，投资收益是一个决定性的关键利润，因为它抵消了承保损失。

在资产负债表方面，对大多数保险公司来说，主要资产是投资。除了储备金，大多数保险公司还把公司自己盈利的大部分用于投资。投资账户披露了相对于保险公司资产基数的投资规模和资产配置细节。

作为一个起点，你应该寻找投资股票不超过 30% 的保险公司（除非这家公司是巴菲特经营的）。

最后，预收的保险费显示已经收到但还没有确认的保费收入。这反映了一个计算习惯。保险公司收到的保费将被认为是横跨一个年度逐渐收到的，毕竟如果客户取消了保险，这家保险公司必须退还一定比例还没有消耗的保额。在保费被确认为收入之前，保费一直在预收保费账户，而保险公司可以免费使用这些保费投资。

对保险公司来说，在一个巨大的不断增长的客户基础上持续不断地赚取承保利益是最好不过的了。保险公司可以用其他人的保费投资赚取投资收益，而且无限期地保留储备金（只要它在增长）。但对投资者来说，这种情况很少发生。

财产和灾害保险公司的主要驱动力

财产和灾害保险公司面临着困难的境况，在大多数场合定价能力低下或者缺乏定价能力。有两个重要原因：进入壁垒低，使得竞争对手可以快速空降有利可图的市场；保险产品除了价格，在其他方面常常是很难区分的。尽管保险公司企图使用一些策略，比如更好的客户服务、打包和保险条款等来区分它们的产品，但这些特征很容易被竞争对手复制。

不可预见费用。缺乏定价能力显现出一个重要的问题：一家保险公司最重要的费用大部分是不可控或者不可预见的。理赔费用通常消耗掉保险公司保费收入的 70% 以上。理赔费用通常包括司法裁定、医疗费用和修理用备件等费用科目，这些都是保险公司很少或者不能控制的。这些费用不仅难以控制，而且不可预见，常常比保险公司可能提高的保费率要增长得快很多。

例如，通货膨胀是一项特殊的挑战。陪审团和法官会判定增加保单利益、扩大合同覆盖范围，使得合同保险范围常常超过原始合同的保险范围，这已经成为一种趋势。它可能使得赔付金额比保险公司预期的大得多。一项研究估计，平均水平的因司法裁定而增长的赔付费用在 20 世纪 90 年代每年增加 19%。保险公司常常要面对来自日益增长的保险诈骗带来的相当可观的费用，这份评估报告提到的保险诈骗费用是 800 亿美元。

对保险公司来说，不可预见的费用的膨胀是特别头疼的一件事，因为在这些费用发生前，公司必须再评估。保险公司缺乏在定价时加上一个安全边际的定价能力，所以损失费用的变化可能很快蚕食掉利润，并导致公司需大量增加储备金。因为没有巨额的直接成本，保险公司常常幻想着因循以前的做法。

保险公司还要面对其他不足之处。如果一家保险公司的产品定价太低，不管是失误还是其他方面原因，其他保险公司也要以低价来应对竞争威胁，那么整个保险行业的利润就可能被蚕食掉。对于一家与互助保险公司竞争的公司来说，这是一个极为敏感的问题。（互助保险公司是由投保人独立拥有的保险公司，投保人相当于股东。）共同保险公司，比如 State Farm 公司，是特别危险的竞争者，因为它们没有大多数保险公司的利润动机，它们能够在价格方面竞争，而且可以长期承受损失以争取市场份额。从 State Farm 公司庞大的资产负债表上可以看出，State Farm 公司放弃了很多投资收益，使它能够在很多年里把价格定得低于成本，这就挤掉了很多家保险公司的利润。

保险业务的周期性。保险是成熟的业务，我们一般预期成熟行业可长期与 GDP 同步增长。保险行业还表现出相当强的周期性。这种周期性起因于定价和投资收益。当市场收益率高的时候，比如在 20 世纪 90 年代，保险公司签保单时所面对的压力很小，因为承保损失很容易被投资收益弥补。因此，保险费率会有一段时间的下降，这就像我们提到的软件市场。

经过数年降价之后，保险公司常常对市场收益率持续下降，或者对像“9 · 11”恐怖袭击这种重大事件带来的严重损失准备不足。因为这些损失不可能同时以投资收益抵消，只有提高保险费率才能恢复盈利能力。从这点上说，低价持续太久了，保险公司必须提高费率并相应地减少合同条款才能恢复盈利能力，不过 100% 的价格增长是罕见的。一旦盈利能力恢复了，投资收益正常化了，实力强大的保险公司可以再开始以较低的价格吸引客户、威慑竞争对手，因为它们知道可以再次以投资收益弥补损失。

规章。保险公司还面临着许多的规章制约。美国保险费率常常要在州际数据基础上由相关机构来核准，这意味着保险公司受每一个州的规章制定者管制。在很多情况下，保险公司被要求给无利可图的客户提供保险服务，并且不能用提价的方式来得到补偿。此外，在很多州，保险公司被要求资助那些要破产的竞争对手。

保险公司还对客户的游说拉票非常敏感，因为客户可能影响规章制定者维持低价或者指令改变价格。比如加利福尼亚 103 建议指令在保费价格基础上立即削减 20%，这就直接导致了保险公司将 12 亿美元的收入让利给了客户。

成功的财产和灾害保险公司的特点

有竞争优势的财产和灾害保险公司比较少见。这个行业沉闷的经济情况决定了大多数保险公司可怜的收益和一直要进行下去的价格竞争。不管怎样，消息不都是坏的。明智的策略和管理团队能创建一定的竞争优势，因此可以获得一些正常收益的机会。以下是我们推荐的在寻找财产和灾害保险公司时要注意的 5 个特点：

1. **低成本的经营者**：在一般进行价格竞争的行业里，最低成本的提供者通常享有最高的利润。能够实现成本最小化的保险公司是最有希望赚取较高收益的，而且拒绝销售无利可图的保险的公司在成本遏制政策方面享有特殊的优势。我们感兴趣的两家保险公司，前进保险公司和伯克希尔–哈撒韦公司的子公司盖可保险公司，通过使用直接将产品销售到客户的办法，避免了销售佣金费用，而且它们只在盈利条件下才承保，所以它们的收益始终领先同行业就毫不奇怪了。

2. **战略性的收购者：**能够持续收购业绩不佳的保险公司，然后把它们的业务变得有利可图，这样的战略性收购者常常以高于平均水平的增长率赚取有吸引力的收益。收购驱动增长可能是有风险的战略，而有经验的管理团队可能常常在保险周期的低谷廉价收购公司。

3. **专业保险公司：**专攻利基市场可能常常开发出能带来合理收益的专门的承保产品。如果这个市场相对较小而且是非战略性的，其他保险公司可能会对此没有兴趣；如果只剩下它们自己，专业保险公司在定价方面就有更多的回旋余地。

4. **有财务实力的记录：**如果保险公司自身不能在灾难中幸存下来，没有能力支付理赔，那么保险是无价值的。保险公司的客户通常更喜欢拥有财务实力、有生存力（比如面对“9·11”，或者安德鲁飓风）并有理赔能力的公司。伯克希尔–哈撒韦公司日益赢得大灾再保险（为其他公司防范特大风险理赔保险）业务是因为这家公司有资本实力雄厚的声誉，能够赔付诸如佛罗里达飓风或者加利福尼亚地震等特大损失。

5. **拥有理性的、有相当比例个人资产投资的公司管理团队：**不良的承保可能很快毁灭利润。很多管理团队杀价去争取客户，但是如果价格低到不足以覆盖损失，那么公司就要亏损。管理团队也是大股东，他们能够感受到可能造成的巨额承保损失所带来的潜在的痛，而且像这样的管理团队更能制定合理的价格，经过长时间更能赚取利润。

投资者清单：资产管理和保险业

- 寻找多样化的资产管理公司。那些管理着许多资产种类（比如股票、债券和对冲基金等）的公司，在经济回调期间更稳定。一炮走红具有更大的不稳定性，并且可能遇到剧烈的波动。
- 密切注意资产增长。确信一个资产管理人带来的资金流入比流出要多得多。
- 寻找有吸引力的能瞄准机会的资产管理人，比如税收递延基金或者国际化投资基金的管理人。
- 黏性资产增加稳定性。寻找高稳定性资产比例大的公司，比如国际货币投资基金或者专业化的退休储蓄基金的管理人。
- 规模越大常常就越好。管理资产多、有长期良好记录和多种资产种类的公司，可以给客户提供更专业的服务。
- 警惕那些比同行业平均水平增长快得多的公司（除非这种增长的原因是公司的收购）。
- 在人寿保险行业，一个保护投资免受风险的最好办法，是考虑那些营业收入来源多样化的公司。某些产品，比如易变的养老金，显示出很强的周期性。
- 寻找那些高信用等级（AA 级）、有可靠的实力、能实现高于资本成本的净资产收益率的公司。

- 挑出那些能够始终如一地实现 15% 以上的净资产收益率的财产和灾害保险公司，这是一个很好的承保约束和成本控制指标。
- 回避再三发生追加储备金的公司。这种情况常常暗示保单定价低于成本或者成本膨胀正在恶化。
- 寻找忠心为股东创造价值的管理团队。这些团队常常把大量的个人财产投资在他们经营的公司里。

第十九章

19

软件行业

软件行业竞争激烈，但是它的经营环境很少有行业可与之相比。尽管开发软件的初始成本是巨大的，但产品的生产成本却较低，因为软件可以密封在一张磁盘里，也可以通过互联网交货。当一家像微软这样的公司，用一个像 Windows 这样的产品“打出一个本垒打”，这种产品产生的毛利率会超过 40%。

得到社会认可的软件公司是现金牛，营运资本状况相当好。因为软件可以以电子化的方式交货和存储，这就导致低存货和较低的应收账款。而且因为生产软件需要很少的资本，于是成功的软件公司可以产生大量的自由现金流。

最后，软件公司有极好的成长前景。公司可以持续购买能支撑公司平稳运转的技术。软件能自动化执行任务，比如处理会计流程和对客户关系进行管理。高额的劳动力成本鼓励大家使用软件，因为耗时的工作（比如编制预算）将被自动化处理的软件简化，提高了生产力。当公司收入下降时，软件能帮助你削减费用。

软件行业的分类

在软件行业有很多冷僻的角落，但是主流领域大多数是垄断的，少数几家公司控制着大部分的销售收入。因为技术的购买者天性保守，它们不情愿从一家可能退出行业的公司购买软件，以免日后对后续的服务进退两难，这些买方公司只愿从行业的领导者那里增加采购。

操作系统

操作系统是在计算机上运行其他所有程序的平台，包括运行应用软件、接受外部设备处理指令。在这个市场上其他公司几乎没有机会，因为微软公司的 Windows 操作系统运行在世界 90% 的 PC 机上。但对服务器来说，Linux 的操作系统正在逐渐变成一个可供选择的操作系统。（服务器就是运行整个公司而不是个人程序的一台较大的计算机。）

数据库

数据库软件搜集并存储数据，所以它很容易访问和升级。高转换成本使得这个市场有吸引力，因为很难把一个数据库的数据转移到另外一个数据库里。但是数据库行业也已经进入成熟期，从长期看不太可能取得超过一位数的增长率，因为大多数公司已经有了适当的数据库。甲骨文公司、IBM 公司和微软公司支配着市场：甲骨文公司注重于一流的技术，而 IBM 公司和微软公司则能提供更便宜的价格。

企业资源计划系统

企业资源计划系统（ERP）的目的在于改进事务部门事务性任务，比如会计和人力资源管理。一个会计应用软件可使诸如编制预算和记账等基本任务变得异常容易；人力资源软件可以记录员工表现。像数据库软件一样，企业资源计划系统软件市场成长得也不是很快，因为大多数公司已经安装了某种类型的企业资源计划系统。思爱普公司、仁科公司（PeopleSoft）和甲骨文公司是这个类别软件的知名开发商。

客户关系管理系统

客户关系管理（CRM）软件保留着客户数据，比如购买历史，所以销售人员和客户服务人员能够量身定制特殊的产品提供给客户。它创造了销售机会，也提高了客户满意度。Siebel Systems公司是这个行业重量级的选手，但是传统的企业资源计划系统开发商思爱普公司和仁科公司也已经赶了上来。

安全软件

随着更多的产品和服务在线销售，敏感数据对员工和消费者更有用处，但也更容易受到电脑黑客的攻击。为防范由于病毒和窃取信用卡数据造成的损害而开发的软件已经创造了巨大的市场需求。成长中的产品有防火墙、虚拟专用网、防毒杀毒软件以及入侵检测系统等。捷邦（Check Point）软件技术公司和赛门铁克（Symantec）公司是迄今为止受益最大的两家公司。

电脑游戏

这个类别的软件被电子艺术公司垄断。它付出高昂的代价支撑众多的硬件平台，比如微软公司的 Xbox 和索尼公司的平台等。而且这个行业也是周期性的，没几年就会出现一些新的平台，因此众多的平台（例如 Atari）不能长久生存下去。最后，进入门槛低使得凭一款流行游戏就达到成功、一夜成为暴发户变得很容易。

其他

不是所有的软件公司都在与那几家知名的公司竞争。例如，财捷集团（Intuit）公司在报税和小公司软件领域占支配地位，竞争很小；同样，Adobe 公司在图形设计软件方面占支配地位，它的产品如 Photoshop 和 Illustrator 在各自的利基市场中几乎占垄断地位。常常是那些在很小的利基市场中占据优势地位的公司，比那些家喻户晓的服务于大市场的公司更具有投资吸引力。

软件行业的竞争优势

由于行业特有的快速的技术进步，在软件行业建立起较强的竞争优势是很困难的。因为进入壁垒低，如果竞争对手开发出更具有创新性的产品，并且行业的领导者不能成功地保持地位，今天的赢家就可能变成明天的输家。这就是为什么在软件行业投资困难的原因。评估一个产品将来如何成功，对投资者是困难的，要想知道技术能存在多长时间实际上也是不可能的。

要寻找那些创造竞争优势的公司，它们一般具有以下特征：

高客户转换成本

高的客户转换成本使客户使用竞争对手的产品很困难。例如，欧特克（Autodesk）公司已经锁定了建筑和施工设计的软件市场，因为建筑师和工程师在他们职业生涯的早期是用这些软件训练的。转换成竞争对手的软件，对这群已经使用欧特克软件很多年的人来说没有吸引力。对大部分软件公司来说，这些公司的利润来自这种竞争优势，这种竞争优势使得客户如果停止使用它们的产品，要么代价太高，要么过于耗费时间。

网络效应

Adobe 公司在软件行业是一个运用竞争优势的极好的例子。随着 500 万份 Acrobat Reader 软件的拷贝和下载，Adobe 公司变成了创建浏览电子化文档的标准。人们更喜欢使用 Acrobat 软件创建电子文档，因为他们知道多半的个人计算机用户已经安装了 Acrobat Reader 软件。同样，人们下载 Acrobat Reader 软件是因为它是分享和浏览在线电子文档最普遍的方式。

品牌

一些软件公司已经开始设法打造强势品牌以阻止竞争对手。例如，财捷集团的 QuickBooks 和 TurboTax 在零售软件中是两个广为人知的名字，当客户考虑小公司或者税收软件的时候，他们想到的是财捷集团。尽管人们每天都接触软件，但拥有竞争优势的公司是少见的，因为多数的软件对客户没有多少吸引力。

软件行业 101 账户

一般来说，软件公司负债很少，有相当清晰的、资本结构相当简单的财务报表。不管怎样，你应当弄明白一些行话和指标，这有助于你深度挖掘这个行业。

许可收入

许可收入是当期的市场需求最好的指示器，因为它显示的是在一个特定时期内销售了多少新软件。它是收入中比较赚钱的资源，因为软件开发完成后的生产几乎没有成本。服务收入是软件公司报告的其他收入的主要类型，服务收入不怎么赚钱，因为雇用咨询顾问安装软件是相当昂贵的。你应该密切注意这样的趋势：正在增长的许可收入预示健康的需求，反之，下降的许可收入可能预示着增长减速，因为许可收入驱动未来的服务收入。

递延收入

尽管递延收入作为一项负债在资产负债表上反映，但它是一项好的负债，它表现为某些服务提供以前公司已经收到的现金。对软件公司来说，在咨询和维护工作之前拿到钱是很平常的，所以跟踪递延收入为你对公司未来的趋势做出准确评估提供了可能。上升的递延收入预示着公司健康的订货，下降的递延收入可能提示你公司开始减速，因为在未来可能只有较少的销售收入被确认。

应收账款天数

应收账款天数表示的是一家公司收到应收款的天数。查阅资产负债表和利润表，用这个公式计算：应收账款 /（收入 / 报告期的天数）。绝对的应收账款天数的重要性比应收账款天数趋势的重要性小得多。下降的应收账款天数显示回收未付清的账款比以前更容易了；反之，上升的应收账款天数显示公司正对客户扩大信用周期，以达成交易推进收入增长。不管怎样，这些做法不过是窃取了未来的收入，而且可能导致未来收入的亏空。在一个需求快速变化的行业里，上升的应收账款天数常常是公司产品不再像以前那样热销的第一信号。

危险信号

和很多公司一样，软件公司有时也试图让自己看上去比本来的面目要好。这里有几个会计问题在你分析软件公司的时候要提防。

收入确认的变化

按照证券交易委员会的统计，不适当的收入确认是涉及重造财务业绩最大的问题，比如公司以分散的方式进行非法的收入确认。按照行业规矩，收入应当在实际取得的时候才能确认，收入的确认应当在产品交货或者服务已经实施、价格达成一致、有理由确信应付款可以收到的情况下。

你应该密切注意管理层改变收入确认的准则。例如，在 2001

年，RSA Security 公司开始在产品交货给经销商的时候就在账上反映某些销售收入，而过去该公司确认销售收入是在最终用户购买产品之后。即便管理层认为与某几个经销商的关系足够稳固，最终把产品销售给客户是有保证的，但 RSA Security 公司也可能人为地在销售渠道中填充了比正常销售量更多的存货，推高了销售收入。这种做法窃取了未来几个季度的销售收入，而且最终导致大量的销售收入的亏空。

可疑的交易

推高销售收入的可疑交易在软件行业是声名狼藉的。其中一个最普遍发生的情况是一个机构在销售产品的同时又在另一家公司有投资。另一种可疑交易叫作互换交易，这种情况发生在开发商和客户同时购买对方产品的时候。尽管这些背后涂涂改改的交易手法是合法的，但这些交易给我们展现了一幅公司健康的虚假图景。

成功的软件公司的特点

除了要有较强的竞争优势，我们在成功的软件公司里还要寻找 5 个成功的特点，它们是：逐渐增长的销售收入、长期良好的记录、逐渐扩大的利润率、巨大的客户安装基础以及卓越的管理。如果你发现公司具有这全部 5 个特征，你大概就可以确定它是软件行业里最优秀的公司。

逐渐增长的销售收入

不像一些成熟的行业（比如生活消费品行业），软件行业是一个相对宏观经济增长要快一些的行业。成功的软件公司在经济稳定的条件下，销售收入的年增长至少应当达到10%。稳定的增长既预示着对公司软件逐渐增长的需求、拥有忠诚的客户，还意味着公司具有在不损害业务销量的情况下适当提价的能力。另外，成功的公司还有大量已锁定的可循环发生的服务收入。

长期良好的记录

软件行业进入的低门槛与取得成功的高门槛形成对照，开办一家软件公司很容易，但是创建一家几年后还存在的公司就很难。因此，要寻找那些已经经历了几个行业周期的、在信息技术消费高峰和低谷都有稳定的财务业绩的公司，挑选那些至少拥有5年有价值的财务历史数据的公司，可以使你免受重创。

逐渐扩大的利润率

经历一段时间公司达到规模经济，成功的软件公司应当能够扩大利润率。一旦一个软件开发完成，其生产成本实质上是零，这意味着每一美元新增的销售收入应当直接计入营业利润。你可以寻找那些高毛利率和许可收入与公司全部销售收入同步增长的公司。

巨大的客户安装基础

成功的软件公司都拥有对公司产品和服务忠诚的巨大客户安

装基础。因为技术的购买者天性保守，而且不愿意购买一个可能退出行业的开发商的产品，它们更倾向于继续从它们所信任的公司购买产品。在过去几年很糟糕的信息技术消费条件下，很多知名的公司依靠巨大的客户基础取得了很好的业绩。

卓越的管理

有句谚语“买骑师，不是买马”，用在软件行业再恰当不过了，因为一家公司最重要的资产是每天在这里工作的人（例如，程序员、销售人员和管理人员等）。在软件行业，管理层往往有一个负面的特征，就是爱使用股票期权。因为顶尖程序员的短缺，对管理层来说要大把地送掉股东的钱才能吸引有才能的员工。如果你发现一个软件行业的管理团队能够抵制每年分发巨额期权的诱惑，你就知道你真正发现了一个能心甘情愿克制自己意愿的优秀的管理团队。

什么是软件行业不喜欢的

软件行业具有很高的周期性，销售收入受宏观经济条件和公司信息技术支出预算的制约。在好光景里软件公司茁壮成长，而在坏光景里它们就会遭受惨重的打击，主要原因是这种周期性使得很多公司把软件看成是一个在艰难时期可以延期采购的物品。换句话说，当经济和生意遭受损失的时候，削减信息技术支出是一个缓冲利润下降的捷径。

因为许多采购公司在季度末期负担过重，软件公司的多数交易往往要在报告期的最后几天才完成。这使得在季度结束时监视公司业绩的表现很困难，而且增加了一个巨大的风险。另外，采购公司知道如果它们等到季度将近结束的时候，软件公司的销售人员很可能会大幅削价，以完成公司的销售任务。这种大幅折扣损害了软件公司的盈利能力。

最后，软件公司的股票很少是便宜的。其中三家市值最大的软件公司——微软公司、甲骨文公司和思爱普公司 1998—2002 年的平均市盈率是 56，同期的标准普尔 500 指数的平均市盈率是 25。投资者常常因为软件公司极好的成长前景、高投入资本收益率以及充沛的现金流而抬高软件公司的股价。对比其他与信息技术相关的行业，比如硬件行业，软件公司常常因拥有大量的现金流和实际上没有负债的资产负债表而被估值过高。

结论

软件公司有令人印象深刻的财务特征，包括极好的成长前景、高投入资本收益率以及财务健康状况。软件所能带来的增加收入、削减费用、提高生产力的价值，超过了购买者公司在信息技术方面的付出。但是投资者在这个行业盲目地投资很可能体验到的只是失望。我们的建议是选择有很强的竞争优势并建立了进入壁垒的软件公司股票，还有就是要以内在价值的折扣价交易，不要被单一的一流技术所诱惑。

投资者清单：软件行业

- 很少有行业的经营环境可与软件行业相比。成功的公司有极好的成长前景、逐渐扩大的利润率和财务健康状况。
- 有很强竞争优势的软件公司有可能产生平均水平以上的收益率，而一流的技术在软件行业只是最小的持续竞争优势之一。
- 寻找那些跨越了多个商业周期还保持良好经营状况的软件公司。我们更喜欢那些已经存续几年的软件公司。
- 许可收入是现在需求最好的指示器，因为它告诉我们在一个特定的时间段有多少新的软件被售出。你要密切注意许可收入的趋势。
- 上升的应收账款天数预示着一家公司以扩大与客户的信用条件来完成交易，这是对未来几个季度收入的挤占，而且可能导致收入的亏空。
- 如果递延收入增长减速或者递延收入余额开始下降，它可能是公司业务已经开始慢下来的信号。
- 变换的脚步使得软件公司的未来很难预期。因为这个原因，买入之前最好是寻找以内在价值较大折扣价交易的股票。

第二十章

20

硬件行业

阻止公司创建竞争优势的力量在硬件部门被放大了很多倍。尽管其他经济领域也遭遇到产品周期、价格竞争、技术进步等因素的冲击，但这些因素在半导体、PC 机和电信设备等部门的影响格外显著。事实上，硬件部门的环境使得建立稳定的竞争优势极为困难，因为技术进步和价格竞争意味着硬件市场最大块的利益已经交给了消费者，而不是创造产品的公司。

投资者常常花费大量的时间钻研硬件公司的技术细节，但是我们不相信硬件部门的行为有它特殊的规则。更确切地说，这个行业的动力可以简单地归结为：可靠的管理、一个聚焦的经济模型以及竞争优势。

硬件行业发展的驱动力

随便一个计算机用户都对驱动硬件行业的技术因素有体会。如果你曾购买过 PC 机，你就知道用不了多久就可以花更少的钱买速度快两倍的PC机。与此同时，平均水平的PC机在1998年大约花费1 500美元以上（多半还是奔腾II芯片），而在2002年你花不到1 000美元就能买到功能更强大的PC机。

值得注意的是，这些信息技术的发展给社会带来了巨大的利益，既提高了生产效率又节约了时间，但是不见得能让它们的制造者赚很多钱。在下一部分，我们将检查在这个行业最成功的公司是如何设法活下来的，并告诉你如何识别这些公司。

硬件部门的核心驱动力是它的创新能力，创新能力使硬件功能增强的同时又使成本迅速下降。这个驱动力的基础是摩尔定律，这个定律最初是由英特尔公司的创始人戈登·摩尔（Gordon Moore）在1965年发现的。（摩尔定律的基本表述是，芯片上集成的晶体管数量将每两年翻一番。）与此相反，芯片行业经济情况表现出每个晶体管的价格以一个反转的速度垂直向下。换句话说，尽管以相当快的速度进行技术创新，但创新的大部分利益已经被传递给最终用户。

摩尔定律有助于把信息技术提高生产效率和节约时间创造的利益不断扩散。数十年前，信息技术处理能力（软件加上硬件）只用在少数几个大型军事、通信和金融领域等方面。今天，不管怎样，普通的个人能够买得起一台功能强大的电脑，不论是用数码相机照相，还是在掌上电脑上胡乱记点什么，在日常生活中信息技术有无数的应用。

第二个驱动力是工业发达国家的经济日益把它们的中心从制造业转向服务业。大多数制造业在低成本的国家完成，而同时服务的进口越来越困难。摩尔定律和发达国家的经济结构变化使得对硬件的需求增长比宏观经济的增长快得多。

第三个驱动力是软件技术和硬件技术的共生关系。毕竟，如果一个人的个人电脑上没有可供使用的软件，那还有什么用处呢？硬件的进步允许软件在更短的时间做更多的事情，反过来，新的软件应用又为功能强大的硬件创造了需求。

硬件行业的动力学特征

周期性是这个行业至关重要的动力学特征，在特定的时期，公司在技术上的支出占了硬件销售收入的大部分。在经济繁荣期，公司财务健康状况允许公司在信息技术方面有更多的资本支出。但是进入困难时期（也就是业务枯竭的时候），公司趋向于保存现金，并且减少信息技术方面的投资（见图 20–1）。

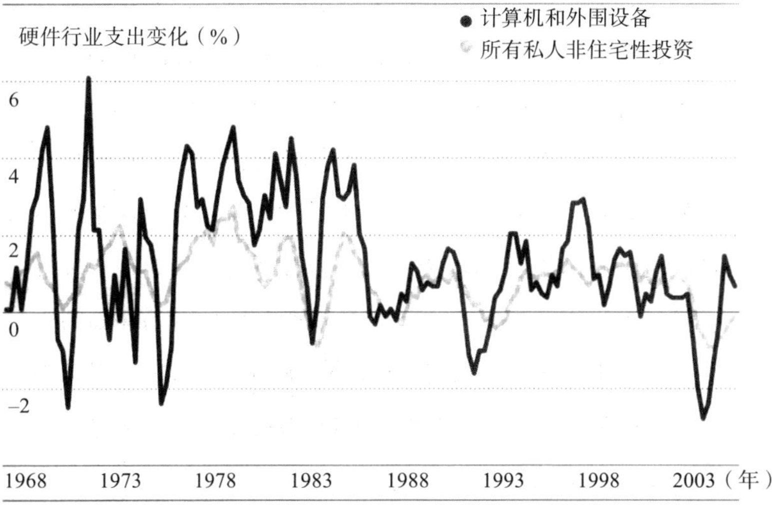

图 20–1　信息技术上的支出比全部商业性支出具有更强的周期性

资料来源：晨星公司。

客户花费在信息技术方面的投资戏剧性地波动着。一个低工资或者失去工作的人通常不需要购置数码相机或者掌上电脑。在工商业衰退的时候，诸如高失业率和消费信心低落等因素，常常阻止消费者在高技术产品和服务上的支出。

周期性一个关键的含义是需求不稳定，即便短时间也是如此，而且这种不稳定性会更深远地损害每一家企业的最终消费者。

例如，芯片制造商认为对它们产品的需求足以支撑很长时期，于是花费数十亿美元扩大生产能力。所有这些全是好的，直到需求的泡沫破裂，客户停止订货。芯片制造商通常被超额的生产能力所困，芯片价格开始迅速下跌。

常见的投资陷阱：在新技术上下赌注

事后看，思科公司和英特尔公司的成功好像很容易，但并非如此。在它们之后，超威半导体公司每一次对英特尔的竞争只能取得有限的成功，而全美达（Transmeta）公司和赛瑞克斯（Cyrix）公司几乎没有机会取得立足之地。这同样发生在个人电脑行业。我们看到戴尔公司和惠普公司的成功似乎很轻松，但是回顾过去数年成为牺牲品的公司的故事，就像看 VH1 音乐频道曾做的红极一时的传奇栏目《音乐后面的故事》一样。还记得康懋达（Commodore）公司、AST 公司以及佰德（Packard Bell）公司吗？不记得吗？的确不记得了。竞争甚至让 PC 行业领先公司的努力脱离轨道，比如 IBM 公司，它在 1999 年已经停止销售台式电脑，同样，德州仪器技术公司也退出了个人计算机领域。

硬件行业的竞争优势

评估技术公司的竞争优势可能错综复杂。在20世纪90年代后期的技术泡沫期间，上升的大潮抬高了所有的船，而且很容易错误地假定一些公司拥有持久的竞争优势。

尽管大多数硬件公司注意区分它们自己的技术优势，但技术本身不能构成竞争优势。有一流技术的公司也会很容易失败，就像某些公司销售平常的技术却能在行业中占优势一样。英特尔公司和IBM公司已经建立的竞争优势不是凭着一流的技术，而是凭着销售渠道、占优势的规模和宽广的产品线。更何况，在硬件行业里很少有技术领先能长久保持的。例如，奔迈（Palm）公司开拓个人数码助理业务，但是之后索尼公司、微软公司、Handspring公司和其他公司逐步蚕食掉了它的领先优势，奔迈公司并没有领先多久。

常见的投资陷阱：存货泡沫

硬件公司常常面对存货不平衡的阶段，不是它们堆积了太多的存货，就是消费者的需求突然超过了它们能正常供应的量。存货的风险是把产品或部件长时间放在货架上，这可能会引起大幅度贬值。还有更糟糕的，就是全都卖不出去。我们看到2000年互联网泡沫破灭不久之后的副产品，思科公司和其他许许多多公司核销了数十亿美元的超额存货。

当一家公司过去几个季度存货比销售收入增长快的时候，就给投资者发出了一个警告的信号，即使这种趋势被供应链的复杂性弄得模糊不清。看看 10–K 报告“风险因素”部分对这种情况的表述，如果它们能继续生存下去，资产负债表上的存货可能反映的不是真实的存货。

竞争优势在硬件行业是罕见的，但是让我们看一看我们在第三章提到的真实世界的四个关键竞争优势的例子。

高客户转换成本

电信设备制造商，比如北电网络公司、阿尔卡特公司、朗讯公司均受益于高客户转换成本。它们的基本客户（比如 AT&T 公司和贝尔子公司）的采购习惯非常保守。这些客户经营相当庞大、复杂的网络，而且它们必须对新采购的设备 100% 有把握，要与现存的运营中的网络无缝连接。这些客户与供应商通常有 10 年以上的关系。采购习惯是不容易改变的，不太可能让它们冒着丢工作的风险更换供应商。

低成本的制造商

戴尔公司是受益于低成本的例子。戴尔公司能够达到这个地位的部分原因，是它拥有世界最大的 PC 机生产规模。因为戴尔公司采购芯片和磁盘驱动器的数量巨大，因此，它可以比竞争对手获得更低的零部件价格。戴尔公司是低成本的制造商，因为它的直销模式比它的竞争对手惠普公司更有效率。戴尔公司通过网络销售时不但避免了给第三方的佣金，而且还能有效控制存货和应收款，这就意味着戴尔公司能比竞争对手更快地把较低的零部件成本转移给消费者。

还有一个模糊的优势是，戴尔公司作为最大的 PC 机制造商，它的供应商心甘情愿地接受等待时间更长一点的付款方式，而且戴尔公司在得到它所需的零部件方面享有更大的灵活性，这就允许戴尔公司保持很低的存货。低存货与戴尔公司的直接销售模式相结合，创造了一个巨大的竞争优势，因为戴尔公司可以在它付款给供应商之前收到货款。存货几乎不占用资金，戴尔公司需要的营运资本很少，因此这就使创造高的投入资本收益率成为可能。

无形资产

信息技术公司常常使用无形资产，比如专利和品牌，这些无形资产有助于支撑长期的超额投资收益。例如，2002 年，芯片制造商凌特技术公司披露的销售收入增长率达到 16%，平均毛利率超过 70%，平均投入资本收益率达到 90%，所有这些指标远远超过行业平均水平。美信集成产品公司也披露了类似的结果。是什么支撑这两家公司在长时间里能获得如此好的收益？这些公司成功的关键在于它们针对的是利基市场。模拟芯片是受严格专利保护的，因此缺乏直接替代产品，而且设计这些产品的工程师面临一系列独特设计的挑战。数字电路处理信息用二进位的方式，也就是 1 或者 0，而模拟芯片处理的是现实世界的信号，如温度、压力、重量和声音等。像凌特技术公司这样的公司，有数年的研发和制造经验，对于新的竞争对手有强大的竞争优势。模拟工程师人数的不足也增强了这些公司的竞争优势，因为潜在的竞争对手要花费很长的时间，才能积累经验与凌特技术公司和美信集成产品公司竞争。这些公司工程师的知识和经验是让它们赚取显著超额利润的无形资产。

网络效应

在硬件行业里，网络效应可能提升，因为硬件常常需要：（1）与其他硬件一起运转；（2）让人维护。某一类产品变得越流行，其他的硬件产品越需要注意它的特性，而且会有越来越多的人用越来越多的时间学习操作这些产品。

思科公司的路由器就是一个很好的例子。路由器可以说是决定网络上数据流的最佳路由的高级计算机。不管是谁生产的，路由器必须知道怎样和其他硬件“对话”，路由器不能同网络上其他硬件连通，那它就是一个废物。这就意味着路由器制造商在开发新产品的时候必须使用通用的标准。因此，在新标准开发和评估时，市场份额最大的厂商就坐在“驾驶员”的位置上。

思科公司是 20 世纪 80 年代第一家用路由器打开市场的公司，其后逐渐建立编码和协议，与越来越多的设备一起运行。当其他公司试图进入这个市场时，它们开始意识到让路由器与其他设备一起运转是多么的困难。在高端路由器市场，思科公司的主要竞争对手瞻博网络（Juniper Networks）公司已经取得实质性的成功，但代价是它花费了一年的时间和昂贵的费用雇用那些知道问题卡在哪里的思科公司的前程序员。

由于成为事实上的路由器标准，思科公司也创立了二次网络效应。为维护路由器，思科公司花时间对客户进行语言和使用的广泛培训。网络维护工程师学习这些课程，并且得到证书，这对他们的工作很有帮助。思科公司的证书可能成为网络工程师获得的第一份证书，这是相当好的做法，因为这些工程师也是决定要买哪些设备的人。思科证书和培训事实上有助于支撑思科公司的硬件普及。

成功的硬件公司的特点

以下就是当你分析一家硬件公司时要寻找的：

稳固的市场份额和始终如一的盈利能力

稳固的市场份额和强大的盈利能力是可抵御强烈竞争的有力的竞争优势。凌特技术公司和美信集成产品公司就是这方面很好的例子。尽管二者都不在高性能模拟芯片市场占优势地位，但它们都在这个快速增长的市场占有稳定的市场份额，而且这两家公司在芯片行业最糟糕的低迷时期仍取得了稳定的资本收益率。

强势的经营和市场营销

这些公司不在那些它们没有特别竞争优势或者不适合它们战略重点的业务上浪费时间。思科公司在经营方面是个典型的例子。思科公司的战略不是自己制造产品，它特许合同制造商制造路由器。这种战略的聚焦有助于指导决定哪些新产品公司应当自己生产、怎样做资金预算或者是否购买一家公司等。同样，戴尔公司受益于它的市场营销准则，它意识到自己的业务建立在直接销售、按订单生产的预付款模式上，策略或方案偏离这个模式就得不到支持。所以当你看到硬件公司涉足超出它们实力的领域时，就要密切关注了。

弹性的经济状况

好的硬件公司能够很好地做到收入和费用在时间和水平上的匹配。因为硬件行业在需求上是不可预测的、多变的，弹性较大的公司已经超越了成本和生产能力的限制，它们面对的风险较小。经济状况弹性好的信号包括外包生产、资本支出需求低、劳动力成本低以及员工总量可变。

即使在公司业务没有外包而自己生产的情况下，你也可以寻找到具有弹性或者风险小的信号。我们认为捷普集团是最好的制造公司的一个理由是，它把客户承诺的一个确定水平的用量列入清单，锁定这些用量意味着捷普集团在决策时能够获得它将要支出成本的更多信息。其他制造商也倾向于以捷普集团这种方式交易，虽然这可能使得收入更不可预测，可能造成增加生产能力和收入不足以负担企业一般管理费用的风险。

投资者清单：硬件行业

- 信息技术是发达国家提高生产力日益重要的资源。在2002年，信息技术几乎占了美国重要设备投资的50%，而在 30 年前只占 20%。

- 技术创新意味着硬件公司能以越来越便宜的价格提供更强大的计算能力，因此，信息技术将承担越来越多的任务。
- 因为快速创新，硬件技术公司趋向于收入和盈利的快速增长。
- 与此同时，硬件技术领域的竞争对手常常都很强大。此外，硬件的需求具有很强的周期性。
- 就技术本身来说，不可能持续支撑竞争优势。硬件行业中经过长期努力建立竞争优势的公司比依赖技术的公司更可能取得成功。
- 硬件技术公司依靠竞争优势成功的例子包括：低成本制造商（如戴尔公司）、无形资产（如凌特技术公司和美信集成产品公司）、高转换成本（如北电公司和朗讯公司）以及网络效应（如思科公司）。
- 一家有持续竞争优势的公司应当可以有效地抵御它的竞争对手，并保持主要的市场份额，或者在很长一段时间里维持高于平均水平的毛利率。

第二十一章

21

媒体行业

媒体行业的公司能为获得长期的投资收益提供充分的机会，但是在媒体股票上成功的投资更多地取决于挑选出下一部轰动的电视节目、预测出下一部风行一时的电影，或者发现一部新的畅销书。在我们跟踪的近 24 家媒体公司中，只有 5 家公司有很强的竞争优势，1 家公司的部分业务具有一定的竞争优势。关键是识别那些将持续成长并且未来数年能大量产生现金的公司。在这个行业中很多公司得益于竞争优势，比如规模经济和垄断，这些竞争优势很容易支撑长期的超额利润。

全面来看，媒体行业在过去 10 年间一直是有业绩的。按照晨星公司的历史业绩数据，媒体行业的公司年度收益率 1993—2002 年在 16% 以上，而同期的标准普尔 500 指数的年收益率只有 9% 多一点。媒体行业优良的业绩涉及很多因素，但可以说服大家的是两个最重要的因素：其一是吸引人的经营状况，其二是明显的竞争优势。区分和聚焦不同的产品给媒体类公司带来了不同地理区域（如报纸和广播电台）或者利基市场（如技术类型图书）的竞争优势。在这些领域占支配地位，常常可使这些公司保持稳定而充沛的现金流。

媒体是一个宽泛的术语，我们可以把这个行业分成三个不同的板块：出版、广播和有线电视以及娱乐产品。在我们综观了媒体行业的整体情况之后，我们将深度挖掘这三个板块中每个板块的特性。

媒体公司是怎样赚钱的

媒体公司通过生产或发布消息给公众来赚钱，生产消息或者内容可能通过几种形式，如视频、音频和印刷等。发布的方式也是各种各样的，电视、广播、互联网、书籍、杂志和报纸是发布内容最流行的手段，但是对怎样发布消息没有限制。

用户使用费

媒体行业的商业模式多样化明显依赖公司收入的第一来源。我们都非常熟悉我们在看热播中的电影、阅读畅销的小说或者购买热门的新 CD 时要支付的一次性费用。电影制片商比如迪士尼公司和派拉蒙公司，出版商比如西蒙与舒斯特公司，唱片公司比如华纳兄弟娱乐公司等，全都高度依赖这些一次性收费。

依赖一次性用户收费的公司有时要遭遇不稳定现金流的困境，因为现金流受到众多单独产品销售业绩的很大的影响，这些产品包括上映的电影或者新发表的小说等。如果是一连串的热销，可能给公司带来好运，相反的情况也经常见到：一连串的几次失败导致灾难。这种不确定性使得我们预测未来现金流非常困难。

因为这种类型商业模式的成功严重依赖大制作的成功，大牌明星往往收获大部分利益，这就使得公司的毛利率很低。例如，大牌明星汤姆·克鲁斯每部影片能从票房收入中分到2 500万美元，而且制片公司乐意付这样一笔令人惊愕的数目，因为克鲁斯对票房有巨大的吸引力。这种情况在音乐和图书出版业也差不多，在那些领域成功的品牌和作者常常能赢得利益蛋糕的一大块。

预付金

基于预付金的业务（比如有线电视和杂志出版业）通常要比一次性用户收费有吸引力，因为预付金收入趋向于可预测，这就使得预测和计划更容易，从而减少了公司的风险。预付金对公司来说的另一个优势是：用户在取得服务前付费。尽管公司不能马上把这些现金作为收入确认，但它们可以把这些资金用于经营，因此减少了对外部融资来源的依赖。

因为长期保持的客户关系和现金提前预收的原因，基于预付金的商业模式对同期经济低迷敏感度较低。此外，没有其他的行业能够在你花钱制造产品之前，就让别人提前把钱给你。

很多基于预付金的公司有沉重的固定成本，给它们带来了明显的营业杠杆作用。因此，收入的波动对盈利和现金流有重大影响。杂志和报纸就是很好的例子，这些公司最重要的可变成本是纸张，除了这项费用，几乎其他所有成本都是固定的，不管杂志或报纸的销量有多大。因此，当这些公司赢得市场份额的时候，毛利率可能会戏剧性地增长。

相反的观点是，这个行业里的公司要想维持生存，需要巨额的、持续的资本性支出，比如在有线电视和卫星电视行业的那些投资。对于这些公司来说，系统升级常常蚕食掉经营性现金流的绝大部分，现金所剩无几。从理论上讲，一旦这些升级完成，这些公司就可以摆脱资金的负担，问题是升级的循环周期从来没有结束过。

广告费收入

基于广告模式的公司可能享有相当好的毛利率，因为毛利率常常被高营业杠杆作用放大。高营业杠杆作用的原因在于基于广告模式的成本是固定的。为电视台、广播电台制作节目的费用，或者雇用一家报纸或杂志出版商的费用，不会随着用户增加而涨上来。不管怎样，广告费收入也有一定的不确定性，在经济转向低迷的时候，广告费是公司管理层要削减的第一项费用，这也是为什么广告费收入增长趋向于与商业周期同步的原因。依赖广告收入的媒体公司对国家的宏观经济相当敏感。

媒体行业的竞争优势

媒体公司拥有的规模经济、垄断和独特的无形资产等很多竞争优势，有助于它们产生持续的自由现金流。规模经济在出版和广播行业尤其重要，而垄断在有线电视和报纸行业起着更重要的作用，独特的无形资产（比如许可证、商标、版权和品牌）则在整个媒体行业都很重要。

垄断、许可证和放松管制

我们应该寻找那些在各自的市场上占据垄断地位的公司，这些公司有强大的竞争力和极好的经济效益。与垄断能力伴生的一个最大的风险就是与法规制定者的冲突，但是只要这个关系很好地维持下去，有垄断优势的媒体公司应当能够取得长期的利润增长。而且随着利润的增长，公司的价值也相应增长。报纸是具有这种竞争优势最好的例子，很少城市能支撑超过一家的大型日报，这就意味着在任何市场正在经营的报纸，要阻止竞争对手一般来说都有一段相对容易的时间。

许可证也会导致丰厚的利润，尤其是在电视和广播行业。即便这个行业的参与者不是必须享有垄断优势，但对新的进入者来说也是很难的，因为每一家公司都必须从美国联邦通信委员会（FCC）取得传送信号到某个地理区域的许可证。许可证阻止了对媒体公司的竞争，因为在一个特定的市场只能有数量有限的经营者。另外，联邦通信委员会通常给持证长达 8 年的公司续发许可证。

放松管制也是一个关键因素。由于放松管制，像福克斯公司、维亚康姆（Viacom）公司和清晰频道（Clear Channel）户外广告公司才能够购买多家电视台。这无疑大大减少了竞争并将创造更高的利润，因为这些公司可以把它们的节目制作和事务性费用分摊。媒体行业还保留着至少是部分的管制，任何未来的放松管制都可能导致更大的合并，从而带来更高的盈利能力。资产负债表现良好的报纸、电视和广播电台很可能在未来的放松管制中获得收益。

出版行业

出版领域是发现投资机会的一块好地方，它们中的很多公司，尤其那些在报纸行业的公司，享有它们各自所在市场的垄断优势。这种垄断地位给这些公司带来了不怕客户大量流失的提价能力。这些公司还可能把这些垄断利润转移到其他地理区域去，以扩大利润，使股东投资的价值增长。例如，在 2003 年初，美国最大的出版集团甘乃特公司差不多出版了 100 种报纸，而且按照该公司 2002 年的年报表述，“公司大多数报纸在同一城市没有竞争对手”。甘乃特公司的自由现金流与收入比率（自由现金流占收入的百分比）稳定在 10% 以上，这使该公司成为一家非常赚钱的公司。

在出版行业的公司还受益于规模经济，这在很大程度上取决于这个行业成本结构的天然属性。进入现有产品体系的数量越大，盈利能力就越高。出版行业的公司依赖非常昂贵的生产设备和配送系统。印刷 100 万加 1 本书并不比印 100 万本书成本更高，所以来自第 100 万零 1 本书的大部分收入转化为公司的利润，提高了公司的毛利率。

因为这个特性，出版业竞技场上的公司不断地寻找能增加市场份额、提高盈利能力的收购对象。更大的规模就是超越对手的更大优势。那些以谨慎的、深思熟虑的方式建立规模优势的公司，经过一段时间后会在利润和股东收益方面做得更好。例如，麦格劳–希尔公司通过慢慢地收购竞争对手，推动盈利能力增长，已经成为出版行业一个最重要的竞争者。1993—2002 年，麦格劳–希尔公司收购了大约 60 家公司，被收购的公司大多数是出版业的。

在此期间，公司的营业利润率从 16% 提高到 21%，这很大程度上归功于出版业务的利润率从 7% 增加到 14%。

广播与有线电视行业

广播和有线电视公司在广播、无线电视和有线电视行业往往具有某些稳定的竞争优势，这些优势常常产生高于平均水平和能保持一定增长速度的利润率。

在此之前，我们讨论了其中一项最重要的联邦通信委员会的许可证。在广播行业放松管制已经导致一些竞争的减少，因为公司在一个特定的市场拥有了更多的广播许可证。尽管一些媒体的激进主义分子认为这对消费者来说是个负面的进展，但是没有证据表明，集中度的增加对选择这种方式提升竞争优势的广播公司来说有负面的影响。

广播公司大部分的钱是从广告上赚的，这样才可能通过给尽可能多的人提供制作的节目来吸引广告。制作广播节目是广播公司最大的一项费用，而且这些支出基本固定，一家广播公司为一个节目的播出权支付的款项基本上是一样的，不管听众有多少。无论如何，听众越多，广播公司吸引的广告赚钱越多，这就意味着增长的广告收入可直接作为利润。而且广播公司拥有的电台、电视台数目增加后（这都是放松管制的结果），固定的节目制作成本可以由更多的电台、电视台分摊。

全面来看，广播公司有稳定的商业模式，所以在这个行业投资的关键是价值评估。如果你能以这些公司的公平价值的折扣价买入，你的长期投资收益应当是相当好的。尽管如此，还是要确认公司有没有卷入其他可能潜在地耗尽公司资金的生意。

最后还有有线行业，这个行业在很多独立的市场享有奢侈的垄断地位。在同一个市场上几乎没有两家有线公司同时运营，这就让它能够一直拥有持续增长的按月收取的费用。经过20世纪90年代的发展，卫星电视提供商已经成为这个市场上的一个主力，这迫使有线公司通过互联网的高速接入逐步强化自己与对方的区别。有线公司也开始尝试在某些领域展开价格竞争。

这两个变化导致了有线公司盈利能力和自由现金流的削弱，而有线行业是资本高度密集的，也就是说自由现金流微不足道，这是一个很大的缺点。很多有线公司宣称公司在升级完网络并提供更先进的服务（比如数字电视、视频点播和互联网高速接入服务）之后，资本支出最终会下降，它们如此宣称已经数年了。随着最近卫星作为竞争主力的出现，有线行业未来经济状况的吸引力正逐渐减小。

娱乐行业

就像我们前面提到的，依赖一次性用户收费的公司常常有某些缺陷，比如现金流易变、利润率低。在电影、电视和音像制品行业的公司，其业务很大程度上围绕着发行放映电影、电视系列剧和音像制品，没有多少正面的东西足以抵消其行业的负面特性。一般来说，我们不是那些在媒体行业领域经营的公司的狂热追随者。

从正面看，大多数这类公司有影片、电视系列剧和音像制品的资料库，这些东西受法律保护免于被复制品损害。这些资料库往往是赚钱的，因为这些作品的成本在过去已经在账上反映了。还有，在这些领域进入壁垒比较高，建立可供拍摄的电视系列剧基地和拍摄长片需要相当大的资本投入。

发行的进入壁垒从历史上来说也是很高的。在过去的几年，互联网已经削弱了壁垒，尤其是音像行业。与音像制品对等的网络分销，对大的唱片公司来说意味着数亿美元的损失。

因为技术进步，这种现象对电影业来说也是一个日益凸显的问题。很少有娱乐公司一直有能力为股东创造长期价值。例如，在标准普尔 500 中的电影和娱乐企业在 20 世纪 90 年代平均年收益率只有 3% 左右，而出版和印刷业显示的平均年收益率要比它们高很多倍。娱乐公司长期业绩表现不良的原因是清楚的：行业的大部分利润给了大牌演员、导演和制片人，没给股东留下什么。此外，这是一种本质上受演出成功驱动的生意，而长期准确地预测和追踪观众的口味是难以做到的。

常见的投资陷阱：买入有畅销作品的公司的股票

一些投资者指望投资可信赖的有施行电影、热播电视剧的媒体公司的股票。不要这样，十有八九现在的畅销作品正在弥补之前该公司没人知道的失败。那些有畅销作品的媒体集团公司给市场带来的冲击很大，这些联合体需要不止一部这样的作品才能驱动长期利润的增长。除非它们以内在价值（因为现金流的不稳定，内在价值是很不容易确定的）很低的折扣价交易，否则我们应当在别的行业再选一选。

成功的媒体行业的特点

一般来说，媒体行业是一个有希望寻找到稳定投资收益的地方。这里我要告诉你的是如何优中选优。

自由现金流

一般而言，我们希望在这类公司看到自由现金流与收入比率在 8% 或 10% 以上。这个水平的自由现金流至少预示着以下三件事情中的一件：这家公司有消费者乐意支付额外报酬的产品或服务，公司很有效率，或者公司不需要使用更多的资本投资。所有这三点都是非常吸引人的公司特性。这些规则只是一般性的规则而不是绝对的规则。如果媒体公司在一个发展前景极好的业务领域有大比例投资，那么即使现金流与销售收入比率较低，但相对于高速增长的未来也是值得权衡的。例如，当华盛顿邮报公司干劲十足地在卡普兰（Kaplan）教育服务公司和有线电缆的产权上投入大笔资金时，该公司在 20 世纪 90 年代的自由现金流就显示较为短缺。在 2002 年，这些投资开始有收益，此时自由现金流飞涨到销售收入的 13%。如果你看到一家自由现金流暂时性短缺的媒体公司，你要确认该公司的核心业务是否一直表现很好，而且你还要确信该公司管理层是否使用超额资金进行了投资。

明智的收购

在媒体行业我们要寻找的公司的一个特征，就是积极努力地进行明智的收购以使公司规模更大。我们强调“明智”这个词，是因为我们认为一些小的收购比较容易整合到收购方公司的经营中来。我们对那些为追赶大型公司、寻求建立一个帝国的收购行为不感兴趣，而且我们也不应该对那些指望通过合并转型的媒体公司投资。通常这些做法是失败的，美国在线与时代华纳公司的合并是个典型的案例，它们允诺的合并协同效应并没给投资者带来任何收益。

一般来说，要小心那些试图通过大型的合并在两家毫不相干的企业间建立协同效应的公司，这种“成长型”的收购几乎没有成功的，尤其在媒体行业。要寻找那些盯住与公司业务关联紧密又可以消化的收购。Publishers Reed Elsevier 公司和麦格劳–希尔公司就是实施了很多小的、有利可图的成功收购的例子。

另外，要寻找那些收购行为没有对资产负债表引起太多损害的公司。这就是充沛的自由现金流对公司如此重要的另一个原因，因为资金常常用于收购或减少对外部融资的需求。

媒体行业的风险

- 很多媒体公司还一直被创始人的家族控制着，这可能导致公司的决策有时更有利于家族而不是外部股东。虽然这些公司的大部分股权可能在社会公众的手里，但不管这些公司管理得如何好，股东还是没有表决权。

- 众所周知，媒体公司是广泛地交叉持股的，这就意味着一家媒体公司做出决策的时候，另一家公司在你的公司里比单独的股东有更多的发言权。例如 Liberty Media 公司拥有很多不同媒体公司的大量股权。

- 娱乐业大多围绕着浮华、魅力和现金旋转，某些时候媒体行业公司的高级管理人员就陷在这里。要警惕那些给公司高级管理人员发放荒谬可笑的酬金和过多津贴的公司。迪士尼公司的迈克尔·艾斯纳就刻意这样做，华纳兄弟公司的保守派们也是这样。

投资者清单：媒体行业

- 寻找能够始终如一地产生充沛现金流的公司。我们希望看到自由现金流与营业收入比率在 10% 左右的公司。
- 挑选出那些在它们的主要市场有高市场份额的公司，垄断对利润来说是好的。许可证（尤其对广播行业）可以减少竞争，维持高的利润率。
- 寻找那些成功收购后能带来更高毛利率的公司。
- 表现良好的资产负债表能够使媒体公司在不增加股东风险或不稀释股东股权投资的情况下，做出有选择性的收购。

- 寻找那些有公正坦率的管理团队、明智的收购记录、使用股东资本再投资比较保守，或者通过派息和股票回购方式使用投资收益的公司。
- 不要赶时髦。为一部风行一时的影片或者电视节目就买入一家媒体公司的股票，很少有赚钱的。

第二十二章

22

电信业

电信业公司的资本收益率很一般（而且正在下降），竞争优势正在减弱甚至不复存在，这些公司的未来依赖规则的制定者，而且它们持续不断地投入大量资金仅仅是为了保住已有的市场地位。即使从前以较强的竞争优势自夸的公司，比如那些控制本地电话网络的公司，也要面对来自新进入者（比如有线和无线网络）的日益增强的竞争。由于电信业充满了风险，因此在考虑买入任何电信股票之前，我们需要更好地考虑资金安全问题。

在 1984 年以前，AT&T 公司是世界上最可信赖的公司之一，它实际上统治着美国电信业，拥有本地和长途电话服务大部分网络。大多数的家庭和公司除了每月付费外没有别的选择，买 AT&T 公司的股票对那一代投资者来说是一个安全的选择。

但是经过这些年法律的挑战，这个行业被分割成两个部分——联系城市之间的网络服务，以及为客户提供网络接入的服务。AT&T 公司继续保留城市间网络、长途电话、营业厅的服务，但竞争日益激烈。

接入服务、本地电话方面的业务在几年内继续保持实质性垄断，因为规则的制定者认为，对这个行业的竞争对手来说需要严格的监管。AT&T 公司的本地电话网络被拆分成 7 家公司，就是现在我们知道的贝尔子公司。这些公司这些年又进行了整合，把美国国内主要的本地电话网交到了 4 家公司的手上，这 4 家公司是：威瑞森公司、SBC 公司、贝尔子公司以及奎斯特公司。

由于贝尔子公司本地电话业务依赖它们控制的网络接口，因此它们继续保留一些 AT&T 公司的竞争优势，因为大多数消费者有一个或两个固定线路网络接口。但是即使在电信业的这个领域也已经受到了日益激烈的竞争，因为规则的改变和技术的进步已经增加了大量的接入方式。贝尔子公司本地电话业务在技术方面受到无线运营商和有线电视公司的威胁，此外还受到固定电话同行在规则调整方面的威胁。

但是，如果这些公司想吃掉传统电话公司，作为投资是不具有多少吸引力的。例如无线行业极为残酷的竞争，没有机会建立起竞争优势。无线电话是一种商品，在一家运营商网络上一分钟的通话时间和在另一家运营商网络上一分钟的通话时间实际是一样的。美国有 6 家全国性的运营商占领了市场，剩下几家小的地方性运营商瓜分另外不足一家大公司市场份额的部分。几家大公司的并存已经形成近乎无处不在的网络覆盖。大约美国人口的 95% 已经接入 3 家或更多的无线运营商，而且 80% 接入至少 5 家以上的无线运营商。没有机会把它们的服务区分开，无线运营商采取残酷的价格竞争，每分钟无线通话时间比 10 年前降幅已经超过 80%。

无线运营商不是贝尔子公司本地电话业务唯一的威胁。AT&T时代结束12年以后，联邦政府决定在时机成熟的时候，对地方电话业务取消管制，放开竞争。国会在1996年通过《电信法》，迫使贝尔子公司以折扣价格向它们的竞争对手出租接口。众所周知，竞争性本地电话交换运营商将成为本地电话公司的竞争对手，它们能建立一个为消费者提供服务的虚拟网络。AT&T公司和世界通信公司是这项规则的最大受益者，在传统的本地电话服务上增加了长途电话业务选择权，结果使贝尔子公司和控制着很多消费者的竞争对手损失了一部分营业收入。

在这种规则框架下，贝尔子公司和竞争对手不停地思考着哪些地方还可以利用、价格应当如何降低等。州政府的规则制定者可以在美国通信委员会的指导下单独制定线路出租率，这就直接影响了每一个州对竞争者的吸引力。

不管怎样，对贝尔子公司来说，所有剧变的规则中有一项是可以聊以自慰的：一旦一个州想放开竞争，本地电话巨人将被允许进入长途电话业务领域。对贝尔子公司来说，这不是一个特别赚钱的条款，但是它有助于贝尔子公司留住消费者。

立法者和规则制定者想要推动固定电话服务相互竞争的愿望，已经大大蚕食掉了本地电话公司的竞争优势。例如，2001年和2002年正在服务的电话线数量自大萧条之后首次减少。因为贝尔子公司的现金流中绝大部分是由本地电话服务产生，服务中的线路数目下降，预示着减少了其投资网络升级和派发红利的能力。

这个行业的一个利基市场——乡村市场一直受规则变化的影响较小，乡村运营商比如Citizens公司、Alltel公司以及Century Tel

公司，它们主要在 AT&T 公司不理睬的地方经营本地电话网络。这些人口稀少的地区竞争程度远逊于城市。此外，乡村运营商通常受益于规则，它们收到的津贴有助于覆盖为这些地区提供较高服务的成本，而且在很多情况下也保证了可靠的投资收益。

良好的管理环境，加上拥有唯一的本地电话网络带来的正常利润，给这些公司带来了竞争优势。但是这些公司将永远赚不到超额资本收益，所以我们始终不能认为它们拥有强的竞争优势。另外，这些乡村运营商的财务稳定性意味着它们很少廉价交易。

电信经济

建立和维护一个电信网络，无论是固定线路还是无线的，都要花费极其昂贵的费用，需要的前期资本简直要用卡车装。这种需要提供了一个坚固的进入壁垒，并且通常能保护已经开业的公司。要筹集资本，新的进入者要有一个好的动人的故事告诉投资者。互联网的出现、为了竞争开放本地网，以及在 20 世纪 90 年代无线业务的快速增长，都给大量的新参与者提供了他们所需要的冒险故事，这就是通常由巨额资本需求形成的壁垒因为投资者排队抢着分一杯羹而被最终瓦解的原因。

与此同时，巨额资本进入电信业带来的变化到现在我们还一直能感受得到，后续资本的需求使得很多新进入者陷了进去。一家成熟的电信企业需要投资相当数量的资本维护它的网络、满足客户需求的变化、应对竞争的压力。

因为建设网络的巨额成本，运营商的资产周转率很低。典型情况是，即使一家成熟的运营商，投资的1美元资产每年也不过产生1美元左右的销售收入。但是建立一项足够大规模的业务，以支撑利息支出和后续资本的需求是很重要的。因为固定成本如此之高，对运营商来说，必须要有足够的消费者来分担这些成本。

尽可能地从销售收入中挤出利润也是至关重要的。虽然规模在这里起了重要作用，但也要求一家电信公司必须能够送出账单、给消费者提供服务、维护网络和有效率地进行市场管理。一家成熟的电信公司，不管是固定线路还是无线的，应当有20%~30%的毛利率预期。达不到这种水平，要达到有吸引力的资本回报率是极其困难的，这都是因为资产周转缓慢造成的。

20世纪90年代末，非常多的公司拿出资金建设网络，然而支撑所有这些巨额投资的业务量从未实现过。以长途网络为例，尽管长途业务收入快速增长，但新的进入者如威廉斯通信公司还是相继破产，因为它们从未达到与建设网络的巨额费用相匹配的销售收入，而且它们的毛利也没有推高到支撑偿还贷款费用的水平。当投资者知道电信领域如此拥挤不堪、成功的可能性如此之低时，他们最终拒绝提供更多的资金。

常见的投资陷阱：这是今天而不是明天的营业收入

电信公司不可能指望在某一年补偿投入设备的成本，所以开发循环收入流对于赚取稳定的投资收益是重要的。有时候企业想获得非循环收入以推高增长率和利润，但是不可能指望把未来收益变成今天的收益。例如，奎斯特通信公司花费数十亿美元建立了长途电信网络，而且网络投入运营的时候它幻想着营业收入的高增长率。不幸的是，这种增长更多来自基础网络容量的一次性销售收入，这远远超过服务合同带来的收入。来自容量销售的收入有很高的毛利率，它被计入前期费用，这导致了账面收益的快速增长。一旦这种容量的需求枯竭，营业收入开始下滑，毛利率就会萎缩。这家公司可以挖掘的生意容量太小，以致不能支撑债务负担，被迫出售资产。

电信业的竞争优势

长途电信业务运营商很少有或者在大多数情况下没有竞争优势。有许多长途电信网络连接着最重要的城市，而且竞争非常激烈。那些声誉卓著的公司，特别是 AT&T 公司，有其自身的竞争优势，因为消费者以财务实力为依据寻找运营商，而且基于对转接长途服务的潜在市场的认识，那些有巨大客户基础的公司常常处于有利地位，但是竞争的威胁已经使得长途电信运营商很难收取高价格。需求的反弹可能增强电信运营商的定价能力，但是鉴于这个行业的状况，我们怀疑长途电信运营商能否赚到与资本成本相当的投入资本收益率，这就使得这些公司不可能是有投资价值的公司。

对比长途电信运营商，本地电话公司享有较强的竞争优势，尽管我们始终把它们放在竞争优势较弱的类别里。这些公司一直控制着地方主要的电话市场，而且它们的服务能赚到相当高的毛利，并且能产生巨额的现金流。因为本地电话网络客户需求的增长，保持网络符合标准的能力逐渐成为它们的一种优势。

地方性的电信公司应当升级它们的网络以提供全套服务，包括有线电视网、数目众多的电话线路和高速互联网，都用一个接口接入。不管怎样，贝尔子公司从传统领域进入新的技术领域很慢，因而基于贝尔子公司提供新产品的潜力做出的投资决定，需要认真考虑投资的安全。

乡村运营商得益于竞争相对不足的市场，它们的优势表现为减少的电话线数量相对较少，在 2002 年平均减少了 1%，而贝尔子公司为大约 5%。此外，它们减少的电话线数量导致的多数损失一直被增长的宽带互联网接入服务抵消。乡村运营商与贝尔子公司相比也保持了更高的毛利率，它们的毛利率在很多情况下超过 30%，差不多比贝尔子公司高 10 个百分点。

其实，无线业务可以说是自由竞争的教科书式案例——近乎零定价能力和很容易替代的服务。只有 Nextel 公司用它的直接通实现了有意义的多样化，即使那种竞争优势将来也很可能被竞争对手升级后的类似性能侵蚀掉。因此，没有无线运营商有持续的竞争优势。对大多数消费者来说，运营商从外表看是一样的，这就迫使它们几乎只能使用价格竞争。

没有竞争优势，投资机会在无线行业里极为稀少。美国国内 6 家运营商继续在为了争夺新的用户而相互竞争，希望从更大的规模中获益。因为行业快速成熟，用户增长缓慢，所以强化了价格竞争的残酷性。

常见的投资陷阱：毛利下降？

电信公司的投资者必须特别注意公司的盈利能力。在这个行业常用的指标是利息、税项、折旧、摊销前收益——该指标能帮助我们判断公司产生现金以支撑资本支出需求和还本付息的能力。要计算摊销前收益，就要在营业利润上加上折旧和摊销费用。下降的摊销前收益毛利率，可能是竞争压力或者经营低效率的一个早期指示器。不过摊销前收益是一个迟钝的工具，而且不应当被误解成经营性现金流（经营性现金流在现金流量表中反映）。聚焦摊销前收益可能遮盖了一些问题，比如应收账款的增长，它很容易在现金流量表上反映出来。

常见的投资陷阱：膨胀的债务负担

承担沉重的债务，寄希望于打造高的营业额是极其有风险的。成熟行业的公司承担沉重的负债以扩张公司业务，就像自找麻烦。AT&T 公司借了很多债以支持它推进有线电视业务，导致巨额债务负担和升级网络的巨额资本支出需求，最终它以远远低于买入价的价格出售了它的有线电视业务。贝尔子公司，尤其是 SBC 公司，一直在出售资产，用现金偿债以缓解营业收入下降引起的财务困境。电信行业常用的度量负债的指标是负债除以摊销前收益，如果这个比率高于 3 就应当引起警惕了。

成功的电信公司的特点

随着长途业务继续以已有的形式为生存而奋斗，本地运营商成了典型的最好的投资对象。当然，即使是本地市场也是增长缓慢的，其未来规则调整和竞争环境也是不确定的。对于充满竞争的市场，一家运营商处于财务健康状态是至关重要的。

即使在缺乏成长机会的时候，这个行业的资本支出可能还是继续维持着高的状态。这使得表现良好的资产负债状况和稳定的现金流更为重要了。高且持续的毛利率对于成功也是至关重要的，因为这意味着自由现金流继续保持充盈。乡村运营商，比如CenturyTel公司和Citizens Communications公司，它们在业务上继续保持着较高的毛利率。SBC公司发现它的毛利率有所降低，但是在2003年，这家公司报告了有争议的全行业表现最好的资产负债表，同时它的现金流是利息费用的12倍以上。

无线运营商最大的困难是怎样让它们的服务区别于竞争对手。Nextel公司从提供独特的产品和聚焦商业客户的陷阱跳了出来，之后该公司趋向于重型蜂窝电话用户，这些用户相对于价格而言更关心质量和特色，这使Nextel公司拥有了来自每个客户最高的平均营业收入和全国性无线运营商最低的断开率。Nextel公司强劲的表现主要源于直接通的特色，因为直到最近，没有其他运营商推出类似的服务。虽然不像其他竞争对手主要在价格上竞争，但Nextel公司也被迫推出了廉价的话费计划以赢得客户。不管怎样，竞争对手们会大量推出类似直接通的服务，这将在相当大的程度上侵蚀掉Nextel公司的竞争优势，因为在大多数的行业里，技术上的优势无法长时间阻止竞争。

结论

电信行业的明天看上去和过去没有什么两样。贯穿整个行业的竞争更加激烈，取得竞争优势异常困难。行业的未来取决于规则的调整和技术的变化，这就意味着在未来几年，更有可能以资金实力来区分成功的公司和不成功的公司。

投资者清单：电信业

- 规则和新技术的变化使得电信业的竞争更加激烈。尽管电信业的某些领域比其他领域更稳定，但在投资之前，所有价值评估都要认真考虑资金安全的问题。
- 电信业是资本密集型行业。有维护和升级网络的资金对于成功来说是至关重要的。
- 电信业是高固定成本行业，关注毛利率变化是非常重要的。
- 无线通话时间的价格正在直线下降。运营商将继续在价格方面竞争。

第二十三章

23

生活消费品行业

如果你正在寻找一些可以获利的投资品种，你可以打开你家的电冰箱、杂物室，看看那些生活消费品，你可以从中得到启示。很多熟悉的家用品牌，比如汰渍洗衣粉和奥利奥奶油夹心巧克力饼干，都是成功的、畅销的，这些公司可能就是值得投资的公司。这些公司在经济低迷时期是很好的投资避风港，因为即便是在经济衰退的时候，人们还是一样需要牙膏和洗发水。

生活消费品市场由食品行业、饮料行业、家庭和个人用品行业以及烟草行业等组成。就像任何其他又大又老的东西一样，生活消费品市场变化缓慢：美国生活消费品市场没有国内生产总值增长得快，有时甚至慢很多。（例如，美国国内啤酒消费的年度增长率是 1%，可以说是微不足道的。）尽管增长缓慢，但生活消费品公司的股票有相当稳定的业绩表现，这使得此类股票可以成为你投资组合中极好的可长期持有的品种。

生活消费品公司是怎样赚钱的

生活消费品公司以传统的方式赚取利润：公司制造产品，通过超级市场、大型市场零售商、仓储会员店以及便利店等把产品卖给消费者。金佰利公司生产尿布，然后把尿布销售给沃尔玛公司和塔吉特公司；斯马克（Smucker）公司生产果酱、果冻、蜜饯，然后由西夫韦（Safeway）公司和克罗格（Kroger）公司销售。

饮料公司通过它们自己的渠道销售产品，有一种轻微扭曲的平衡，例如灌注机销售和啤酒配送销售。不含酒精的饮料公司，比如可口可乐公司和百事公司，为最终的软饮料产品生产浓缩液和糖浆，然后它们的灌注伙伴把浓缩液、糖浆和其他成分混合在一起，包装成成品，把它卖给零售商。在酒精饮料生产商的案例中，库尔斯（Coors）酿酒公司和联合麦克（Allied Domecq）公司生产酒精饮料销售给分销商，分销商再将产品销售或配送给零售商，最后到达消费者手中。

成长的重要策略

因为这个行业已进入成熟期，大多数生活消费品公司已经经历了并购的阶段。结果，大多数行业被少数在销售品种和销售收入上有绝对优势的特大型公司所控制。例如，2002 年，安海斯－布希公司、库尔斯公司、米勒（SABMiller）公司这三家最大的啤酒生产商控制了美国啤酒市场 80% 以上的份额。箭牌口香糖有限公司拥有接近 60% 的美国口香糖市场份额。

在这个成熟的市场上要实现增长，只有几个基本的策略可用，而且大多数公司依赖于这些策略的组合。

通常使用引入新产品的方式从竞争对手那里窃取市场份额

这种策略可能是一个花费相当高的办法。百事公司（这家公司生产饮料并通过福利托–雷子公司生产和销售咸味零食）平均每开发一种新产品需花费大约 160 万美元，这还不包括支持消费市场的费用和给零售商的补贴（零售商是新产品在拥挤的消费市场上取得成功的关键）。百事公司在 1998—2000 年总计开发了 456 种新产品，很多是在福利托–雷子公司开发的，这些创新的费用是个庞大的数目，约为 7.30 亿美元。

不幸的是，通向新产品成功的路上也充满了失败。2002 年，百事公司开发了数以千计新的食品和饮料品种，但第一年只有 130 种取得了可怜的 750 万美元的销售收入。如果一个新产品的销售收入在最初 6~12 个月的试销期不能有良好的市场表现，商店的管理人员常常不会再把它放在位置较好的货架上或冷藏展柜里。

像许多大型的生活消费品公司一样，强大的新产品阵容通常可能提升营业收入，但其增长率可能仅比 GDP 增长率略高一点。因此，大体上行业的领导企业增长率处于收入增长的中间位置。

通过收购其他生活消费品公司实现增长

一些公司选择通过收购其他公司获得新的产品线。例如，吉列公司在1996年从罗森普·瑞纳公司收购了金顶电池业务，从而进入了电池市场。在2001年，百事公司为了他力（商标名，一种运动饮料）的特许经营权收购了桂格燕麦食品公司。遗憾的是，这种策略的成功与否取决于公司的实力和花费的成本。在收购桂格燕麦食品公司之后，经过第一年最初的磨合，百事公司设法解决了各种问题，并在2003年中期提前达到经营目标。因为两家公司都处在食品和饮料行业，所以实现了高水平的协同效应，两家公司的配送系统和消费群是重叠的，而且两家公司的市场营销体系都很强大。

另一方面，吉列公司的收购就没有那么幸运了。吉列公司以占有剃须刀和刀片80%的市场份额著称。该公司也生产一些创新产品以增强自己的定价能力，消费者为它的每一件连续性产品多付15%~20%的价钱。在20世纪90年代吉列公司收购金顶电池的时候，吉列公司认为这种模式也适用于电池行业，然而电池业务的特点与前者有明显的不同，金顶电池业务没有达到预期的效果。金顶电池子公司1999—2002年表现不佳，它浪费了公司最高管理者许多宝贵的时间。

减少营业费用

增长最快的生活消费品公司（不管这种增长是源于创新还是收购）也不可能大幅度超越整体经济的增长，因为盈利的增长必须更多地依赖经营结构的改进而不是营业收入的增长。有大量直接面对消费者的公司（比如沃尔玛公司）可以致力于保持极低的存货和较低的价格。生活消费品的制造商必须有瘦身的生产组织结构，瘦身的方式就是进行大规模的重组。这可能在短期内花费很大，但是能使公司从长期的效率中得到收益。宝洁公司、吉列公司和可口可乐公司已经整合了它们的制造业，而且解雇了数以千计的工人，减少了管理的重叠。看到这些公司每 5 年为一周期进行实质性重组，你应该没有什么奇怪的（比如高露洁公司，在 1995 年花费了 5 亿美元的重组费用，几乎冲销了这一年度的净利润）。

从 20 世纪 90 年代中期开始，高露洁公司通过削减费用、推动销售收入增长，实现了盈利增长。这一系列步骤的实施把营业毛利率从 1997 年的 14% 提高到了 2002 年的 20%。而且该公司认为，它可以通过思爱普公司的企业管理软件，找出在国际供应链和公司运营方面效率低下之处，从而进一步缩减开支。

这种策略的危险是，公司过于专注于削减费用而很少寻找增长的其他路径。高露洁公司有善于创新的历史，而在最近几年里推出新产品的速度已经落后于宝洁公司，尽管宝洁公司也推出过一些效果不佳的产品（这些产品往往并不是真正的创新产品）。此外，高露洁公司专注于削减费用，导致在一段时间媒体曝光率降低，而与此同时宝洁公司却增加了广告支出。宝洁公司意识到，那时候是它在品牌上投资的好机会。削减费用很重要，但是如果这种做法已经危及公司的长期业绩表现就有点过头了。

海外销售产品

面对国内低速增长的市场，很多生活消费品制造商选择了扩大国际市场来弥补国内市场增长缓慢的策略。例如宝洁公司在阿根廷和巴西推出碱式水杨酸铋（Pepto-Bismol）药物，这些地方胃病治疗药物的需求正处于加速增长期，即使相同的药物在美国已经销售超过一个世纪，在阿根廷和巴西的销售照样还是有两位数的增长率。因此，跨国的生活消费品公司海外市场业务往往占公司业务一个稳定的比例，例如可口可乐公司营业利润的 77% 来自海外市场，雅芳公司 65% 的营业利润来自海外市场。

海外销售可能带来货币风险（例如，如果欧元相对于美元贬值，以美元为计价货币的公司在欧洲的销售收入将受到损失），大多数生活消费品公司使用对冲手段来减轻这种风险。

生活消费品行业不希望看到的是什么

乍一看，好像一家公司有 100 多年的历史，行业大整合之后还继续生存下来，而且可以期望稳定（虽然比较缓慢）增长，一定是一个很好的投资选择。但不管怎样，在决定购买股票前，投资者还是应当认真考虑一些生活消费品公司面对的潜在风险。

零售商实力的增长

因为沃尔玛公司已经渐渐占据了在美国零售业的垄断地位，生活消费品制造商已经丧失了很多它们曾经享有的定价能力。每一家公司都希望它们的产品进入沃尔玛公司的门店，这就意味着沃尔玛公司可以对制造商的产品规定很多条件，包括价格。其他的零售商也不得不改进自己的成本结构与沃尔玛公司竞争，但是不可能绕过价格竞争来获得顾客的增长。

诉讼风险

这种风险主要涉及烟草公司，而且这可是个大风险。例如Big Tobacco公司遭遇了很多的法律纠纷，这就大大增加了它破产清算的风险。这个行业在与个体吸烟者的大量诉讼中败诉，而且被迫赔付，更糟糕的是还有一些新的集体诉讼爆发。

外币汇兑风险

就像前面提到的，很多生活消费品公司的海外业务占了相当大的比例。对于这些跨国公司，强势美元可能使得它们海外的销售收入贬值。美国的货物在国外的市场上变得相对昂贵，而且外国货币换成美元不如换成欧元、比索或者日元，因为购买强势美元需要花更多的外币。换句话说，当美元疲软的时候，这个作用过程正好相反，这些公司可能从汇兑中获益。

昂贵的股票

强大的品牌和可靠的财务业绩常常意味着生活消费品公司的股票可能会高于估值交易。尤其是在经济增长乏力阶段，生活消费品公司的股票可能被哄抬到不切实际的高价。记住，这种增长对这些进入成熟期的公司来说常常是一种挑战，买入这些公司的股票还是应该遵循和买其他股票同样的估值原则。

生活消费品行业的竞争优势

尽管有这些风险，这个行业仍有一个很有吸引力的特征：生活消费品公司常常有较强的竞争优势或者至少具有一定的竞争优势，这有助于保护这些公司的定价能力。

案例研究：箭牌口香糖

箭牌口香糖公司是一个强大、稳定的生活消费品公司，经过数年建立起了较强的竞争优势。该公司的“黄箭”和“留兰香”品牌在19世纪90年代之前就已开始使用，而且在20世纪的大部分时间成了口香糖市场的领导品牌。该公司在美国市场占有接近60%的市场份额，比第二位的吉百利史威士公司的市场份额多了不止两倍。它的产品行销140个国家，使得它在全球口香糖市场的份额稳居第一位。这些优势使箭牌公司成为非常赚钱的公司，它的销售净利率达到15%左右，净资产收益率始终在25%~30%的范围。

箭牌口香糖公司是一家很传统保守的公司，但是为了保持竞争领先地位，它做了大量的创新工作。在比尔·韦格利1999年接管公司的时候，来自薄荷糖产品比如殴托兹（Altoids）公司的竞争日益增加，已经威胁到了箭牌公司的市场优势地位，并导致箭牌公司增长缓慢。年轻的CEO逐步加快了创新的步伐以应对这些威胁，他把很多新产品聚焦在口气清新这一特色上，包括“奥碧”口香糖和Eclipse Flash系列糖。箭牌公司的销售收入在2001年和2002年以两位数强劲增长，公司也比过去更有活力。

规模经济

少数在生活消费品行业占优势地位的巨型公司拥有新进入这个行业的小公司无法追赶的规模经济。世界上最大的啤酒制造商安海斯–布希公司，在全美拥有 12 家啤酒厂，它能始终如一地使用新技术升级来改造它的工厂，而这些新技术使得用更低的成本来酿造和包装成为可能。

强大的品牌

生活消费品公司常常在以品牌的形式建立与最终消费者的关系上投入大量的时间和资金。19 世纪末，公司正在寻求给消费者提供一个稳定的质量保证。从那以后，品牌也逐渐被赋予了更多的内涵，包括公司愿景的表达和自我形象的主张。通过渗透产品的内涵来扩展产品的功能性，生活消费品公司建立了高水平的认知价值。

例如，最近几年，亨氏番茄酱以顶级的质量建立起了自己的声誉：又浓又稠营养丰富的番茄酱是很多食品公司的首选。之后汉斯番茄酱产品也达到了和亨氏产品相同的黏稠度，但是这一切来得太晚了。汉斯番茄酱没有赢得更多的份额，而亨氏公司继续在竞争中以较高的价格销售产品。

无论如何，不是所有的品牌都能创造同样的竞争优势。简单地贴一个商标或者在产品上打上一个标志用语，是不可能一下子创造一个拥有较高价格或者更大市场份额的品牌的。强大的品牌重视培养与消费者的长期联系，对新进入者而言，这是一种明显的门槛，而且培养与消费者的联系需要时间、资金和对市场的悟性。

分销渠道和关系

生产商使产品最终出现在门店货架上的分销网络，是竞争对手一开始就很难复制的竞争优势。例如，饮料生产商依赖它们的批发商和罐装商，它们当中的每一个都控制着一定的地理区域，它们与最终消费者建立了密切的联系。

大型的饮料生产商需建立跨越地理区域的广大的分销网络。换句话说，小公司一开始就会发现建立分销网络非常昂贵，所以它们必须与大型饮料公司建立一个联盟，通过合作伙伴的网络销售它们的产品，例如大型企业的产品组合中有其他一些小公司的产品。

排他性是分销系统能够提高一家公司竞争优势的一个特性。例如，安海斯－布希公司60%的分销商只销售安海斯–布希公司的产品。这种安排导致销售商专心于销售安海斯–布希公司的产品，并激励它们努力销售。相反，库尔斯啤酒公司和米勒公司的分销商就不是排他的，因此它们销售各种各样互相竞争的品牌。这就意味着米勒公司的分销商在销售米勒公司的产品时不能设法将它竞争对手的产品在销售产品组合中排除。最终，米勒公司的分销系统不可能像安海斯–布希公司的分销系统那样，献身于销售米勒公司的产品。

成功的生活消费品公司的特点

当你核查生活消费品公司的潜在投资价值时，请注意观察以下特征：

市场份额

那些品牌在市场份额中占有优势的公司更有可能维持现有地位，因为市场份额的变动越来越小。因此，任何公司现在排名第一，在以后几年仍有可能继续保持第一（不包括特殊的事件，比如产品污染等）。例如，汰渍成为洗涤剂行业的领导者，在任何时候人们都会记得。要弄清楚公司的市场份额的精确数字并不容易，但是你可能在公司年报里看到这方面的讨论。一般的商业出版物，比如《商业周刊》和《华尔街日报》，也是市场份额数据很好的来源。

自由现金流

在这种成熟行业，游戏的关键就是大量的自由现金流，自由现金流等于经营性现金流减去资本支出。不像年轻的公司必须把现金流重新投入公司的业务中去以满足公司扩张和成长的需要，有百年历史的生活消费品公司在积累现金方面有着令人羡慕的地位。再加上因为很多这个行业的公司拥有较强的竞争优势，你可以期待它们在未来继续创造超过投资成本的回报。

保留如此多的现金，这些公司常常把一定的现金以分红派息或股票回购的方式回报给投资者。调查一家公司有多少自由现金流分配给股东可能是评估管理层是否把股东利益放在心里的一个好办法。例如，可口可乐公司的记录提示我们，这家公司不喜欢存现金而宁愿把它分给股东。在 2002 年，这家公司产生了 35 亿美元的自由现金流，它用了其中差不多 20 亿美元给股东分红。

对品牌信心的建立

管理层建立对品牌的信心和实力，为培育强大的品牌提供了基础。那些不断通过广告和其他非销售导向的沟通对自己的品牌进行投资的公司，将建立起一个品牌的认知价值体系。例如，安海斯–布希公司持续不断地投入广告费，以支持它的主要品牌在高端媒体节目中曝光。这些努力使得该公司 1996—2002 年连续 7 年在美国国内市场份额上有所斩获。

不管怎样，密切注意那些一直利用自己品牌廉价销售的公司。尽管这样做可能在最初会增加销售量并取得很高的市场份额，但是它损害了公司的盈利能力，最终持续的折扣也将危及最有价值的品牌本身。如果一家公司陷入一种销售业绩不佳就削减几个季度广告费的模式，这家公司可能对下季度盈利指标的关心要胜过对建造 5~10 年的一个强势品牌的关心。

创新

考虑到生活消费品公司依赖稳定的新产品流以保持竞争地位，一家公司的创新水平是至关重要的。注意那些持续在市场成功地引入新产品，并利用这些新产品获得竞争优势的公司。更进一步说，区分一家公司是否仅仅在简单引入一个不同风格的产品和创新产品两者之间的差别是重要的，比如奇宝公司推出另外形式的Pecan Sandies饼干；或者一家公司推出一种以前不存在的，但是迎合了某些消费者需求的革命性的产品，比如宝洁公司家庭干洗系统或者空气清新系列产品。

生活消费品公司常常更喜欢新产品的前一种类型，因为推出改进产品风险较小，而且消费者已经通过上一代的品牌对此熟悉了。不管怎样，通过延伸产品线的创新，大大提升了消费者使用新风格的产品替代他们过去经常购买的上一代产品的可能性，这就意味着减少了大幅度增加销售收入的可能性。但至少这些产品与已经存在的替代品相比能够提供某种替代优势。另外，公司必须成功地培养消费者使他们从使用这些产品中获益，并让潜在的客户熟悉新的品牌。这两种路径都有自己的优势，没有一种是各方面都好的。公司最好是在一连串成功推出改进产品、延长产品线的同时，再偶尔推出一两个“本垒打”性的革命性新产品。

结论

尽管这个成熟的行业不太可能比整体经济增长快多少，但对食品、饮料、家庭用品和烟草等的需求表现相当稳定。更深一层来看，这些公司中很多都从拥有的较强的竞争优势中获益，而且持续的竞争优势能转换为定价能力和获利能力。这个行业的公司可能看起来呆板，没有那些有风险的公司那样令人刺激，但我们更喜欢稳定、相对低风险，更重要的是拥有大量自由现金流的公司。

投资者清单：生活消费品行业

- 寻找那些比竞争对手规模大且有成本优势的制造商，比如这家公司在它所属的行业里拥有占支配地位的市场份额。
- 寻找那些能够不断成功地推出新产品的公司，如果这家公司能使这些创新产品的市场份额达到市场第一就更好了。
- 核实一下这家公司是否不断地做广告以支撑它的品牌。如果这家公司坚持不懈地以廉价促销产品，这可能耗尽品牌的价值——仅仅是为了短期的收益而在掏空品牌的价值。检查一下这家公司是如何处理营业费用的。偶尔的重组可能有助于提高效率降低成本，但是如果公司常规地计提重组费用，并依赖这种费用削减策略推动公司业务，对这样的公司你要小心。
- 这些进入成熟期的公司能产生非常多的自由现金流，所以确认管理层如何明智地使用这些现金就变得相当重要了。考察一下这些现金有多少是以给股东分红派息或者股票回购的形式回报给投资者的。
- 牢记投资者在经济低迷时期可能会哄抬生活消费品股票的股价，使得股票价格相对于它的公平价值高很多。当生活消费品行业的股票有 20%~30% 的安全边际交易时，可寻找买入的机会。

第二十四章

24

工业原材料和设备行业

工业原材料和设备行业包括的公司覆盖面很广，这些公司从制造用于肥皂的芳香气味剂到推土机和追踪导弹，应该尽有。一般来说，这个行业的商业模式很简单：工业原材料和设备公司采购原材料和购置机器设备，生产出其他企业需要的材料和设备。这是一个传统的旧经济行业，因为这个行业由生产有形商品的公司构成。

我们把工业原材料和设备公司分成两个板块：（1）基础材料，比如矿产品、钢材、铝和化学产品；（2）增值商品，比如电力设备、重型机械和某些专业化工产品。这两个板块主要的差别在于产品的生产者对它们产品的价格有多大的影响。换句话说，增值工业设备的生产商是相当专业化的，它们的产品对提升客户的生意有很大帮助，因而制造商以附加值的形式分享了部分利润。

从投资者的角度来看，这些公司是一流的。所有传统判断投资价值的准则对它们都适用，比如资产周转率和负债率很大程度上反映公司的业绩表现和财务健康状况。这些公司中的大多数生产的是工业原料，它们与经济周期紧密相连。而且对于大多数公司的股票来说，如果投资者采用买入并持有策略，那么在经济周期的两个顶峰之间，公司股价可能只能给投资者带来很少的投资利润。更糟糕的是，很多工业经济部门，尤其是矿产品的生产商要面对破坏性的长期价格下跌。低成本的竞争和过剩的生产力不费吹灰之力就可以湮没任何需求的增长，这也是这个行业常常最多以一位数增长的原因。

周期性问题

经济周期的一般概念是，经济增长后紧跟着的是经济减速或者衰退，然后是复苏，之后是新的增长开始。当经济以最快的速度增长，与之相伴的是行业利润增长加快，竞争日趋激烈，经济资源比如原材料和劳动力需求增长，这些资源将变得更加昂贵。在这种环境下，利率常常因为资本供不应求而上升。增长的营业费用、利息支出和竞争蚕食了公司的毛利并促使这些公司减少产量。为了削减成本，公司可能会采取减少投资、解雇员工、降低存货和价格等措施，而一旦过剩局面结束，扩张可能又重新开始。

工业原材料和设备生产商常常发现它们自己在经济周期的末端。经济周期的波动在逐渐增大，在这个时候末端一个小的波动就可能造成很大的影响（见图 24–1）。例如，在经济扩张时期，国际纸业公司可能开足全部产能砍伐木材，因为漂白木浆纸价格走高。而当那些使用国际纸业公司产品的公司看到经济低迷、消费者需求要枯竭的时候，它们的订单无论如何都会大幅减少。可见，国际纸业公司的销售收入放大了 GDP 增长的变化。当 GDP 增长时，国际纸业公司的销售收入急剧增长；当 GDP 增长收缩时，国际纸业公司的销售收入垂直下降。

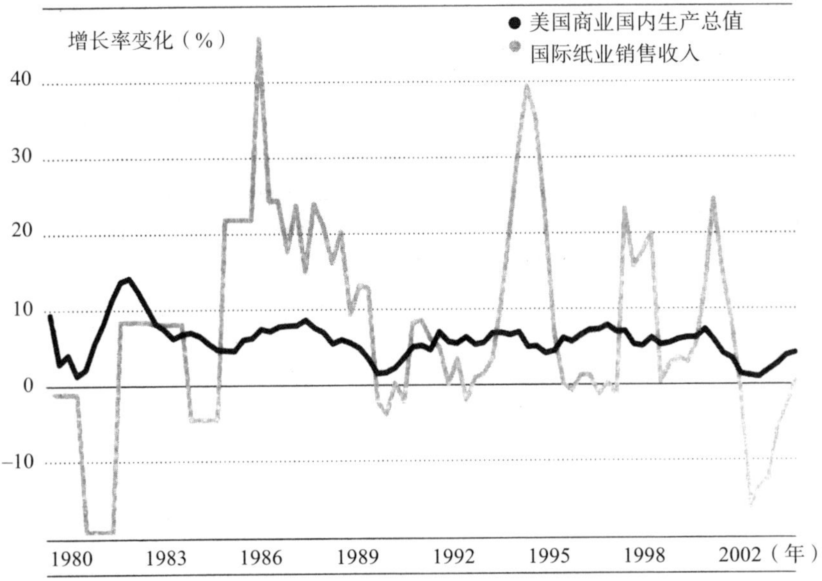

图 24–1　当经济小幅波动，像国际纸业公司这样的周期性企业波动很大

资料来源：晨星公司。

大型工业产品制造商，比如卡特彼勒公司（Caterpillar，它是越野卡车和挖掘机的设备制造商）、迪尔公司（Deere & Co.，一家农业设备制造商），可能面临另一种周期。这些生产商在成熟行业里经营，它们的需求很大程度上取决于老产品的更新。

在经济形势不明朗的时候，建筑商和农场主可能在选择购买时机上趋于谨慎。如果它们自己的前景不确定，它们可能延迟购买新设备以等候更好的时机。

对工业原材料和设备行业的公司来说，应对需求的波动是很困难的。它们中的大多数公司生产定价能力很低的矿产制品，所以利润率很低，平均在5%左右。它们常常通过努力提高产量作为补偿，这就使得因增加生产设备而导致更高的固定成本。当需求强劲的时候，它们可以赚取一份稳定的利润，因为增加的产品有远远高于盈亏平衡点的毛利（也就是众所周知的营业杠杆作用）。但是当需求下滑时，固定成本变成了可能威胁到公司生存的一种负担。只有最有效率的生产商，它们与销售收入总额相关的固定成本最低，才有可能在经济低迷期间继续盈利。

工业原材料和设备公司也通过产品的多样化以减轻经济周期对公司的影响。很多公司，包括卡特彼勒公司、通用电气公司等，它们给子公司大量融资以使子公司能够像对普通消费者一样给法人客户贷款。在很多情况下，这些子公司占公司价值很大的比例。为了缓和周期性的影响，这些公司还可能在周期长短不同的产品上做多样化投资。例如，为了与长周期的发电设备业务互补，通用电气公司也在短周期业务上进行多样化投资（比如投资NBC电视网），它也从为复杂设备提供专项服务的合同里获得源源不断的收入和利润。

基础材料公司的竞争优势

基础材料公司的竞争优势很少，主要原因是这些公司生产的是矿产品，因此它们要创造一个能够持久的竞争优势，只有把自己变成低成本的生产商一条路径。

一些矿产品公司通过扩大规模以降低单位固定成本，这样它们单位生产成本要比竞争对手的低一些。在铝冶金行业，美国铝业公司有较强的竞争优势；在钢铁行业，小型钢铁厂纽柯公司有较强的竞争优势。因为成本低，一家公司可以比它的竞争对手少加价而获取同样的利润。理想的情况是，经过长期努力把低效率的生产商从市场中驱除出去，并使市场得到巩固。

现实情况更复杂。在很多行业，比如钢铁行业，美国国内企业其实是在更低成本结构的外国生产商日益增长的竞争压力下生存的。外国公司的成本优势通常有三种来源：纯粹的地理优势、政府的津贴和关税优惠、较低的劳动力成本。

在 20 世纪 90 年代，美国的钢铁行业经历了来自外国公司的强大竞争，这些外国公司以更低的生产成本大量生产超过市场需求的钢铁产品，从而迫使美国钢铁产品价格降到廉价水平。在最近几年，超过 30% 的美国国内生产商因为劳务合同相对成本较高，而且负担着养老金和退休金补足义务，所以不可能在钢铁价格如此低的情况下盈利，最终纷纷滑落到破产保护的边缘。行业与行业之间存在着不同的问题，并且其解决难度各有不同，其他消费品行业也要应对类似的问题。

尽管基础材料行业有明显的进入壁垒，但由于新的钢铁、铝或者造纸厂的成本急剧下降，过度的价格竞争使得这个行业最多能赚到普普通通的利润。就像我们前面提到的，基础材料生产商的业绩波动与宏观经济环境高度相关。设备的高成本和产品的低利润率意味着这些行业是典型的低投资收益率行业，所以对投资资本没有什么吸引力，即使对股票投资者也是如此。

工业原材料和设备行业的竞争优势

少数工业原材料和设备公司就像彼得·林奇所说的，是“糟糕行业里的好公司”，这些公司有可以自夸的能保持一定增长速度的竞争优势。一些竞争优势能够抵消本章提到的问题，比如周期性、激烈的价格竞争、很薄的利润率、致命的更新周期等，因为竞争优势能给公司提供更稳定的消费群、更可预测的销售收入和利润，并能更有效率地利用资本再投资的能力。

一些具有较强竞争优势的工业原材料和设备公司，包括专业的化学制品生产商3M公司、购物中心剂量器具生产商皮特内鲍斯公司、汽车零件生产商Genrex公司、国防产品制造商通用动力公司，以及发电站制造商联合技术公司。Genrex公司和3M公司有众多的专利保护它们的市场免于某些竞争；通用动力公司和UTX公司处在集中度很高的行业，即使它们的客户有更多选择，客户要转换其他产品也要有一段时间；皮特内鲍斯公司则兼有专利技术和客户高转换成本的优势。

技术和竞争优势

因为工业原材料和设备行业进入成熟期，往往在价格方面进行激烈的竞争，而且增长的空间很小。因此，改善盈利回报的唯一方法是开发多样化的产品或者寻找降低成本的路径。根据定义，矿产品是不可能区分开的，所以对很多工业原材料生产商来说，在提高效率方面投资是改善经营成果的唯一路径。在工业原材料和设备行业，像开发新产品一样，需要在技术方面投入更多以提高生产效率。

在技术上的投资可能产生低成本的生产模式。例如，在钢铁行业，电弧炉技术使得纽柯公司循环使用钢铁废料生产出精品钢制品，纽柯公司的成本低于美国最大的综合钢铁企业——美国钢铁公司的成本，而后者采用的是昂贵的、耗费大量资金的转炉冶炼技术。纽柯公司的技术提供了适合成熟冶炼行业的最重要的竞争优势：低成本优势。1999—2001 年，纽柯公司的平均毛利率几乎达到美国钢铁公司的两倍（11.8% 对 6.5%）。纽柯公司也在开发一种生产技术，将以更低的成本生产薄型压延制品。如果这项生产技术在大规模生产上可行，它将给纽柯公司战胜竞争对手带来另外的竞争优势。那些竞争对手必须在生产效率改进上增加更多支出，才能使自己与纽柯公司的竞争差距不被拉大，尽管获得与纽柯公司同等生产效率的希望很渺茫。

在这些公司为改进生产技术进行大量投资的同时，产品创新在这个行业里起着至关重要的作用。对化学制品公司来说，新产品扮演着推动美国国内市场销售收入增长的唯一有效的动力角色。

化学工业的巨人杜邦公司 1930—1960 年通过开发系列创新的化学纤维工程（这些纤维包括尼龙、聚酯和合成弹力纤维）为自己赢得了优势地位。多样化产品的大型生产商 3M 公司很擅长进行渐进式创新，把磁带和黏合剂等成长不快的产品运用于诸如手机等高技术产品的生产中。

一些公司已经找到通过精加工提高产品附加值的方法。例如，1993—2002 年，美国铝业公司投入了 15 亿美元的研发经费用于开发使铝制品强度更大、更轻、更好用的新工艺。这些生产商占据了基础材料行业一个颇有价值的利基市场。

不管怎么说，创新都不是容易的工作，80% 的研发项目结果都是失败的。例如，杜邦公司一直保持着行业领先的研发预算，但是在最近几年明显缺乏一鸣惊人的新产品。而且由于低成本的亚洲生产商进入市场夺取了市场份额，挤压了杜邦纺织产品的收益率，杜邦公司从前的旗舰产品已经变成很普通的商品了。

杜邦公司的经历说明了慢速增长行业的创新问题。领先公司投入数百万美元用于新产品的研发后，竞争对手可以轻易地复制它们的产品，却不用承担相同的开发成本，这削弱了领先公司开展创新活动的动力，它们采取的对策是把研发重点转到流程技术和生产效率上，旨在提升现有产品，而不是发明新的产品。

创新带来的另外一个问题是公司需要权衡利弊。例如在家电行业，公司必须通过增加新功能和提升便利性来改善其产品，以诱导顾客在用坏现有家电之前购买新产品。公司也需要创造可靠的、耐久的产品以维护品牌形象和消费者的忠诚度。更好的创新产品能够延长更换周期，减少产品销售收入，并提高创新所要求的最低投资收益率。产品越好，顾客忠诚度越高。

因为激烈的竞争，尤其是在基础材料行业，工业原材料行业研发的主要受益人是新型廉价商品的使用者，而不一定是为这些产品研发融资的投资者。

成功的工业原材料和设备公司的特点

提高效率适用于一切工业部门，那些能从相同的资产中比竞争对手挤出更多利润的公司可能是值得长期投资的。就像我们前面提到的，竞争仅仅是增加了降低成本的压力，所以理想的情况是一家公司能够以行业最低的成本生产产品。

一般来说，有两条路径可以提高收益率（就像我们喜欢的投入资本收益率指标一样）：高利润率或者高资产利用率。在这个行业，艰难的竞争常常会限制企业的定价能力，因而导致微利，所以业绩表现最好的公司常常是那些能从它们的资产中产生更多营业收入的公司。

- 总资产周转率（TATO）是最常用于测量资产管理效率的指标，也是比较容易计算的比率——用年度销售收入除以总资产（也可用平均或者期末总资产，只要一致即可）。计算平均总资产，就是把资产负债表上前一年的总资产加上本年度总资产除以 2。按照一般经验，一家工业企业总资产周转率高于 1.0 已经相当好了。这样的比率意味着公司投资在资产上的每一美元周转一次，在一个年度里至少产生了一美元的销售收入。

  在这个工业部门，联合技术公司和通用动力公司是两家最有效率的厂商。其中，联合技术公司在 2002 年总资产周转率达到 1.0，通用动力公司的总资产周转率更高达 1.2。

- 另一个流行的效率测量指标是固定资产周转率

（FATO），它等于年度销售收入除以固定净资产。固定净资产列示在资产负债表中通常表示为“财产、工厂和设备，净累计折旧”，或者缩写成“净 PP&E”。在工业企业，固定资产周转率比总资产周转率更能说明问题，因为工业企业过于依赖有形资产（比如工厂和设备），以生产产品产生销售收入。重要的是，计算固定资产周转率要剔除商誉的影响；对于进行频繁收购的公司来说，商誉经常压低其总资产周转率。

此外，在拥有竞争优势的公司中，联合技术公司和通用动力公司是杰出的。联合技术公司的固定资产周转率在 2002 年达到了 6.2，而通用动力公司则达到了 7.7。不要惊讶，我们提到的一些没有竞争优势的公司适用这些比率是很少成功的，道氏化学公司的固定资产周转率在一般情况下是 2.0 左右，而杜邦公司的更低，大多时候低于 2.0。

我们提到的那些最有效率的公司往往有最好的业绩表现。就看我们在这一节前面讨论的 4 家公司，我们看到联合技术公司和通用动力公司在 1992—2002 年的业绩表现最好，按年度计算的收益率（包括红利再投资）分别达到 17.2% 和 31.5%。按年度计算的收益率较低的公司，道氏化学公司和杜邦公司就不那么好了，分别是 9% 和 8.7%。应当承认，有很多因素影响长期业绩的表现，但是效率对从事工业的公司来说是其中最重要的因素。

• 除了固定资产，一家从事工业的公司需要把营运资本管理得更有效率。看一看存货在仓库里要待多少天，或者回收客户的应收账款需要多少天，就可以得到一家公司经营方面的信息。比如，如果存货快速增长，说明公司的产量超过了销量，并以此来维持工厂忙碌的景象，这可能给那些不得不以极低价格销售的公司带来沉重打击。同样，一个跳跃的应收账款回收天数（等于应收账款乘以365天除以销售收入）可能预示这家公司想用推高存货的方法掩饰市场需求的下降。

• 大多数工业企业有较高的营业杠杆，它意味着这些公司大部分成本是固定的，不管产量和销售水平如何。如果它们通过销售更多的产品来提高产量，利润率也应当增长，因为销售收入上升而成本基本上没变。营业杠杆是双刃剑，例如，卡车制造商航星公司营业毛利率稳步攀升到10%，接近20世纪90年代末销售顶峰时期。但是在2001年，因为新型卡车的需求衰退，航星公司的销售收入下降了大约20%，营业毛利降到了2%。随着以后年份销售的再度疲弱，航星公司发现自己深深地陷入危险境地。

• 另一个预示成功的指示器是规则的、逐年增长的股东分红派息。在工业原材料和设备行业，分红从未真正时髦过。分红不仅表现了一家公司的财务健康状况（赚取利润的能力），也可缓冲这些周期性股票价格的易变性。比较有投资价值的工业企业通常规则地以现金支付红利，回报给持有公司股票的投资者（他们手中持有的股票的价格起伏取决于宏观经济步调）。

高效率的经营是这个行业维持长期盈利能力的关键。寻找那些能比竞争对手从资产中获取更多利润的公司，你将发现最值得投资的工业类公司。

危险信号

因为工业类的公司是典型的以传统商业模式经营的实体，所以常常只需用几种基本的会计手段来掩饰财务麻烦。这不是说在工业行业没有复杂的公司，你可以看到，在财务方面没有比通用电气公司更不透明的了，一家实业公司有时也可以变得非常复杂。总体来说，从事工业的公司是相当直截了当的，几个关键的指标有助于投资者避免遇到麻烦：太多的负债、过度的养老金义务、糟糕的持续进行的收购和过度追求市场份额。

负债

因为销售收入和利润可能波动非常大，一家负债很重的企业不可能在低迷时期不遇到债务问题。关于企业负债的一个有用的指标是负债资本比率。这个比率表示的是公司对债权人的偿债义务与公司账面价值的比值。这个比率越高，公司的财务风险也越大。也可以使用资产负债率这个指标，它可以这样简单计算：资产负债表上的总负债（包括长期和短期负债）除以资产负债表上的总资产。一些公司把流动性负债排除在外，这就给出了一个更适合公司长期杠杆水平的指标：一般来说，这个比率在 40% 以上意味着公司有某些风险，而且我们认为这个比率高于 70% 是一个坏的信号。

迪尔公司证明了保持合理负债水平的重要性。这家农业设备制造商在 20 世纪 80 年代严重的农业衰退中幸存下来，而财务上不稳健的竞争对手，比如国际收割机公司（也就是航星公司的前身）就不那么幸运了。迪尔公司的资本负债率（不包括流动负债）从 1979 年的 30% 上升到 1982 年高峰时期的 53%，而国际收割机公司同期的这一比率从 41% 上升到 86%。国际收割机公司紧跟着发生破产和重组，成为历史上引人注目的商业失败案例。到 1985 年，国际收割机公司已经完全退出农业设备业务。今天，迪尔公司享有强大的品牌声誉，而与此同时，它的大多数竞争对手正在重组合并以摆脱破产的困境。

养老金

养老金和其他退休后公司承担的福利义务也值得关注，因为这个行业的很多公司会存续几十年，而且有多年来为员工提供明确福利的传统。（作为复习，看一下第八章关于养老金计划如何影响一家公司的。）

让我们再拿迪尔公司做例子。因为日益增长的一连串保险费用和保险精算师修改保险条件的缘故，在 2002 年底，迪尔公司计划养老金福利义务支出从 2001 年的 64 亿美元提高到 68 亿美元，而且它的养老金投资组合亏损，使得计划养老金资产价值从 2001 年底的 59 亿美元下降到 50 亿美元左右，这个计划养老金的差额达到 18 亿美元。会计准则要求迪尔公司在 2002 年底的账本上增加养老金和退休后福利负债，这使所有者权益减少了 10 亿美元左右。

因为一家公司可以分摊付款以支撑养老金计划，一项资金不足的养老金计划不见得必然是一个危险信号。但不管怎样，在评估公司拥有多大负债时，投资者应当根据自己的判断分析公司的养老金计划资金不足的数量，就像迪尔公司的案例。

收购

从事工业的公司往往增长缓慢，所以一些公司试图通过收购手段来实现扩张。收购在很大程度上可能毁灭股东价值，也可能使公司的花费远远超过未来提高毛利率所需的花费。

例如，在2001年初，道氏化学公司收购日用化学生产商联合碳化物公司，使公司增加了20亿美元的企业负债和1/3的股份。财务报表编制后发生的期后事项证实额外的债务负担增加了风险，而且不值得为了整合其他公司的业务稀释股东权益。联合碳化物公司的产品线增加了道氏化学公司在经济周期中的脆弱性，与此同时，在漫长的经济低迷期，合并也影响了公司的管理。

两家公司合并之后，美国和全球经济仍然增长迟缓，道氏化学公司管理层被联合碳化物公司沉重的债务弄得心烦意乱，这件事以2002年底该公司CEO被董事会免职达到顶点。在宣布合并三年后，该公司的股票价格比当年公告合并时下跌了38%，大约与同期的标准普尔500指数表现相同。

追求市场份额

很多公司获益于正的营业杠杆作用，然后通过强劲的减价手段以追求市场份额。我们要当心那些关注市场份额胜于关注盈利能力的工业企业，因为它们常常没弄清楚夺取市场份额是为了什么。很多公司强调它们所获取的市场份额，因为获取的市场份额数量将带来更高的利润率，但是除非它们的资产周转率和固定资产周转率得到了实际的改善，否则市场份额并不代表着高效率。

克莱斯勒公司的子公司弗莱特莱纳公司就是一个典型的例子。在 20 世纪 90 年代中期，作为大型装备卡车的制造商，面对来自竞争对手沃尔沃公司、航星公司和佩卡国际公司的激烈竞争，它采取了保证产品销售额的战略。尽管弗莱特莱纳公司在 1999 年的市场份额急剧增长，但这种战略还是在公司财务上造成了悲惨的结果。在 2001 年底，克莱斯勒公司的商用汽车分部报告了一项数十亿美元的经营亏损，这些亏损就是因为保证卡车的销售额造成的。在那个时期，该公司应当专心于追求一定增长速度的利润，而不是市场份额。

在工业原材料和设备行业发现机会

要在工业原材料和设备行业发现长期基本面良好的公司，就要弄清楚哪一家公司已经经历了重大的重组合并，然后，寻找相对于国内国际竞争对手的低成本的生产商，核实它是否有很好的财务状况，是否从给各行各业提供的增值产品或服务中赚取了附加收入。最后，决定这家公司的股票值不值得购买，考虑所面临的合理的风险，剩下的就是等待好的买入机会。

投资者清单：工业原材料和设备行业

- 这是一个传统的旧经济行业，有很多坚实的资产和高固定成本。
- 工业原材料和设备行业被分成基础材料生产商（比如钢材、化学产品生产商）以及增值产品和服务的制造商（机械和某些特殊化工产品制造商）。
- 矿产品的购买者以价格选择产品。在其他方面，矿产品都是一样的，不管是谁生产的。
- 在这个行业，公司的销售收入和利润对商业周期很敏感。
- 没有几家工业原材料和设备公司有竞争优势，例外的是某些集中的行业（例如国防工业），某些有利基市场产品的行业（例如美国铝业公司以及某些化学制品生产商），以及那些以最低成本生产产品的公司（例如纽柯公司）。
- 只有最有效率的公司才能在低迷时期幸存。最好的办法是选择低成本同时负债少的公司。
- 用资产周转率（总资产周转率和固定资产周转率）衡量一家制造企业的效率。
- 密切注意那些拥有太多负债、资金严重不足的养老金计划，以及进行了大型收购行动后把管理层弄得心烦意乱的公司。

第二十五章

25

能源行业

尽管我们可以从很多种资源中获得能源，比如煤、原子能、水电、风力和太阳能等，但是没有哪一种能源能挑战石油和天然气在能源中的垄断地位。差不多世界上 2/3 的能源来自石油和天然气，它们不仅仅用于汽车的动力和家庭取暖，而且还用于数目增长极快的发电厂的能源。在能源行业里最大的公司是石油公司，比如埃克森美孚公司、皇家荷兰 / 壳牌集团。

来自地下

我们使用的能源大多数来自地下，石油公司通过勘探和开采这些石油和天然气创造价值。

就石油和天然气来说，世界石油天然气资源的很大比例在石油输出国组织（OPEC，也称欧佩克）国家的地下，主要在中东地区。与此相伴地产生了一系列的政治问题，石油输出国组织的存在使得开采石油的公司获得了巨大的利益。石油输出国组织的目标是通过人为地维持石油天然气的高价，实现调节和限制供应的目的，保持行业范围盈利能力。尽管石油输出国组织成员常常不遵守它们的配额，但它们还是为了行业的利益相当成功地操纵了商品市场的价格。

皇家荷兰 / 壳牌集团和埃克森美孚公司（它们被称为大型综合能源公司）从事石油和天然气的开采，还有一些公司专门从事勘探开采，这是能源行业的上游部分。尽管石油输出国组织的产量限制对这些公司也有帮助，但是它们没有大型综合能源公司的多样化资产。与多变的石油和天然气价格相比，固定成本使得专门从事勘探开采的公司的利润也在年度之间乱变，很不稳定。

能源股票的投资者不可避免地会问一个问题："能源什么时候全部开采完？"尽管在我们这个星球上石油和天然气的储量是有限的，但是这些能源在我们有限的寿命甚至到我们孙子辈也是不可能开采完的。在石油利用方面技术进步发挥了重要作用，这是我们以前不能想象的，比如深海开采。一些已经确定的海域，比如阿拉斯加北部大陆架和北海的储量被低估了，而且新的发现和技术的改进使探明储量的迅速增加远大于目前的采油消耗。

输油输气管线

一旦石油从地下开采出来就必须输送到炼油厂，精炼后的油品才能提供给最终用户。油船起了很重要的作用，而输油管线常常是被忽视的重要的输油方式。在美国，输油管线和使用费率受联邦能源管制委员会和各种各样的政府机构管制。尽管来自输油管线的营业收入年度同比增长缓慢，但是绝大多数输油管线是盈利的，而且它提供的服务很难复制。

输油管线是在能源行业里对商品价格不敏感的业务。只要商品价格不处在极端的情况下且商品数量相对稳定，输油管线是公司拥有的典型的非常赚钱的资产。大型综合的石油公司通常拥有一部分自己的输油管线，但是也有几家大型的独立的输油管线公司，比如康德·摩根公司。

炼油厂

一旦石油运送到炼油厂，也就是到了行业的下游。炼油厂把原油分解成不同的成分然后精炼成不同的最终产品，比如汽油、航空煤油和润滑油等。尽管也有少数独立的炼油厂，但是大多数炼油厂是大型综合石油公司的一部分。例如，埃克森美孚公司，这家公司拥有地下巨大的石油储量，同时它也在本行业拥有最大的炼油厂。

长期来看，炼油行业比从地下开采石油盈利少得多，因为在炼油行业没有炼油卡特尔组织保护它们的利润。炼油利润率也趋向于周期性，尽管周期不一定和石油价格以同样的频率波动。

消费者

下游业务的其他部分是市场营销，它包括经营便利加油站，还有向工业用户销售燃料和电力产品。有些服务站为独立的市场销售公司所有，它们从大的石油公司得到品牌特许权；有些大型综合石油公司自己拥有并经营加油站。埃克森美孚公司和皇家荷兰 / 壳牌集团是最大的燃料销售商，这两家公司在全球差不多各自拥有 5 万家加油站在销售它们的品牌产品。

服务提供商

石油和天然气是大生意，整个石油服务行业都专注于为石油公司提供产品和服务。石油公司外部采购的典型服务是地震研究和勘探石油，此外还有钻探和养护油井。哈里伯顿公司、斯伦贝谢公司、贝克休斯公司是石油服务业的巨人。

石油公司拥有长期高额盈利的记录，但大多数石油服务公司为股东创造价值比较艰难，这是因为石油服务公司趋向于高度竞争，而且很难获得竞争优势。不像石油生产商，石油服务公司不可能通过建立像石油输出国组织那样的卡特尔获取利润。

财务报告显示了石油服务行业有多么艰难。在本书中提到的排名前四位的石油服务公司，在过去的 5 年间没有一家的盈利超过资本成本，其利润率即使在石油价格高涨的景气年份也是稀松平常，而当石油价格低迷的时候，这些公司的利润合计可能就是亏损的。最后是这些公司一直在为给它们的股东创造价值而艰苦地努力。

另外，这个行业的财务健康状况趋向于强烈的周期性，短期的钻井服务和设备价格有很大的不稳定性，而且依赖石油和天然气商品价格。当石油价格高的时候，比如在 2000 年，贝克休斯公司趁着石油生产商不规则地增加钻探更多的油井而脱离了困境。但是当油价下跌到每桶 10 美元的时候，比如在 1998 年，市场需求快速蒸发，随之而来的是市场需求停滞不前。当石油公司经营性现金流不足的时候，新的钻井预算常常是第一个被砍掉的。由于市场试图预测下一个周期运动，这就导致了股价的短期波动，对于长期的投资者来说，可能因为财务赤字导致的周期性低点而无法获得收益。

幸运的是，在这个行业中也有一些亮点。对先进的石油服务的长期需求是增长的，因为石油公司不得不在离得很远的地方、以更深的深度勘探开采新的油田。在新近开发的市场，比如俄罗斯和伊拉克，石油服务行业就有重大的投资机会，因为这两个国家石油储量巨大但开采技术落后。尽管当石油价格低迷的时候石油服务行业不可避免地要受到冲击，但我们预期石油服务行业销售收入将得到长期适度的增长。不过对石油服务行业的公司来说，这种更有利可图的增长还是相当困难的，因为利润预期很可能湮没在持续的竞争中。

石油价格的影响

就像你所推测的，石油价格对行业的财务健康状况和公司将如何经营都有巨大的影响。对石油公司来说，在某一特定时间，从地下开采的石油数量很大程度上是固定的，但是这黑色黄金的价值有很大的不确定性。另外，相当大比例的营业费用是固定的，石油公司受与生俱来的经营杠杆作用的制约。

考虑到一家石油公司从地下开采石油到炼油厂的平均费用是每桶 15 美元，这些费用很大程度上是固定的，而不管原油的价格怎么样。如果原油价格为每桶 18 美元，石油公司每桶赚 3 美元；如果油价达到每桶 30 美元，石油公司每桶就赚了 15 美元，或者说是油价为每桶 18 美元时利润的 5 倍，尽管销售收入不到前者的两倍。

表 25–1 总结了石油价格对利润的影响。尽管其他因素可能在一开始起作用，但事实仍然是石油价格在任何时候都是影响这个行业财务健康状况的最大因素。

在石油行业，不是所有的石油公司都能创造良好的业绩。例如，在中东地区，某些原油从地下的油井里开采上来的成本低于每桶 10 美元，而一些从油砂里萃取的石油，它的成本就高了两倍。油价高企的时候，石油公司能负担在这个地区生产的成本，否则在这个地区开采就是不经济的。由于对石油公司财务报表戏剧性的影响，石油价格在很大程度上影响着石油公司在哪里和怎样开采石油。

表 25–1　原油价格怎样影响石油公司不同部门的盈利能力

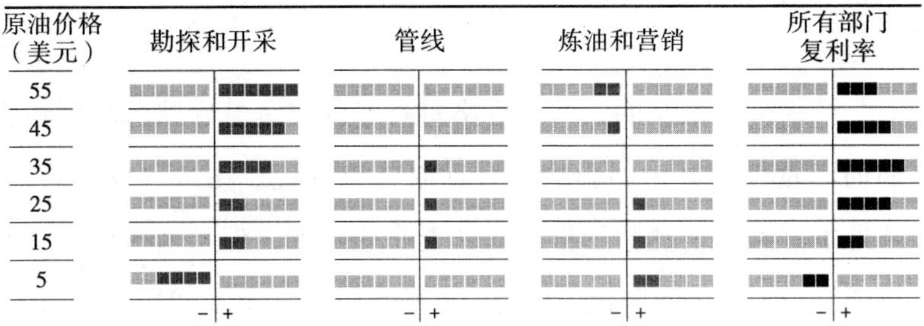

资料来源：晨星公司。

炼油的利润率不怎么依赖油价。原油价格高则提升了炼油厂的原料成本，但是油价的上涨可以转嫁给消费者。油价转嫁多少受全球经济健康状况的影响，此外在任何时候有没有过剩的炼油能力也受全球经济健康状况的影响。

尽管石油公司的利润严重依赖石油价格，而且能源企业的利润随着油价的变动，一个季度与下一个季度之间变化很大，但长期平均盈利能力还是很优秀的。在 2001 年，7 家利润在 80 亿美元以上的全球性公司中，有 3 家是石油公司，这并非巧合。如果这些业务的长期经济状况没有吸引力，这个行业不可能像今天这样庞大。

能源行业的竞争优势

在一个如此强烈地受到商品价格影响的行业里，建立持久的竞争优势不是件容易的事，但还是有几家公司设法这么做了。下面看看它们是怎样做的。

石油输出国组织

到目前为止，对开采石油的公司来说最有帮助的组织是石油输出国组织。尽管石油输出国组织只控制了世界石油 1/3 多的产量，但能源市场对供应的中断和高峰极为敏感。这就给了石油输出国组织足够的力量为了全行业的利润垄断石油价格，维持油价长期在石油开采成本之上。

另外，石油输出国组织成员国的油气储量远远高于现在的产量，所以这个组织的影响不会很快消失，即使它的成员国在配额方面有些不遵守协议的行为。如果由于某些原因，比如随着时间的推移，非石油输出国组织国家的储量仍然比石油输出国组织成员国的储量消耗快的话，石油输出国组织的影响将得到巩固和加强。

到本书截稿时止，石油输出国组织的目标是维持油价在每桶20~28美元。油价在这个水平之下，石油公司的收益率会受到损害，而油价在每桶30美元以上，石油产量会因为消费者开始储存和全球经济受到影响而受损。对能源行业的投资者来说，要弄清楚石油输出国组织影响石油价格能带来多大利益。实际上，大多数石油公司只要油价维持在每桶15美元以上就有利可图，石油输出国组织要维护每桶20~28美元的目标，这个底线对这个行业的收益率有很大好处，而且这也是石油公司一直被认为是可靠投资对象的主要原因。

尽管石油输出国组织曾经成功地推动石油价格，但它在市场上的力量不是绝对的。毕竟，石油输出国组织成员每一家只削减那么一点产量，而且减产不总是得到立竿见影的效果。此外，石油输出国组织成员国经营的石油公司只是偶尔为维持开采石油的配额而受到限制。尽管如此，相对于石油输出国组织给这个行业带来的利益，这只是一个小的麻烦。

规模经济

就像在其他行业，规模经济在能源公司的盈利能力方面起着重要作用。上游企业（勘探和开采石油）的成本很大程度上受一家公司石油储量的地质和地理情况的影响，促使成本下降始终是一种竞争优势。下游企业（炼油和销售）规模经济的重要性则是决定性的，因为它是这些公司可以建立的仅有的重要的竞争优势。

在这个行业中竞争优势起到的作用可以在石油公司的财务报告里清晰地看到。收益率和投入资本收益率与公司规模高度相关。大型公司对供应商来说可以有更大的回旋余地，它们可以把一般管理费用摊到更大的基数上去，而且它们可以更好地安全度过周期的低谷。

常见投资陷阱：被周期欺骗

能源行业有很强的周期性。供给和市场需求一个小的变化都可能在油价和利润方面引起放大作用。

不管怎样，周期的高峰和低谷都不会持续很长的时间，在投资能源行业之前意识到这一点很重要。否则，在这个行业业绩不佳的时候，你可能受诱惑卖出股票，或者在该行业公司大发横财（增长将走向反面）的时候买入股票。例如，埃克森美孚公司的股票在1999年可能看上去不值得买，它在那时以30倍市盈率交易，但那时它正好处在周期的低谷，之后盈利急剧反弹，股票的表现超过市场表现。一般来说，原油价格在每桶30美元以上，石油公司可能处在周期的峰顶；而原油价格在每桶10美元附近，石油公司就可能处在周期低谷。

成功的能源类公司的特点

石油公司一直能为股东创造价值，这里有一些特征是我们要在这个行业里寻找的。

良好的财务记录

在一个完整周期（例如 5 年左右）中公司能一直盈利吗？对于一家综合石油公司，比如埃克森美孚公司或者皇家荷兰 / 壳牌集团，即使在石油价格下跌的时候它们也能赢利。在 1998 年，当原油价格跌至每桶 10 美元左右时，对这样的公司就是一个很好的考验。对于一家只从事勘探开采而没有炼油厂的公司来说，在不景气的年份出现负债并不是灾难性的，只要在景气度高的年份比如在 2000 年能赚到丰厚的利润就可以，如果同时具有较高的收益率和长期良好的盈利记录就更好了。

清晰的资产负债表

因为处在一个周期性的行业，能源公司需要融到必要的资金以度过不景气年份阶段性的冲击。对专门从事勘探开采的公司来说，这一点尤其重要。其实在没有债务的情况下的增长是能够实现的，埃克森美孚公司和皇家荷兰 / 壳牌集团无负债的资产负债表就是证明。负债权益比率低于 1.0 的公司是比较好的投资选择。

储量补偿比率远高于 1.0

储量补偿比率指一家石油公司在一个阶段新探明石油储量除

以该公司在同一时期开采石油的数量。如果一家公司开采的石油超过它新探明的储量，那么储量（它表示未来产量）将要萎缩。公司可能需要在勘探或者收购已经存在的油田方面支出更多的资金以维持销售收入。

现金流的使用对股东有利

能源行业是成熟行业，所以稳定的企业比如主要的综合公司，可以产生远远高于它们在本行业再投资所需要的现金流。大多数好的石油公司能够支付丰厚的红利或者回购公司股票，直到找到可投资的成长机会。

能源行业的风险

像其他任何行业一样，投资者在能源行业投资也要面临许多风险，也许其中最大的风险就是石油输出国组织在石油市场上失去它的影响力。如果那样的情况发生，石油公司的长期收益率将受到极大的损害，因为油价将降至生产成本附近。假如这样，石油输出国组织较大的成员国（如沙特阿拉伯或者伊朗）一定会决定打破现有秩序随意销售。当然这种情况不太可能，因为石油输出国组织所有成员国全都受益于它，而且它们的金融利益集团也会让石油输出国组织继续成功存在下去。

俄罗斯对石油输出国组织是一个威胁，因为它是石油输出国组织成员国以外石油储量最大的国家。俄罗斯的产量在 20 世纪

90 年代因为经济和政治剧变受到影响，但是它的产量在最近几年一直在上升。2002 年，俄罗斯原油日产量超过 800 万桶，与沙特阿拉伯的产量差不多。俄罗斯作为一家主要石油出口商的作用削弱了石油输出国组织的影响力，它的经济情况也与石油工业的财富紧紧地联系在一起，而且这个国家在油价低迷的时候在积极降低产量。

能源领域还有重大的政治风险。在很多政治不稳定的国家经常有军事行动，这就存在把一家公司驱逐出去以及税收按指数规律增长的风险，让公司资产受损。

最后，还有一个挑战就是某些获取能源的新技术会在未来被开发出来。获取清洁廉价能源的梦想从来没有熄灭过，而且这个梦想也许在某一天会实现。

结论

即使投资能源行业确实有风险，但在过去几十年里也存在相同的风险，而且这些风险当年并没有影响这个行业为它们的股东创造数以千亿美元计的价值。能源行业的股票在超过一个世纪的时间里给投资者带来了显著的投资机会，我们认为好的环境在可预见的未来还将继续下去。长期持有能源行业的股票应当能给投资者提供持续丰厚的收益，而且这个行业也是值得更深入了解的。

投资者清单：能源行业

- 能源行业的收益率高度依赖石油价格。石油价格是周期性的，所以这个行业的利润也是周期性的。石油价格处于周期性的低谷比处于高峰是更好的买入石油公司股票的时机。
- 即使这个行业有很强的周期性，很多能源公司还是能在周期低谷保持盈利。在能源行业投资要注意这些特征。
- 石油输出国组织在能源行业是对盈利非常有影响力的因素，因为这个组织能够把油价维持在生产成本之上。关注这个组织影响力的变化是有必要的，因为石油输出国组织是石油勘探和开采业的卡特尔，我们看到勘探和开采比炼油和销售更有吸引力。
- 在石油市场从事销售业务，规模经济可能是取得竞争优势唯一的路径。同样，对于石油公司，规模越大越好，因为公司越大越赚钱。
- 密切注意储量的变化和新储量的增长，因为这是保证公司未来采掘收入的坚实资产。
- 拥有表现良好的资产负债表的公司，在经历周期性低谷时比那些负担债务的公司的表现要好得多。寻找那些投资新项目时不需要额外借债并能分红派息或者回购股票的公司。

第二十六章

26

公用事业行业

公用事业行业从前被认为是保守型投资，因为这些公司是通过分红赚取收益的，但这种情景今天已经不复存在。

对于这个投资的安全港来说，放松管制已经改变了很多事情。很多公用事业公司从行业受管制、收益有保证的垄断经营模式转变为高度竞争、高固定成本、商品价格多变的经营方式，行业的竞争进一步促进政府放松管制。过去的规则已经改变，所以整个行业的投资吸引力消失了。

电力行业

像尼科尔公司和费城郊区供水公司等，在公用事业行业中，提供电力服务的公司在公用事业上市公司中占据垄断地位。

电力公用事业公司基本上可以分成三个部分：发电、输电和供电。在20世纪的大部分时间，公用事业被作为受管制的行业经营，而且大多数情况是这个行业的三个部分在一个综合实体里都有。但是因为今天的管制环境，很多公用事业企业被迫分拆它们的业务而专心从事原有业务的一部分。对于综合经营实体而言，一些公用事业的经营在美国一些州实质上还没有解除管制，它们只能同时从事一到两个主要领域的业务。

发电

经营发电厂的业务就是消耗煤 / 天然气 / 铀，然后发出电来。一份 1992 年的联邦法律文件迫使公用事业公司把发电资产和其他业务的资产分开，这使得放松管制的进程发展到州一级。一些州发电行业的电费价格通过自由竞争决定，在这些州发电行业充满了竞争，而其他州的批发电价仍受到管制。在全部放松管制的州，综合性电力企业的供电分支常常向与它们的发电分支竞争的第三方电力提供商购买电。另外，一些州允许消费者选择发电企业。例如，一个消费者可以选择付额外的酬金，以购买纯粹由风力或者太阳能发的电。

发电领域可能是美国电力行业中竞争最为激烈的领域，因为今天电力是纯市场化的，进入门槛尽管已经很低但仍在下降。同时它也是放松管制最彻底的，对独立的发电企业开放伴随着竞争的加剧和收益率的降低，在这个领域赚钱越来越难。

输电

输电就是通过高压线路长距离输送电力的业务。一些州已经强迫公用事业公司出售它们的输电资产给第三方（高压输电网的经营者），但是公用事业公司常常持有这些输电公司的股份。不管谁经营或者拥有高压输电网，电费是受管制的，而且只对发电企业开放一个接口。不过没有永远开放接口的高压输电网，这是放松管制创造更多竞争的基础。

输电是典型的具有很强竞争优势的行业，因为有巨额前期投资形成的巨大的进入壁垒，以及 NIMBY 运动。不管怎样，伴随着电费和收益率的管制，这些公司要创造超额利润还要经历一段困难的时期。

供电

与供电相关的公司，拥有并要照管最后一公里的是把电力最终送到企业和千家万户的电缆。即使在消费者可以选择发电厂的州里，除了向消费者收取使用它们系统的费用以外，最后一公里电缆的经营者可以一直从提供给消费者的服务中收费。

供电企业在公用事业公司里有最强的竞争优势，因为它们拥有本质上无可选择的垄断地位，即使在放松管制的州也是如此。但是行业垄断也导致这个领域大部分被政府管制，这就意味着消费者支付的电费和投资收益是不会无限上涨的。对公用事业公司而言，要利用它们强的竞争优势赚取超额利润也是很困难的。没有超额利润，要想为股东创造价值将是一件费力的事情。

管制、管制，还是管制

一个地域第一位的驱动因素是房地产，类似的，管制也许是影响公用事业行业最重要的单一因素。在公用事业行业的公司，面对多重级别的严格管制，以及管制制度结构性的调整，这些明显地改变了这个行业的竞争动力。

从投资前景考虑，最重要的管制是州级别的。因为州政府决定怎样构建公用事业的结构、什么样的竞争程度是允许的、电价是多少。今天，这种管制很明显，一些州一直全方位管制，当然也有一些州有一定比例的业务全部由市场决定。每一个州有它自己的管制结构，而且这些结构也处在变化的过程中。

另一个最重要的管制是联邦级的。自始至终，美国能源部和联邦能源管制委员会都是制定州管制准则的基本组织。1992 年后，联邦能源管制委员会规则的制定，在很大程度上推动了管制的放松。

大多数公用事业公司都要面对联邦一级的经营管制。美国环保总署掌握着巨大的权力，因为它负责管制发电厂允许排放到大气中的污染物的水平。这是很重要的，因为燃煤电厂在美国一直是发电的主力。而那些原子能核电站的经营则必须在美国核管理委员会的监管之下。

要记住的一点是，立法者和规章的制定者在这个行业有巨大的影响力。不了解这些基本的管制，以及管制如何影响公司的经营和竞争能力，你就不可能很好地完成一家公用事业公司基本面的分析。对公用事业公司进行比它表面上看起来更为复杂的分析，可不是一件容易的工作。

公用事业公司的财务特征

大多数公用事业公司受许多杠杆作用（包括营业性杠杆和财务

杠杆作用）的制约。在营业性杠杆的一侧，大部分成本是固定的，只有燃料是唯一重要的可变成本。营业性杠杆作用不是很重要，除了正常的季节性因素，随着时间的流逝它对电力需求的影响不大。

财务杠杆作用的构成在今天显得更为重要。很容易理解，以前公用事业公司大量借款是受出借方欢迎的。随着规章制定者对电费限价，这些公司发现，它们的利润率和允许的资产收益率虽继续保持为正，但是已相当低了。增加净资产收益率（还有每股盈利和每股红利）最简单的方法，就是加大财务杠杆作用。

常见投资陷阱：并不可靠的分红

很多投资者被公用事业公司所吸引，因为这个行业有很多股票能支付慷慨的红利收益。然而，红利应当在公司财务健康状况安全的情况下支付。随着公用事业公司盈利的 3/4 左右用于支付红利，高派息率提高了公司在困难情况下红利被削减的风险。如果派息率上升到 90% 左右，或者资产负债率上升到 50% 以上，就应该引起高度关注。

人们常说："一个公司，如果好得看上去都不像是真的，那它也许就不是真的。"这句话同样适用于高派息率。如果一只股票的收益率看上去似乎不合理的高，例如当可比收益率只有 5% 的时候，某股票收益率却达到 15%，它也许就是该公司遇到麻烦的一个信号。毕竟当一家公司遇到麻烦的时候，它的股价往往会下跌，这就意味着推高了它的收益率。另外，对一家正在奋斗的公司来说，一个简单的办法就是通过削减支付的红利留存现金。

从出借方的观点看，公用事业公司的经营有稳定的现金流，而且在很大程度上来自可以预测的业务，赚取利润比较容易。它们热衷于给公用事业公司贷款，因为贷款有坚实的资产支撑，比如发电厂和相当集中的不动产。

不幸的是，很多公用事业公司在它们遗留下来的高负债率下苦苦挣扎。尽管这个行业的负债在管制时期并不显得很重要，但是背景变了，取代稳定业务的是放松管制带来的日益增加的竞争，放松管制还使得负债成为耗尽现金流的危险水沟，而不是纯粹的收益推动器。

成功的公用事业公司的特点

尽管大多数投资者应当慎重对待公用事业行业规章结构的变化，但在这个行业里，的确有很多经营稳定的公司，如果你在合适的价格买入该行业公司股票，这可能是不错的投资。你可以寻找有以下特征的公司。

稳定、良好的管制结构

在美国那些竞争性最小的州，公用事业公司的处境比处在放松管制、开放市场的州的公司要好得多。一般来说，这意味着美国东南部和平原州是最有吸引力的，因为它们在放松管制方面远远落在后面，而且也不忙着做这些事情。换句话说，美国东北部和西南部各州的公用事业公司是管制最少、最不稳定的。例如，南方公司主要在东南部经营，而且它同规章的制定者有相当好的关系。这家公司对我们来说，比南加州爱迪生电力公司更有吸引力，因为后者必须应对加利福尼亚多变的管制和复杂的政治环境，这些已经使它破产过一次了。

表现良好的资产负债表

大量的现金和相对低的资产负债率永远是有吸引力的。公用事业行业经历了喧闹的变化之后更显出了它的重要性。公用事业的平均负债率在 60% 左右，而我们更喜欢持有没有负债的公司股票。

专注本行

我们已经注意到，那些试图进入核心业务以外领域的公司，往往比留在主业的公司做得糟糕。冒险进入像建设国际化发电厂、能源交易投资和电信服务行业的几家公用事业和能源公司已经濒临破产。公用事业公司更适合与其身份匹配的业务，那些能够继续专注于自己主业的公司往往做得更好。

公用事业部门的风险

就像我们在本章开始所提到的，是什么把从前一个被认为最稳定最无风险的行业变成了一个充满风险的行业？公用事业行业日益增长的风险主要来自管制的变化，而且这个因素今天仍然存在。

对很多在这个领域经营的公司来说，它们还没有解除管制，回到放松管制上来是一种隐含的风险。日益增长的竞争对一家公司和它的财务处境从来不是好事情。在公用事业行业，联邦管制框架已经取代了州政府宽松的管制。虽然设计糟糕的管制方案造成了加利福尼亚的能源危机，同时也导致放松管制在很多州被延迟了，但其他州比如宾夕法尼亚州在放松管制方面已经看到了成功的效果，其他州的成功给那些管制的州带来了日益增长的取消管制的压力。

公用事业公司面对的另一个风险是解除管制或者不解除管制的环境风险。一个没法逃避的事实是，大多数电厂都会产生一种或几种污染，有的电厂产生某些特殊种类的污染。如果环境管制绷紧，那些运营中的电厂就会被迫为减少它们的排放物而在升级环保系统上增加更多的支出。

最后是全行业的重大的流动性风险。如果这些公司在债务到期时有再筹资的问题，它们可能要面临流动性风险的危险处境，这种处境需要公司采取措施挽救自己。不管公司是承担了高利率的负债，还是廉价出售资产，或者是第二次发行股票，一旦债券市场对公司失去了信心，公司将很难摆脱困境，而且代价很高。

全局考虑

放松管制对塑造这个行业是极为重要的。公用事业行业和平稳定的日子已经成为历史，而且这些公司在竞争海洋里的好坏全靠自己。少数公司可能为它们的股东做得很好，但我们提醒投资者在要买入公用事业股票时不妨“吹毛求疵”。

投资者清单：公用事业行业

- 公用事业行业不再是曾经的投资安全港。对这个行业的公司要保持适度的谨慎。
- 公用事业公司必须面对的竞争结构很大程度上取决于州这一级别。一些州已经在放松管制的道路上走得很远，而另外一些州还是完全管制。留意不同州的管制规章的变化，对了解这个行业是必要的。
- 在管制体制下的公用事业公司往往有较强的竞争优势，因为它们类似于垄断经营。但重要的是，要谨记规章制度不允许这些企业利用这种优势获得超额利润。另外，规章制度可能会（也常常）发生变化。
- 公用事业公司面对的另一个风险是解除管制或者不解除管制的环境风险。大多数电厂会产生某些种类的污染，环境管制会日益绷紧，成本会上升。
- 公用事业公司在很大程度上受杠杆作用（包括营业杠杆和财务杠杆）的制约，而这对受管制的企业来说不是那么重要，但面对日益增长的竞争，它们面对的风险指数也在增长。
- 如果你为了分红而买入公用事业公司的股票，你要确信这家公司能融到维持支出所必要的资金。
- 在稳定的管制环境经营、有相对优良的资产负债表，并专心于自己核心业务的公用事业公司，是这个行业最佳的投资对象。

致谢

THE FIVE RULES FOR SUCCESSFUL STOCK INVESTING

虽然只有一个作者的名字出现在封面上，但我要说明的是，这本书很大程度上是一个团队的成果。埃里卡·莫尔负责跟踪项目进度、文字编排、图表、截止时间和最后提交手稿的进度表等事项；与此同时，艾米·阿诺特不知疲倦地工作使得最初有些杂乱的文稿成为有价值的出版物。她们二人应受到赞誉。John Wiley & Sons 出版公司的戴夫·皮尤也贡献了有价值的编辑工作和基于这些材料的新鲜观点。晨星公司的设计师詹森·阿克莱把复杂的概念转换成明晰的图表，分析师桑吉·艾尔收集了支撑图表的数据。

我很幸运与这样一些有才华和献身精神的分析师一起共事，而且掌声要归于晨星公司整个股票分析师团队。他们贡献了本书第二部分的大部分内容，如果没有他们在行业研究上积累的专门经验，本书是无法写成的。我也同样感谢马克·塞勒斯对开发晨星公司投资哲学提供的帮助，还有麦克·波特、詹森·斯蒂普、里奇·麦卡弗雷提供的有价值的编辑反馈意见。虽然这本书由我完成，但麦克为本书承担的很多工作也应当得到赞誉。特别感谢海伍德·凯利，他不仅是世界上最有耐心的老板，还是一位好编辑、导师和朋友。我同样要感谢我们证券分析部兼零售业务部总裁凯瑟琳·吉尔斯·奥德伯，感谢她对这个项目及对晨星股票研究成果的支持。感谢晨星公司的创始人乔·曼斯威托，他以超凡的先见之明，冒着风险创立了晨星公司。乔一直坚持独立客观的立场，为整个公司树立了很好的榜样。

就我个人方面，我已故的祖父 E. V. 帕特里克应当受到赞誉，在我还很年轻的时候，他把投资介绍给我。还有我的父母赫伯和卡尔罗，他们在我的事业上给了我巨大的支持。我最应当感谢的是我的妻子凯瑟琳，她的理解和无比的耐心是我最宝贵的财富，没有她的支持本书难以付梓出版。

译后记

THE FIVE RULES FOR SUCCESSFUL STOCK INVESTING

本书是股票价值投资一部里程碑式的作品。

首先，这本书的价值使得价值投资具有极强的可操作性，而且完全适合中国现今的股票市场。

本杰明·格雷厄姆的《证券分析》开创了价值投资时代，沃伦·巴菲特是价值投资最忠实的实践者。本书作者则是站在格雷厄姆和巴菲特等大师的肩膀上，以清晰严谨的语言，令人信服地从可操作性的角度，全面、系统地阐释了价值投资的核心理念，即以低于公平价值一定折扣的价格买入股票并在合理的价格卖出，这个折扣就是安全边际。可以说，作者在本书中的一系列论述都着眼于可操作性。

其次，作者在本书还集中阐述了晨星公司的代表性成果——内在价值估值模型和参数选取原则，这正是价值投资者自身难以解决的，更为可贵的是这个模型是符合中国国情的。

每一个对股票投资感兴趣的人都知道，股票投资就是“低价买入，高价卖出”，而知道与股价高低相对的基准就是内在价值的投资者却少之又少。换句话说，低于内在价值一定幅度（一般是

15% 以上）可以认为是低，反之，高于内在价值一定幅度（一般是 15% 以上）可算作是高，而绝对不是目前我国市场人士所普遍认为的高估和低估的标准就是股价绝对值的高低。作者在本书中给出了晨星公司内在价值估值模型和参数选取原则，这对于基金经理、证券分析师、广大投资者和有志于从事证券投资和研究的人士来说是一个好消息。读者完全可以根据本书的模型，自己动手对感兴趣的股票进行估值。

再次，作者在本书中还与晨星公司的多位分析师合作，给出了晨星公司 13 个一级行业的研究报告，每个行业研究报告包括了数个子行业的行业研究方法和投资所要关注的要点。

书中的例子都是美国的上市公司，也恰恰是这一点使得本书的观点和方法具有一定的超前性，也许明天、明年我们的上市公司就是如此。我们可以毫不夸张地说，本书中银行业、软件业、硬件业、电信业、医疗保健业、能源业等诸多行业，它们的情况和有关结论完全适合中国。

本书行业分析部分对基金经理、证券分析师、广大的投资者和有志于从事证券投资和研究的人士是至关重要的。划分行业甚至细到子行业，然后进行系统全面地讲解行业的分析方法和投资要点，这样的著作在国际国内市场上都是少有的。因为如此巨大的工作量不是一个人所能为的，它需要一大批高水平的分析师通力合作才能完成，像本书这样由国际知名机构、国际著名分析师和他领导的团队共同完成的著作更是罕见。

“投资就是写报告。”这是著名投资大师巴菲特的一句名言。事实上，如果我们能够在上市公司的研究过程中回答本书中提到的那些问题，那么我们的投资过程也就完成了90%以上。如果我们的读者能够按照本书的行业分析方法、财务和管理分析原则、内在价值估值方法和投资股票的原则按部就班地实施，而不仅仅是停留在浏览一下的层面，一定会在很大程度上改变你的投资人生。

基于以上的认识，译者郑重向各位推荐本书。本书对基金经理、证券分析师、广大投资者而言，把它作为案头或枕边书是合适的。经常翻一翻这本书，对你提高投资获利能力是极为有益的，因为它可能改变你过去投资所锚系的基准。

翻译本书译者付出了极大的辛苦，个中原因在于本书覆盖了13个行业30多个子行业，涉及的最新专业名词、术语之多，行业分析方法之新超出想象。

感谢中信出版社给我们这个机会，把这本我们喜欢的证券投资著作翻译奉献给各位。

如果您对本书的观点有何感想，或者有其他投资方面需要交流的，请与译者联系。

E-mail: enrichland@126.com 或 enrichland@sina.com

司福连　刘静